긴장과
공존의 —— 법

긴장과 공존의 법

초판 1쇄 발행 2023년 7월 20일

지은이 김연미 외

펴낸곳 서울대학교출판문화원
주소 08826 서울 관악구 관악로 1
도서주문 02-889-4424, 02-880-7995
홈페이지 www.snupress.com
페이스북 @snupress1947
인스타그램 @snupress
이메일 snubook@snu.ac.kr
출판등록 제15-3호

ISBN 978-89-521-3213-0 93360

긴장과 공존의 —— 법

Conflict and Coexistence —— Law

김연미 외

서울대학교출판문화원

머리말

법의 정신은 정의 뒤에 감추어진 분노의 감정에 법이라는 옷을 입히고, 생각이 숙성(고)되기를 기다린다. 인간의 얼굴을 찾기 위해 법의 길목마다 긴장과 공존의 신호등이 깜박거린다. 정의의 실천은 많은 희생을 요구한다. 이 책의 출간을 기획한 이후로 많은 국제적·사회적 이슈가 생겨났다. 특히 러시아의 우크라이나 침공은 이 책의 출간에 의미를 더하고 있다. 법학의 학문적·실천적 위상은 사회적 변화의 시기에 그 시대정신이 어디에 있는지 방향성을 제시해 주는 나침반으로서의 역할을 맡고 있다. 따라서 오늘날의 상황에서 전후 독일의 법철학계에서 발원한 자연법론의 르네상스를 몸소 연구하고 온 박은정 교수의 법철학적 사유를 되새김할 기회를 마련하려는 몇몇 제자들의 시도는 그 어느 때보다 중요하다고 생각한다.

그녀의 초기 법철학적 사유는 실천적 과제로서의 자연법론에 모아진다. 그러나 한국의 민주화가 어느 정도 정립되어 가는 과정에서 박은정의 법철학적 관심은 응용법철학으로 향했다. 박은정은 현대 과학이 가져온 생명윤리적 갈등과 어려운 씨름을 하면서 생명공학에 관한 걸출한 업적을 남겼다. 그렇지만 그녀의 마지막 걸음은 법관의 위상과 사법부의 역할로 향했다. "왜 법의 지배인가?" "우리는 왜 법의 옷을 걸치고 있는가?" 이 책이 박은정의 생명공학에 대한 연구를 충분히 조망하지 못한 감이 있는 것은 아쉽지만 시의적으로는 자연법적 사유와 인공지능 및 여성주의법이론, 그리고 법의 지배가 더 우선한다고 할 수 있다.

2007년부터 사법고시가 폐지되고 법학전문대학원(일명 로스쿨)을 통한 변호사 양성 제도가 도입된 이후로 기초법학이 학문적으로 상당한 위기에 처했다. 어쩌면 위기 수준을 넘어 이제 '기초법학은 존폐의 기로에 서 있다'는 진단이 현실화되고 있다. 이는 대한민국에서 '법학의 학문성'을 논할 자리가 치워지고 있다는 것을 의미한다. 박은정은 한국법철학회 회장을 역임했으며, 실질적으로 한국 법철학계를 이끌고 있는 여성 원로 법학자 중 한 명이다. 그녀의 작은 체구가 제자들에게는 결코 작아 보이지 않았던 이유는 법에 대한 그녀의 예리한 비판정신과 정법을 향한 실천력 때문일 것이다. 법학의 학문적 위기상황에서 이 책의 출간은 기초법학의 존립을 위한 작은 몸부림이기도 하다.

이 책은 오로지 감사의 마음으로 쓰였다. 이 책에 참여하기로 기꺼이 약속해 주신 선생님들의 마음에 머리 숙여 감사드린다. 박은정 교수의 제자들이 모여 책을 편찬하는 과정에서 스스로의 부족함을 감추기보다는 부족함을 메꿔 줄 손길을 찾으려 했다. 그래서 법철학의 과제를 가장 잘 표현하는 책의 주제를 찾았고, 여러 논의 끝에 『긴장과 공존의 법』이라는 단행본을 기획했다. 이 책의 저자들은 모두 법철학 전공자는 아니지만, 각 전공분야에서 학문적 노력을 꾸준히 해오고 있는 훌륭한 법학자들이다. 박은정 교수의 말처럼 모든 법학자와 법률가는 스스로 법철학의 과제를 실천하고 있다는 점에서 법철학 전공자인지 아닌지의 구분은 의미가 없다.

이 책은 박은정 교수와 서울대학교 법학전문대학원의 인연으로 서울대학교출판문화원에서 출간되었다. 이 책이 나오기까지 여러 번 원고를 수정해 주신 여러 집필진 선생님, 그리고 특히 원고의 수정과 편집 등 중간 역할을 해주신 강태경 박사, 송윤진 박사, 장원경 교수 등 여러 선생님께 감사의 인사를 드린다. 또한 이 책이 서울대학교출판문화원에서 출판될 수 있도록 기꺼이 도와주신 서울대학교 법학전문대학원의 김도균 교수에게도 감사의 인사를 전한다.

2023년

저자를 대표하여

김연미

차례

PART 02 | 법의 지배: 형식·실질·현상

서문

긴장과 공존 그리고 법의 희망

어떤 '프리즘'으로 법을 볼 것인가

2023년 현재 우리나라에는 헌법과 1,600여 개의 법률이 있다. 여기에 시행령과 시행규칙까지 합치면 그 수가 5,600여 개에 이른다. 그리고 정보기술의 발달로 누구나 자신이 관심 있는 분야와 관련된 법령과 판례를 손쉽게 찾을 수 있을 정도로 법정보에 대한 접근성이 크게 높아졌다. 이런 환경에서 일반 시민들은 법적 분쟁이 있을 경우 법전을 뒤져 관련 조문을 찾아 수학 공식처럼 문제에 적용하면 확실한 해결책이 도출될 것이라고 생각하기 쉽다. 즉, 법 관련 정보에 손쉽게 접근할 수 있게 됨에 따라 법률 그 자체가 문제해결 능력을 가지고 있다는 과도한 믿음을 가지게 된 것이다.

새로운 법의 내용을 파악하고 해석하는 데에도 시간이 부족한, 법의 홍수라고 해도 과언이 아닌 시대에 '법이란 무엇인가?', '법치주의는 무엇인가?', '새로운 사회 문제에 대해 법은 어떤 실천적 의미를 가지는

가?' 등은 언뜻 한가한 질문처럼 들릴지 모른다. 만약 법이 수학 공식처럼 문제의 해답을 내주는 도구에 지나지 않는다면 이런 종류의 질문이 잉여적이라는 비판은 타당할 수도 있다. 그러나 우리가 삶의 여러 국면에서 마주치는 법적 사태에 적용되어야 할 법령들은 딜레마를 품고 있다. 일찍이 박은정이 지적했듯이 법구조 안에는 '형식과 내용', '확실성과 불확실성', '자율과 타율', '사실과 가치', '보편성과 개별성' 등과 같이 긴장 관계에 있는 대립항이 공생하고 있다.[1] 이 대립항 중 어느 한쪽에만 치중하다 보면 법이라는 망망대해에서 방향을 잃거나, 법이라는 규칙들의 그물에 걸려 넘어질 수 있다. 법에 빠지거나 걸려 넘어지지 않기 위해 우리는 법에 내재한 대립항의 긴장과 공존 관계에 대한 균형적 시각을 유지해야 하기에 법의 본질, 법치주의의 가치, 법의 실천적 함의에 대한 질문은 물을 만한 가치가 충분하다.

그런데 법은 독자적으로 존재한다기보다는 법 밖에 있는 다양한 요소를 담고 있으며 이에 의존하기 때문에 법에 내재한 대립항들의 총체적 진면목은 다양한 관점의 중첩을 통해 드러난다. 법은 삶의 한 형식이기 때문에 삶의 주체인 "인간을 인간답게, 그래서 법을 법답게 만드는 요소는 다양하기 마련이다."[2] 다시 말해, 생물학적·심리적·사회적·정치적·이성적·철학적·종교적 요소들이 인간을 인간답게 만들며 동시에 법(특히, 법의 내용)을 형성하게 된다. 이러한 외적 요소에 대한 법의 의존성은 '법의 근원적인 다공성(多孔性, porosity)'이라고 불리기도

1 박은정, 「'나의 법철학': 인간을 통한 법의 탐구, 법을 통한 인간의 탐구」, 『법철학연구』 제21권 1호(2018), p. 28.

2 박은정, 「법적 제재와 과학의 새로운 연합?: 인지신경과학으로부터의 도전」, 『서울대학교 법학』 제54권 3호(2013), p. 511.

한다.[3] 법이 수많은 작은 구멍들을 통해 상호작용하는 다양한 요소 중 어느 한 요소를 법 형성의 가장 우월적인 요소라고 치켜세우는 순간 법이론은 환원주의의 위험에 빠진다.[4]

따라서 긴장 관계에 있는 대립항이 공존하는 법구조를 밝히는 일에는 단일한 관점으로 흐르기 쉬운 단독 작업보다 다양한 관점의 중첩이 가능한 공동 작업이 유리하다. 이 책에서는 공동 작업을 위해 다양한 지적 배경을 가진 여러 연구자들이 각자 인식 관심을 유지하면서 '긴장과 공존'이라는 틀로 법구조의 단면들을 포착하고자 의기투합했다. 이러한 다양한 노력들은 '법 안팎의 긴장과 공존'이라는 공통의 인식 프리즘을 통해 주제를 형성하고 논의를 재구성하는 흥미로운 시도다. '긴장과 공존'이라는 키워드를 법 자체의 요소에서뿐만 아니라, 각 연구자들의 사유의 방식과 내용에서도 발견해 보는 것은 매우 즐거운 경험일 것이다.

이 작업에서 연구자들이 박은정이 포착한 법구조에 내재한 '긴장과 공존'에 주목하는 이유는, 법이 이러한 긴장과 공존을 끊임없이 재생산해 나감으로써 어느 시대에서도 사회적 여망에 부응하는 무엇이 될 수 있기 때문이다. 예를 들어, 시대에 따라 어느 때에는 법의 가치인 '정의'가 강조되기도 하고, 또 다른 때에는 '법적 안정성'이 강조되기도 한다.[5] 또한 같은 시대에도 문제 영역에 따라 법의 형식이 더 중시되기도, 법의 내용이 더 중시되기도 한다. 이처럼 시대를 넘고 영역을 가

---

3 S. Douglas-Scott, *Law after Modernity* (Hart Publishing, 2013), p. 131.

4 박은정, 「법적 제재와 과학의 새로운 연합?」, p. 511.

5 박은정, 「전환시대의 법철학: 자연법론의 귀환(?)」, 『법철학연구』 제20권 1호(2017), pp. 9-10.

로지르는, 법을 향한 서로 다른 요청은 법 안에 사회적 여망을 담을 수 있다는 희망을 방증한다.

무엇이 법을 '법답게' 만드는가

법의 본질에 대한 물음은 법학의 시작부터 마지막까지 늘 함께하는 질문이다. 법의 본질을 묻는 질문에 대한 답은 전통적으로 자연법론과 법실증주의 이론으로 대별되어 왔다. 두 진영의 주요한 대립적 논의는 '있는 법'과 '있어야 할 법', 즉 현재 존재하는 법과 이상적인 법 사이의 갈등에 내재한 긴장에 관한 것이다. 이 긴장은 결국 인간의 불완전성이자 인간이 만든 법의 불완전성 때문에 발생한다. '자연에 합당한 법'에 대한 논의는 '법을 법답게 만드는 것이 무엇인가'에 대한 탐구라 할 수 있다. 이러한 법의 본질에 대한 물음은 법학과 늘 함께해 왔다는 점에서 법철학의 근본 문제라고 할 수 있다.

> 생각해 보면 인간사회에 관한 문제 중에서 법의 본질을 둘러싼 물음만큼 무수한 사상가들에 의해 아주 다양하게 그리고 심지어는 대립되는 양상으로 대답되어 온 물음도 드물 것이다. 예컨대 '의학이란 무엇인가' 혹은 '심리학이란 무엇인가'라는 물음에 바쳐진 문헌에 비하면 '법이란 무엇인가'라는 물음에 바쳐진 문헌은 비교할 수 없을 만큼 많다. … 법철학의 문제영역을 객관적으로 설정하는 일이 어려운 것은 바로 이와 같이 법의 본질을 이루는 요소의 다원성과 이에 따른 의견의 대립과 혼란, 불일치가 크기 때문이기도 할 것이다.[6]

이 책의 제1부 '법과 이념: 인간·법·정의'에서는 '있는 법'과 '있어야 할 법'이 만들어 내는 긴장을 어떤 방식으로 이해할 수 있는지 논의한다. 실정법을 중심으로 한 법실증주의가 대세를 이루는 현대 법이론 구도에서 자연법적 사고는 어떤 의미를 가질 수 있는지에 대한 논의를 따라가다 보면, 법에 관한 실증주의와 비실증주의의 긴장은 양자택일의 대립이라기보다는 실정법에 대한 분석과 비판의 공존을 가능하게 하는 기초라는 점을 이해할 수 있을 것이다.

〈긴장과 공존의 법실증주의와 자연법론〉은 법에서 중요하고 가치 있는 속성들에 주목해 법과 도덕의 긴장 관계를 새롭게 살펴본다. 법의 합리성은 법에 내재한 속성이자 법이 지향해야 할 목표이며, 행위 이유를 제시하는 힘으로서의 법의 규범성은 법과 수범자의 이인칭적 관계 구조에서 파악되어야 하고 이에는 인간 존엄성의 상호인정이라는 근본적 도덕이상이 내재해 있다. 이를 종합적으로 고려할 때, 법구조에 깊숙하게 삼투(滲透)되어 있는 '법과 도덕의 필연적 연관성 테제'에 대한 새로운 해석이 가능하다.

〈자연법 이후〉는 자연법이 가지는 비판적 가치에 대해 논의하고 있다. 현대 법이론에서 자연법은 실정법의 정당성과 효력을 묻는 일종의 사고방식으로 활용될 수 있다. "올바른 법에 대한 사유 방식"으로서의 자연법은 실정법에 대한 상시적 비판과 평가가 필요한 상황에서 수사적 메타포로서 의미를 가질 수 있다. 또한 자연법은 나아가 현대 실정법이 제 역할을 하고 있는지 묻는 "가상의 좋은 법의 대명사로서" 법의 원천이라는 함의를 가진다. 이러한 자연법의 위상은 거부의 대상이

6 박은정, 『법철학의 문제들』(박영사, 2007), p. 42.

아닌, 공동의 생존을 위한 미래의 좋은 법을 탐구하는 유익한 비판과 평가의 도구로 변용되어야 한다.

〈법의 내적 도덕성〉은 법 자체의 내적 도덕성을 발견할 수 있다는 론 풀러(Lon L. Fuller)의 기획을 검토한다. 법의 독자적인 내재적 도덕성에 관한 풀러의 기획은 "한 사회의 법체계에 대한 신뢰와 정의의 성취에 대한 기대를 공존시키면서도 법만능주의나 법형식주의적 경향으로 흐르지 않기 위한 긴장을 늦추지 않는" 매우 섬세한 작업이다. 이러한 법의 내재적 도덕성론은 법을 상호작용적 기대의 산물로 이해하는 풀러의 법철학적 기획의 일부다. 다만, 내재적 도덕성을 갖춘 법체계가 진정으로 좋은 사회로 나아가기 위한 필연적 조건인지에 대한 풀러의 논증은 충분치 않다.

〈자연법의 내재적 위상〉은 『자연법사상』(1987)에 드러난 박은정의 자연법론이 가진 특징을 사회철학적 관점과 '시적(poetical)' 방법론으로 규명한다. 사회철학적 관점에서 자연법이란 "실천을 위한 보편이론의 맥락"에서 "정법의 보장책"을 탐구하는 과정이다. 그래서 자연법은 포이에시스와 프락시스가 결합된 '법시학(legal poetics)'이다. 자연법적 사유란 실천을 위한 철학적 반성이 법의 옷을 걸치고 수행하는 것이다. 시적 방법론의 관점에서 자연법이란 마치 시인이 자기 시대의 '시대정신'을 찾는 것과 같다. 박은정은 각 시대마다 자연법적 사유로 등장하고 있는 법적 메타포에 집중한다.

앞선 논의들에서는 법개념과 법이념의 관계를 다루었다면, 〈정의의 예술: 정의의 여신, 소녀, 빈 의자〉와 〈법감정과 법의 합정성〉에서는 법이념을 둘러싼 긴장과 공존을 체험의 관점에서 다룬다.

〈정의의 예술: 정의의 여신, 소녀, 빈 의자〉는 전통적인 유스티치아 조각상에서부터 '평화의 소녀상'까지 정의에 대한 이미지가 생성되고 변천하는 과정을 추적함으로써 법을 제작하는 원동력의 근원은 무엇이며 이는 어떻게 변화했는지를 밝힌다. 특히, 평화의 소녀상 곁에 놓인 빈 의자는 "우리 자신을 정의의 상의 일부로 끌어들"임으로써 우리가 "정의의 심판자인 동시에 수용자이며 참여자로서" 정의를 둘러싼 다양한 심상을 경험하게 하고 "정의의 공간을 생성하는 데 동참하게" 만든다. 저자는 이러한 참여를 "몸의 감각을 재배치하는 저항이면서, 정의를 향한 자유로운 유희의 총체적인 힘을 지각하는 계기"로 여긴다.

〈법감정과 법의 합정성〉은 인간의 이성과 감정의 긴장과 공존을 다룬다. 일상에서부터 판결에 이르기까지 자주 등장하지만, 그 정확한 의미와 실체를 파악하기 어려운 법감정의 개념과 본질을 탐구하면서, 감정사회학에서 제안된 합정성 개념을 제시한다. 법의 합리성만으로는 설명되지 않는 법경험의 잔차(residual)로서 법의 합정성은 법공동체 구성원들의 법에 대한 기대감과 신뢰의 회복탄력성을 높이는 법감정의 비평 가능성을 시사한다.

왜 '법의 지배'인가

법의 본질에 대한 물음이 법의 이념성과 실정성에 관한 이론적인 접근이었다면, 법의 지배에 대한 물음은 법다운 법이 사회에서 유효한 규범으로 작동하는지에 대한 현실적인 접근이다. 박은정은 2010년에 출간한 책, 『왜 법의 지배인가』에서 '지배'라는 단어에 거부감을 느낀다고 적고 있다. 그럼에도 이 책에서 '법의 지배'라는 용어를 사용하는 것은, 박은정이 서술하고 있듯이 '인간의 지배'를 '법의 지배'로 바꾼 인간에 대한 무한한 신뢰 때문일 것이다.

> 인류 문명사에서 인간에 대한 인간의 지배를 법의 지배로 바꾼 정신력을 생각할 때, 법의 지배를 지속시키고 확장시키는 거대한 힘을 떠올릴 때, '지배'라는 단어의 수용은 필연적이라 느껴진다. 내가 법치주의라는 좀 더 일반적으로 사용되는 용어 대신에 '법의 지배'라는 단어를 구태여 택한 이유는 이 필연성의 느낌 때문이다. 이 필연성의 느낌은 매사에 '지배'되기를 거부하는 우리의 인문학적 감수성을 자극한다. 지배라니![7]

인간의 행위를 규범의 지배 아래에 두려는 기획인 법의 지배에 관한 논의는 일반적으로 형식적 법치주의와 실질적 법치주의 사이의 오랜 긴장 관계에서 시작된다. 전자는 법의 지배 본연의 과제가 법의 형식에 있다고 보는 반면, 후자는 형식적 법치주의에서 한 걸음 더 나아가 법의 내용도 법다울 것, 즉 정의나 도덕원리에 부합할 것을 강조한다. 역사적으로 인간의 지배를 법의 지배로 바꾸는 과정에서 소수에 집중된 권력을 제한하는 방식으로 형식적 법치주의가 강조되었으나, 형식성을 갖춘 법을 빙자한 국가권력에의 무조건적 복종을 강요당하는 경험을 한 이후 법의 지배에 대한 논의는 실질적 법치주의로 이행하게 되었다. 형식적 법치주의와 실질적 법치주의는 수레의 앞뒤 바퀴

---

7 박은정, 『왜 법의 지배인가』(돌베개, 2010), p. 32.

와 같이 법의 지배에 관한 논의를 이끌고 있다. 이러한 논의들은 이 책의 제2부 '법의 지배: 형식·실질·현상'에서 다룬다.

〈실질적 법치주의의 두 유형: 정의 모델과 자유 모델〉은 실질적 법치주의의 구체적인 내용으로, 국가권력과 재산권 문제에 관해 대립하고 있는 정의 모델과 자유 모델을 비교한다. 20세기 후반 신자유주의 가치가 강조되며 자유 모델이 우세하게 되었으나, 여기에서는 '모든 이들의 것은 모든 이들에게'라는 원칙을 제안하며 21세기에 다시 정의 모델로의 전환을 기대하고 있다. 반면에 〈법의 지배에서 법이란 무엇인가〉는 형식적 법치주의와 실질적 법치주의의 오랜 긴장 관계에 주목한다. 그리고 법의 일반성, 명확성, 추상성이라는 법의 형식성의 가치는 법의 지배라는 시스템을 작동시키는 데 있어서 매우 기본적인 조건이라는 점을 강조하고 있다.

〈영미법과 법의 지배〉는 영미의 판례법을 통한 법의 지배의 확립 과정에서 법관의 역할과 권한을 검토하고 있다. 영국에서 국왕 판사들이 '국왕도 법 아래 있다'고 선언하며 법관의 지배를 통해 법의 지배를 확립해 가는 과정은, 역설적으로 법의 지배가 '법관의 지배'로 오용되지 않기 위해 무엇이 필요한지 고민하게 한다.

법의 지배에 관한 논의에 형식적 법치주의와 실질적 법치주의라는 두 개의 수레바퀴만 있는 것은 아니다. 형식적 법치주의와 실질적 법치주의에 관한 논의를 포괄하는 법의 지배라는 '이념'과 법이 지배하고 있는 '현상' 사이의 긴장 관계가 존재한다. 법의 형식성에 대한 강조든 법의 실질성에 대한 강조든 간에, 법의 지배는 한 사회가 지향해야 할 이상적인 가치, 즉 이념이다. 곧 박은정이 강조한 우리의 인문학적 감수성을 자극하는 '법의 지배'는 바로 이념으로서의 법의 지배인 것이다.

그러나 우리가 마주한 현실에서의 '법의 지배'는 이렇게 낭만적이지만은 않다. 복지행정국가로의 이행 과정에서 엄청난 수와 방대한 기능을 가진 법률의 지배를 마주했으며, 최근 정치의 사법화 현상과 맞물려 사법권이 강조되면서 법관의 지배가 드러나고 있다. 이러한 불편한 현실을 직시하고 법의 지배의 이념을 되새겨 해결방안을 모색하는 것이 우리가 '왜 법의 지배인가'를 묻는 근본적인 이유가 아닐까 생각한다.

〈우리가 바라던 법의 지배인가〉는 법이 과도하게 사람들의 삶을 장악해 버린 현실을 조망하고 있다. 이는 법이 사람들의 사회생활 전반에 침투해 사람들의 사고방식까지 지배하는 상황이 지속된다면, 법 이외의 도덕이나 양심, 윤리의식 등은 모두 사라지고 결과적으로 '법의 지배'가 위태롭게 될 것이라고 경고한다. 〈사법의 독립과 책무〉는 법의 지배를 지키는 최후의 보루여야 할 사법부와 법관이 그 역할을 제대로 수행하지 못하고, 재판의 공정성과 사법의 독립성이 심각하게 훼손된 지금 우리의 현실을 지적하고 있다. 전관예우 현상이 일명 '후관예우'로 전환되는 기이한 양상은 법의 지배가 아닌 법관의 지배가 되어버린 현재의 상황에 절망감마저 느끼게 한다. 그러나 다행히 〈법관에 대한 법철학, 법관을 위한 법철학〉에서 불확실성의 현실, 정당성의 당위적 요청, 그리고 그 속에서 자신이 맡은 역할의 중요성을 자각하고 올바른 답을 얻기 위해 법철학적 성찰을 하는 법관의 모습을 만날 수 있다. 이를 보면 법의 지배를 마지막 순간에 실질적으로 구현하는 법관의 판단에 아직 희망이 있다고 말할 수 있을 것이다.

법은 '새로운 도전'에 어떻게 답하는가

법의 지배를 둘러싼 형식과 실질에 관한 역사적 논쟁과 현실적 물음 등은 우리에게 익숙하고도 오래된 법철학적 주제다. 그러나 법에 대한 다양한 이론적 연구들은 특히 다양한 실천의 장에서 어떻게 구체적으로 적용할 것인지에 대한 도전을 받는다. 법은 이러한 새로운 도전에 어떻게 답하는가.

> 추상적 일반이론에 이르는 정확한 방법과 이에 이르기 위한 개념분석 도구를 찾고자 했던 철학은 지난 한 세대 이래로 실천 내지 응용철학 분야로 관심을 옮겨 가고 있다. 개념분석의 틀 자체보다는 이러한 틀을 당대의 사람들이 새롭게 처하게 된 실제 생활에 적용하는 능력 쪽으로 관심이 쏠리고 있는 것이다. 이에 따라 현대 법철학자들 중에서도 생명공학의 적용에 따라 부각되는 생명윤리, 국가범죄 혹은 정부범죄에 대처하는 시민불복종, 생태주의적 규범관, 여성주의 법철학 등에 관심을 가지는 사람들이 늘어나고 있다. … 변화된 시대상황에 새롭게 제기되는 현안문제들에 적용할 법원리들을 개발해 내도록 점점 더 요구하고 있기도 하다.[8]

때때로 법은 과거지향적이고 기득권에 봉사한다는 혐의를 받기도 하지만, 언제나 법에는 미래가 있다. 그 미래의 모습은 우리 삶에서 펼쳐지는 새로운 문제에 의해 도전받기도 하고, 이전에 눈치채지 못했거

---

8 박은정, 「전환시대의 법철학」, p. 44.

나 덮어 두었던 오래된 문제들에 대한 비판을 통해 조금씩 드러나기도 한다. 전자와 관련해서는 오늘날 생명공학기술 및 과학 분야에서의 새로운 도전들을 꼽을 수 있고, 후자의 대표적 사례로서는 젠더 이슈를 생각해 볼 수 있다. 이러한 문제들은 이 책의 제3부 '법과 실천: 생명·과학·젠더'에서 다룬다.

변화하는 문제 영역에서 새로운 도전에 대응하는 법은 그 본질상 '규제적 목적'을 추구하며 일차적으로 과학과 법의 긴장을 형성한다. 나아가 법을 통한 '육성'이라는 이차적 목적 역시 새로운 과학기술 영역에서의 법의 역할에 긴장을 초래하기도 한다.

〈인공지능 알고리즘 편향〉은 최근 들어 사법 및 치안 분야에서 인공지능 알고리즘을 활용하려는 시도가 증가하면서 제기되는 알고리즘 편향 문제를 검토한다. 알고리즘 편향의 다양한 유형과 범죄 예측 알고리즘이 보이는 편향 사례를 진단하고, 이를 극복하기 위한 단계적 접근법을 제안하는 가운데 기술과 법의 관계, 법의 목적에 대한 성찰을 제시한다.

〈인간대상연구와 생명윤리〉는 인간대상연구를 통해 과학에서 법의 개입과 향도가 빚어내는 긴장과 공존의 현상을 포착한다. 이 글은 인간대상연구의 개념과 범주를 설명하고 연구대상자 보호를 위한 윤리원칙과 법제도 등을 개관하면서 법과 인간생명, 법과 생명윤리의 관계에 대한 실증적인 이해를 돕고, 과학기술 분야에서의 법의 역할과 과제를 돌아보고 있다.

한편, 오늘날 젠더 이슈는 법의 중립성으로 은폐된 젠더 편향성을 드러냄으로써 법의 내적 긴장을 더욱 가시화하고 이에 문제를 제기한다. 그러나 이러한 문제들이 다시금 법을 통해 해결되어야 하는 순환적 과정 속에서 법과 젠더는 불안정한 공존을 지속하고 있다. 젠더 이슈는 기존의 관행적 사고가 법의 중립성이라는 허울을 쓰고 젠더 갈등과 불균형을 초래하고 있음을 날카롭게 비판하면서 법의 역할과 과제에 대한 물음을 던진다.

〈성희롱·성폭력의 특수성과 젠더법학의 과제〉는 성희롱·성폭력의 개념과 관련 법을 소개하고, 성희롱·성폭력이 발생하는 각 영역에서 문제가 되는 사안들과 그 한계를 폭로한다. 이러한 분석을 통해 젠더법학의 과제는 형식적 평등으로 보장할 수 없는 성희롱·성폭력 피해자의 기본적 권리와 인권을 보장하는 실질적 평등권을 확립할 수 있도록 법을 개선하는 것임을 진단한다.

〈위험가정과 위험사회, 왜곡된 모성〉은 현대 위험사회의 근원을 위험가정에 두고, 위험가정에서 남성경험을 중심으로 볼 때는 피해자였던 여성이, 여성경험을 중심으로 볼 때는 오히려 자녀에 대한 가해자가 될 수 있는 양면성을 파헤친다. 이를 통해 여성주의 법학은, 여성의 사유와 경험에 여성 중심적 원칙과 철학의 내용을 갖춤으로써 그들의 주관적 이성에 도전하는 지적 긴장에 응해야 하고, 이 대응이 객관적으로 인간적이고 합리적이라는 평가를 얻기 위해서는 인간법학에 기초를 두어야 함을 역설한다.

〈이사회 다양성과 여성 사외이사의 역할〉은 국가 경제에서 중요한 지위를 차지하는 상장회사에서부터 여성이 회사의 중요한 의사결정에 참여할 기회를 증진해야 할 필요성을 제기한다. 이를 위해 여성이사의 수를 늘리는 형식적 방안보다는, 이사회의 실질적 다양성을 확보하기 위한 방안을 제시한다. 요컨대 포용성 가치를 기업지배구조와 금융정책에 포섭하는 방안들을 제도적으로 활용하는 것이 그 핵심이다.

법의 희망

'법 안팎의 긴장과 공존'이라는 인식 프리즘을 공유하는 다양한 주제의 글에서 나타나는 법철학적 고민은 법에 내재한 대립항 사이에서 균형을 잃지 않고 올바른 법과 올바른 실천의 길을 찾으려는 노력이다. 그 노력의 결과물인 이 책을 통해 독자들이 법에 대한 풍부한 이해를 도모할 뿐만 아니라 법철학적 사유와 비판적 사고의 즐거움을 느낄 수 있기를 바란다.

PART

01

법과 이념:
인간·법·정의

1

긴장과 공존의 법실증주의와 자연법론*

김도균

자연법론과 법실증주의 논쟁 다시 보기

법이 무엇인지 정의하거나 법 효력 판별의 기준을 제시할 때 단순히 사회적 사실을 참조하면 되는지 아니면 도덕적 평가를 반드시 포함해야 하는지에 대해, 대체로 종래의 법실증주의와 자연법론은 법의 필요조건 또는 본질적 속성을 탐구하는 데 주력해 왔다. 그런데 어떤 규범(질서)을 법(질서)이게 하는 필요(충분)조건에 주목하는 접근법보다는 법의 중요한 속성에 주목하는 접근법을 택하는 편이 더 설득력 있다는 견해가 최근 제시되었다. 법의 필요충분조건에만 전적으로 주목하는 접근법은 법의 속성을 잘못 파악하거나 법에 대한 빈약한 상을 가지게 할 우려가 있다는 것이다. 아래에서는 이런 관점에서 자연법론과 법실

* 이 글은 김도균, 「공적 이성과 자연법론: 공적 이성의 문제의식을 통한 자연법론의 재구성」, 『법학논총』 제38권 3호(2021), pp. 27-60의 일부를 약간의 수정을 거쳐 전재한 것이다.

증주의 논쟁을 다시 보고자 한다.

법 개념론에 접근하는 관점의 변화

중요하고 가치 있는 속성에 주목하기

인류가 오랫동안 법에 관심을 갖고 이를 탐구하는 이유는 무엇일까. 법이 우리의 삶에 가지는 의미와 중요성이 매우 크며, (심지어는 도덕적으로도) 가치 있는 것이기 때문이다. 모두가 공유하는 단일한 법개념이 존재하지 않는다면, 모든 법에 공통된 필수적 속성을 찾으려고 하기보다는 법이 왜, 어떤 점에서 인간에게 중요한지를 묻고 그 중요한 속성에 주목하는 편이 훨씬 생산적인 결과를 낳을 수 있다는 프레더릭 샤우어(F. Schauer)의 주장은 경청할 만하다.[1] 비록 모든 법에 공통된 필수적 속성은 아닐지라도 현실의 법제도 대부분에 존재하며 여타의 사회제도보다는 유독 법에서 집중적으로 발견되는 중요한 특성들에 관심을 기울이면, 법이라는 사회제도 또는 사회적 실천의 성격을 제대로 이해할 수 있게 된다는 그의 제안은 법 개념론 차원에서 큰 의미가 있다.[2]

법이라면 개념적으로 갖추어야 할 필수적 속성까지는 아니더라도, 법에서 발견되고 법에 집중적으로 존재할 개연성이 매우 높은 중요한 속성들은 무엇일까. 샤우어의 예를 들어 보자. 날개와 척추의 존재는

---

1 F. Schauer, "Necessity, Importance, and the Nature of Law," in J. F. Beltrán et al. (eds.), *Neutrality and Theory of Law* (Springer, 2013), p. 17.

2 Schauer, "Necessity, Importance, and the Nature of Law," p. 23 이하.

새라고 지칭되기 위한 필요조건이지만, '나는 것'은 새의 필수적 속성이 아니다. 가령 펭귄은 날지 못하지만 새라고 분류되기 때문이다. 그렇더라도 '나는 것'은 거의 모든 새의 중요한 속성이므로, 새가 무엇인지를 이해하는 데 '나는 능력'에 의거하는 것은 유용하기도 하고 필요하기도 하다. 이런 발상은 새와 같은 자연종뿐만 아니라 사회적 구성물이나 기능종(functional kinds)인 법에도 통용될 것이다.[3] 현재 우리에게 중요하고 가치 있는 법의 속성들은 모든 법질서에 보편적이거나 필수적인 속성은 아닐 수도 있지만, 우리 인간의 삶에 중대한 영향을 미친다는 점은 분명하다.

필수적 속성까지는 아닐지라도, 법의 중요한 속성 중 하나는 강제력 또는 제재다. 따라서 강제력의 정당화 또는 제재의 공적 제도화는 모든 법이론에서 중요한 주제가 된다. 이런 점에서 개별 시민 또는 집단을 향한 공권력 행사가 정당화되는 이유를 법이 제공한다는 점에 합의가 이루어져 있고, 바로 이 합의 기반 위에서 법적 논증이 행해진다는 드워킨의 견해는 설득력이 있다.[4] 법이 단지 강제규범을 동원해 사적 이해관계나 정치적·집단적 이해관계를 실현하는 수단 이상의 것이 되려면, 법적 문제에 대한 답의 옳고 그름을 식별하거나 더 나은 답과 더 나쁜 답을 식별할 수 있어야 한다. 법을 정당화하는 논거의 타당성을 객관적으로 (또는 상호주관적으로) 판별할 수 있다는 이런 생각은 인류 역사에서 폐기되지 않고 지속되어 온 법치주의의 근본적인 이상일 것이다. 강제적인 공권력 작용의 정당한 방식과 형식, 절차, 내용, 한계

---

3 Schauer, "Necessity, Importance, and the Nature of Law," p. 25.

4 로널드 드워킨, 『법의 제국』, 장영민 옮김(아카넷, 2004), p. 240.

를 제도화하는 법치(또는 법의 지배)에 쏟아 온 인류의 염원을 고려하면, 공적 강제력 행사의 정당성 조건 문제가 법에서 매우 중요한 주제이자 법의 속성임을 알게 된다.

정삼각형이나 이등변삼각형의 개념을 정의할 때 우리는 필요충분조건을 담은 기준을 제시하려 한다. 그런데 법은 그런 기준 속성을 가진 개념(criterial concept)이 아니라 '해석이 필요한 개념(interpretive concept)'이며, 그 핵심적 속성 또는 중요하고 가치 있는 속성이 무엇인지 자체가 본질적으로 논쟁적인 개념(essentially contested concept)이다.[5] 그렇기 때문에 법개념을 둘러싼 다양한 견해가 충돌하고 경쟁하면서 심원한 합리적 견해불일치를 낳는다. 우리가 법이라고 부르고자 하는 사회적 실천형식들의 의의와 가치에 대한 인식 없이는, 즉 법이라는 대상이 가지는 중요성과 의의를 전혀 고려하지 않고서는, 법이 무엇인지 정의할 수 없다.

'두터운 개념'으로서의 법

법의 가치와 중요성에 대한 모종의 평가와 해석이 법개념의 정의에 필요하다는 점, 법개념은 해석이 필요한 개념이라는 점은 법의 개념이 이른바 '두터운 개념(thick concept)'에 속한다는 것을 보여 준다. 어떤 개

---

5 '해석이 필요한 개념'에 관해서는 로널드 드워킨, 『정의론』, 박경신 옮김(민음사, 2015), p. 261 이하 참조. '핵심적 의미 자체가 논쟁적인 개념'이란 '개념의 사용자들이 그 개념의 적절한 의미와 사용을 둘러싸고 끝없는 논쟁을 벌이는 것이 불가피한 개념'을 말한다. 가령 민주주의나 사회정의처럼, 개념 사용자들이 서로서로 각자가 제시하는 특정한 의미를 열정적으로 옹호하고 상대방의 용법을 비판하는 경우다. 이에 관해서는 W. B. Gallie, "Essentially Contested Concepts," *Proceedings of the Aristotelian Society* 56 (1956), pp. 167-198, 특히 p. 171 이하 참조.

념을 정의할 때 사실·사태를 기술하기만 하면 되는 것이 아니라 가치 평가까지 함께 이루어져야 하는 개념, 즉 '사태 기술적 성분 요소'와 '가치 평가적 성분 요소'를 함께 포함하는 개념의 종류를 '두터운 개념'이라고 한다. '용감하다'라는 개념에는 '자신에게 미칠 중대한 손해를 감수하고 위험에 맞서는'이라는 사태 기술적 성분 요소와 더불어 '그런 행위가 훌륭하다, 대단하다, 존경스럽다'와 같은 가치 평가적 성분 요소가 함유되어 있다. 이런 가치 평가적 성분 요소를 전제하지 않고서는 '용감하다'라는 개념을 정의할 수 없을 것이다.[6]

'두터운 개념'으로서의 법개념에서 사태 기술적 성분은 사회적 사실들만을 참조해서 정의될 수도 있지만, 가치 평가적 성분은 그럴 수 없다.[7] 하트(H. L. A. Hart)가 말하는 내적 관점 또는 참여자 관점(internal perspective),[8] 드워킨이 말하는 법의 존재 의의(the point of the law) 또는 법의 정당화 목적(justifying purpose of the law: 개인을 향한 공권력 작용이 왜, 어떤 점에서 정당화될 수 있는지를 제시하려는 법의 목적)[9] 등은 모두 이런 가치 평가적 성분을 담기 위해 고안된 것이라고 할 수 있을지 모른다.

위에서 말한 대로 법의 개념에 접근해 보자는 발상은 법이라는 개념을 이해하고 숙달하려면 그 가치 평가적 성분을 제대로 이해해야만 한다는 점을 강조하는 것이다. 드워킨의 말대로, 법이라는 사회적 실천

---

6 상세한 논의는 D. Enoch and K. Toh, "*Legal* as a Thick Concept," in W. Waluchow and S. Sciaraffa (eds.), *Philosophical Foundations of the Nature of Law* (Oxford University Press, 2013), pp. 257-278, 특히 p. 259 이하 참조.

7 Enoch and Toh, "*Legal* as a Thick Concept," p. 264 이하.

8 H. L. A. Hart, *The Concept of Law*, 2nd edition (Oxford University Press, 1994), pp. 56-57.

9 드워킨, 『법의 제국』, p. 243.

형식과 관행, 제도를 제대로 이해하려면 우리가 이해하려는 대상들(우리가 법이라고 해석하고 구성하려는 사회적 실천형식과 관행, 제도)에 그 '존재의의'나 '정당화 목적', 또는 '그것들이 진정으로 필요한 이유'를 부여해야 한다.[10] 즉, 우리는 오랜 경험과 관찰을 통해 법의 중요하고 가치 있는 요소라고 생각되는 속성들을 바탕으로 법이 무엇인지를 정의한다.

법의 필수적 또는 본질적 속성에 주목하는 대신, 여타의 사회적 실천형식이나 제도보다 법에 압도적으로 집중되어 있고 법에서 유달리 뚜렷하게 발견되는 속성 그리고 우리가 법이라고 부르고자 하는 대상에 그토록 소중하게 부여하는 속성에 주목하자는 생각에 동의한다면, 다음 문제는 무엇이 중요하고 가치 있는 법의 속성이냐는 것이다.

가치 있고 중요한 법의 속성: 법의 합리성과 규범성

위에서 개진한 생각을 법실증주의와 자연법론에 적용해 보면 어떤 결과가 나올까. 법의 가치 있고 중요한 속성에 주목하자는 점, 법개념이 '두터운 개념'에 속한다는 점을 인정한다고 하더라도 이것이 곧바로 자연법론 또는 비실증주의의 옹호로 이어지지는 않는다.

법의 내적 도덕과 법적 합리성

법이 권총을 든 강도의 명령 이상의 것, 강제규범을 동원해 사적 이해

10 드워킨, 『법의 제국』, p. 175.

관계나 정치적·집단적 이해관계를 실현하려는 수단 이상의 것이고자 하는 것은 인류 역사에서 면면히 이어져 온 법치주의의 근본 이상이며, 그 어떤 법질서나 법적 논증의 실무에도 모종의 법적 합리성(legal rationality)의 이상이 내재해 있음을 보여 준다. 이 법적 합리성을 중대하게, 현저하게 위반하는 법률이나 판결에 대해 우리는 '도대체 이게 법이냐', '법도 아니다'라고 비난한다. 수사적 표현에 불과할 수도 있겠지만 이런 비난에는 법의 합리성에 대한 인류의 오랜 숙고에서 온축된 지혜가 담겨 있다. 법에 내재하는 이 합리성은 앞에서 언급한, 법의 중요하고 가치 있는 속성 중 하나임이 분명하다.

법의 역사에 걸쳐 인류가 중요하고 가치 있다고 높이 평가해 왔으며 심지어 법의 필수적 속성으로도 볼 수 있을 법적 합리성은 최소한 다음과 같은 차원·영역들로 이루어진다.[11] 첫째, 주요한 법률 및 판결 용어들은 애매모호하지 않게 가능한 한 명료하고 엄밀해야 한다는 언어 표현 차원의 합리성이다. 이는 법적 안정성과 명확성 원칙으로 정식화된다. 둘째, 법률과 판결은 논리 일관성, 안정성, 정합성, 무모순성, 불소급, 공지성(公知性, publicity) 등을 갖춰야 한다는 체계 합리성이다. 이는 풀러(L. Fuller)가 말하는 '법의 내적 도덕성(inner morality of law)'으로, 높게 평가되는 중요한 법의 속성이다.[12] 셋째, 사회의 중요한 목적을 실현하는 수단으로서의 가치, 즉 목적 실현을 위한 수단 차원의 합

11 I. B. Flores, "The Problem about the Nature of Law *vis-a-vis* Legal Rationality Revisited: Towards an Integrative Jurisprudence," in W. Waluchow and S. Sciaraffa (eds.), *Philosophical Foundations of the Nature of Law*, p. 115 이하 참조.

12 이에 관해서는 론 풀러, 『법의 도덕성』, 박은정 옮김(서울대학교출판문화원, 2015), p. 61 이하 참조.

리성이다. 넷째, 법률과 판결은 사회적 실효성이 있어야 하며 효과적으로 집행되어야 한다는 실용적 차원의 합리성이다. 다섯째, 법률과 판결은 이런 기능적 합리성 외에도 공정성, 정의 등과 같은 도덕적으로 매우 근본적이고 중요한 원리나 권리를 중대하게 위반해서는 안 된다는 도덕적 차원의 합리성 역시 우리가 법에 대해 부여하고 기대하는 중요한 속성이다.

법에 대해 우리가 기대하고 또 부여해 온 이런 속성들은 입법·사법·행정을 향도하는 법적 합리성이기는 하지만, 동서고금을 막론하고 모든 사회의 법에 공통되는 보편적 필요조건은 아닐 수도 있다. 그러나 법에 압도적으로 몰려 있고, 법을 향해 우리가 진심으로 기대하고 염원하는 가치이자 중요하게 여기는 법의 속성임에는 분명하다. 특히 공권력의 강제력으로 뒷받침되는 법은 우리의 삶과 죽음에 지대한 영향을 미치기 때문에, 우리는 법의 이런 합리적 속성에 중요한 가치를 부여한다. 그렇지 않다면, 법에 대해 우리가 이렇게나 고민하고 법을 비판하고 법을 개선하고자 노력할 이유가 없을 것이다.

법의 합리성은 어느 정도는 법에 내재하고, 어느 정도는 법이 지향해야 할 법 바깥의 목표다. 풀러의 말을 빌리자면, 법의 합리성은 '법의 내(재)적 도덕성'과 '법의 외(재)적 도덕성'으로 나누어진다.[13] 전통적인 자연법론자는 전자를 법이라면 반드시 갖춰야 할 보편적인 도덕적 요소(법의 도덕적 필요조건)로 강조할 것이다. 이는 법의 역사에서 오랜 세월 관찰된 법의 중요하고 가치 있는 속성들이 축적되고 우리가 그런 법의 속성이 실현되기를 소망하면서, 응집된 관념이 자연법론으로, 또

13 풀러, 『법의 도덕성』, p. 217 이하.

법과 도덕의 필연적 연관성 테제로 정식화된 것으로 볼 수 있다.

법실증주의와 자연법론의 우열을 가릴 수 있는지 또는 법과 도덕의 필연적 연관성 (또는 분리 가능성) 테제를 인정하는지와 무관하게, 우리는 법의 중요하고 가치 있는 속성들이 상당한 정도로 실현되기를 진심으로 바란다. 그렇다면 법의 중요하고 가치 있는 속성들에 주목해 법과 도덕의 관계를 새롭게 살펴보는 작업이 긴요할 것이다.

법의 행위이유 제시 기능과 규범성: 이인칭 관점과 이인칭적 이유

법의 합리적 속성 외에 또 중요하고 가치 있는 법의 속성이 바로 규범성이다. 법의 규범성이라는 법철학의 또 다른 난제에 대해서는 오래되고 복잡한 논의가 있지만, '행위이유를 제시하는 힘(reason-giving force)'의 측면에서 법의 규범성을 파악하는 견해에 주목해 보자.[14] 친한 동료 교수가 나에게 자신의 논문 초고를 읽고 의견을 달라고 정중하게 부탁하면, 그렇게 해야 할 행위이유가 나에게 생겨난다. 즉, 내가 타인과 약속을 하면 약속 내용대로 행동해야 할 이유가 생긴다. 우리의 일상적 상호작용에서 상대방의 부탁·요청·요구·명령·약속 등의 발화행위를 통해 특정한 방식으로 행동해야 할 이유가 발생하는 '규범적 마법'의 정체는 무엇일까. 왜, 어떤 점에서 저런 발화행위들을 통해 행위이유가 발생할까. 이에 관한 철학적 논의가 광범위하게 이루어지고 있지만, 여

14 이에 관한 유용한 문헌으로는 D. Enoch, "Reason-Giving and the Law," *Oxford Studies in the Philosophy of Law* 1 (2011), pp. 1-38 참조. 최근의 국내 논의에 관해서는 권경휘, 『현대 법실증주의 연구』(박영사, 2022), p. 160 이하; 송성국, 「규범적 테제로서의 법실증주의」(서울대학교 박사학위논문, 2017), p. 15 이하 참조.

기서는 법이 우리에게 제공하는 행위이유의 측면에 국한해서 살펴보기로 하자.

법은 수범자에게 법의 지시대로 행동할 이유를 제공하며, 이는 수범자의 행위의무의 근거도 되지만 권리의 근거도 된다. 또한 법이 제시하는 행위이유는 수범자들이 본래 가지고 있던 행위이유와 충돌할 경우, 이를 배제하기도 한다. 법이 제시하는 행위이유에 따를 의무를 부과한다는 속성 이외에도, 수범자가 가지고 있거나 가질 원래의 행위이유들을 배제한다는 법의 속성은 수범자 각자가 어떻게 행동해야 할지를 숙고하는 실천적 추론 과정에서 매우 중요한 역할을 한다. 잘 알려져 있듯이, 라즈(J. Raz)는 '배제적 행위이유(exclusionary reason)'라는 속성으로 법의 특성에 접근해 법의 권위를 해명했다.[15] 법이 권위를 가지는 것은 수범자가 법이 지시하는 대로 행동하게끔 향도(일차적 행위이유 제시)하는 것인 동시에 수범자에게 법의 지시와 충돌하는 다른 행위이유들에 따라 행동하지 말라고 (어떻게 행동할 것인지 수범자들이 숙고할 때 법의 지시가 아닌 여타의 행위이유들을 배제하라고) 지시하는 것이다. 그리하여 "필연적으로, 법은 자신의 지시대로 행동할 것을 요구하며 여타의 행위이유들을 배제할 정당한 권위를 가진다고 주장한다."라는 '권위주장 테제'가 나오게 되었다. 이 권위주장이 법의 필수적 속성으로 자리 잡게 되었고, 이 권위주장 테제에 바탕을 두고 강한 법실증주의(또는 도덕배제적 법실증주의)가 설득력을 얻게 되었다. 개인들의 소망과 선호가 달라 행위조정이 필요한 상황에서 각 개인이 원래 가졌던 행위이

15 J. Raz, "The Problem of Authority: Revisiting the Service Conception," *Minnesota Law Review* 90 (2006), pp. 1003-1044, 특히 p. 1022 참조.

유대로 행동하기보다는 법에 따라 행동하는, 즉 법의 지시내용을 자신의 행위이유로 삼고 이와 충돌하는 각자의 본래 행위이유들은 배제하는 편이 각자의 이익 실현에 훨씬 더 낫다는 논변 위에서 법의 권위가 정당화된다.[16]

행위이유 제시의 속성과 법의 권위 속성에 대한 라즈의 견해는 법의 규범성을 이해하는 데 매우 중요하지만 다음의 한계가 있을 수 있다. 라즈의 법의 권위 도식에서는, 법의 유권적 지시에 담긴 행위이유가 수범자들에게 발령될 때 수범자들은 모두 일인칭 관점(the first-person standpoint)에서 이를 숙고(이를테면, '해당 상황에서 나는 어떻게 행동해야 하는가?' 같은 관점)한다고 간주된다. 그리고 법의 권위가 정당하다는 점은 수범자 각자가 자신이 원래 가졌던 행위이유보다는 법이 제시하는 행위이유대로 행동하는 편이 각자의 이익 실현에 유익하므로 더 바람직하다는 삼인칭적 논거로 뒷받침된다. 삼인칭 관점(the third-person standpoint)은 객관적 세계에 대한 사태 서술을 할 때 취하는 관점이다. 가령 누군가가 타인의 발을 밟고 있을 때 길을 가던 제3자가 이런 사태를 보고 발을 밟고 있는 자에게 발을 떼라고 요구하면서 '당신이 발을 떼면 발을 밟힌 이 사람의 고통 하나가 줄어들 것이므로 이 세상이 더 나은 상태가 될 것'이라는 근거를 제시한다면, 이는 삼인칭 관점에서 제기된 요구다. 공리주의적 관점은 대체로 삼인칭 관점을 택한다.

16 권위의 '통상적 정당화 테제(the normal justification thesis)'와 '서비스 권위관(the service conception of authority)'이 이 논변의 핵심이다. J. Raz, *Ethics in Public Domain* (Oxford University Press, 1994), pp. 210-237. 법의 권위에 관한 연구로는 박준석, 「조셉 라즈의 권위론에 대한 비판적 고찰」, 『법철학연구』 제10권 1호(2007), pp. 315-340; 박준석, 「권위의 두 개념」, 『법철학연구』 제10권 2호(2007), pp. 115-130 참조.

그런데 법의 권위주장은 수범자의 복종(준수) 의무를 요구할 권리를 함축하며, 권리와 의무 주장의 규범적 토대는 결과의 바람직함(좋음)이 아니라 상대방에게 책임과 의무를 요구하는 권리주장자가 상대방과의 관계에서 가지는 이인칭적 속성의 정당한 도덕적 권위와 적격(standing)(예컨대 정당한 사유 없이 상대방 '당신'의 부당한 행위로 '내가' 고통을 당했다는 점)에 있다. 라즈의 법의 권위 이론에서는 이런 이인칭 관점, 이인칭 관계에 기반을 둔 이인칭 행위이유와 권위가 결여되어 있다.[17]

법의 세계는 권리와 의무의 주장들로 가득 차 있으며, 그 주장은 상대방을 향해 발령된다. 권리와 의무 주장뿐만 아니라, 명령·요구·약속·항변 등의 친숙한 법률행위는 모두 상대방을 향해 발령된다는 점에서 이인칭 관계(second-personal relation)를 전제로 성립한다. 그렇다면 기본적으로 법은 이인칭 관계(발령자인 '나'-수령자인 '너' 또는 발령자인 '너'-수령자인 '나')에서 수범자 또는 법률행위 주체가 이인칭 관점(second-person standpoint)을 가지고 상대방에게 명령·요구·약속·비난·항변·사과하는 행위들의 연쇄적인 관계로 이루어져 있다고 봐야 한다.[18]

이인칭 관점이란 "일상적 상호작용에서 우리가 서로를 향해 요구

---

17 이런 견해는 S. Darwall, *Morality, Authority, and Law* (Oxford University Press, 2013), p. 135 이하. 또한 R. B. Kar, "Hart's Response to Exclusive Legal Positivism," *Georgetown Law Journal* 95, no. 2 (2007), pp. 393-461, 특히 p. 424 이하 참조.

18 이인칭 관점에 관한 선구적인 문헌으로는 S. Darwall, *The Second-Person Standpoint: Morality, Respect and Accountability* (Harvard University Press, 2006) 참조. 이인칭 관점과 법의 관계에 관해서는 S. Darwall, "Law and the Second-Person Standpoint," *Loyola of Los Angeles Law Review* 40, no. 3 (2007), pp. 891-910, 특히 p. 898 이하; R. B. Kar, "The Second-Person Standpoint and the Law," *Illinois Public Law and Legal Theory Research Papers*, no. 10-19 (2011), pp. 1-37 참조.

(명령·약속·비난)하고 그 요구(명령·약속·비난)를 받아들일 때 수령자 상대방인 '너'와 발령자 '나'가 취하는 관점"을 말한다.[19] 우리의 일상생활과 법생활은 이처럼 이인칭 관점에서 행해지는 행동들로 가득하다. '나-너'의 이인칭 관계는 발령자인 '나'와 수령자인 '너' 사이에 모종의 특별한 상호 도덕적 권위와 책무(mutual responsibility/accountability) 관계가 있음을 전제한다.[20] 그 권위 관계란 발령자인 '나'가 수령자 상대방인 '너'를 향해 모종의 요구를 할 권한 적격이 있고, 그 요구를 받은 상대방 '너'는 그 요구대로 행동할 책무를 가지게 되는 관계다.

누군가가 정당한 이유 없이 나의 발을 밟고 있다면, 고통을 느낀 나는 나의 사회적 신분이나 지위와 무관하게 그 상대방에게 발을 떼라고 요구할 정당한 권위 적격이 있고 그 요구를 수령한 상대방은 발을 뗄 이유와 책무가 있다. 이인칭 관계와 이인칭 관점에서 제기된 나의 정당한 요구는 상대방에게 이인칭 행위이유(second-personal reasons)를 제공한다. 상대방이 발을 떼지 않으면 그는 '나에게' 설명할 책무가 있으며, 그 설명에 합당성이 없으면 나는 상대방을 향해 비난을 하고 발을 떼지 않은 행위의 결과에 대해 모종의 책임을 물을 권리자격이 있다.[21] 이는 이인칭 관계, 이인칭 관점, (이인칭 관계에서 발생하는) 이인칭 행위이유 등이 인간의 상호작용에 얼마나 깊게 스며들어 있는지를 잘 보여 준다.

지금까지 말한 내용의 요체는 법은 기본적으로 이인칭 관계와 이

19 Darwall, *The Second-Person Standpoint*, p. 3.

20 Darwall, *The Second-Person Standpoint*, p. 4.

21 Darwall, *The Second-Person Standpoint*, p. 65 이하.

인칭 관점을 기본 구조로 하며, 법의 행위이유 제시 기능(즉, 법의 규범성)도 이인칭 관계에서 발생하는 행위이유의 측면에서 이해해야 한다는 것이다. 그렇다면 일인칭 관점(그리고 삼인칭 관점)에서 수행되는 실천적 숙고를 전제로 구축된 법의 권위 이론과 이를 바탕으로 전개된 배제적 법실증주의는 법의 중요한 이인칭적 속성을 제대로 포착하지 못한 한계가 있다고 볼 수 있다. 하트의 '내적 관점'도 이 이인칭 관계에 담겨 있는 이인칭 관점과 이인칭 행위이유의 측면에서 바라보면 그 취지를 더욱더 잘 이해할 수 있을 것이다.[22]

이인칭 관계, 이인칭 관점, 이인칭 행위이유의 구조에서 핵심은, 상대방 '너'와의 관계에서 '나'는 어떤 요구를 할 정당한 자격과 도덕적 권위가 있고 '너'는 '너'를 향해 발령된 '나'의 요구대로 따를 책무와 행위이유가 있다는 권위 및 책무 관계가 존재한다는 점, 수령자인 '너'는 '나'의 요구를 이해하고 그에 따라 행동할 수 있는 능력과 책임능력이 있다는 점이다. 의사능력, 법률행위능력, 책임능력 등 법률가에게 익숙한 개념들을 보면 이인칭 관점에 의해 법의 세계가 짜여 있고 작동한다는 점을 쉽게 알 수 있을 것이다. 특정한 사회적 지위·신분에 따라서가 아니라 오로지 인간이라는 이유 하나만으로 우리는 서로가 의사능력, 법률행위능력, 권리주체능력, 책임능력을 갖는다고 상호인정한다. 도덕과 법의 심층 구조에서 핵심이 되는 이인칭 관점과 이인칭 행위이유에 동등한 인간 존엄성의 상호승인이라는 근본적 도덕이상이 내재해 있음은 부정할 수 없다.[23]

---

22 Kar, "Hart's Response to Exclusive Legal Positivism," p. 447 이하.

23 Darwall, *The Second-Person Standpoint*, p. 119 이하, p. 243 이하; Darwall, "Law and

실질적 근본규범으로서 인간 존엄성

인간 존엄성 규범의 핵심은 모든 인간 개개인이 사회적·개인적 차이와 무관하게 기본적인 지위를 평등하게 누려야 한다는 데 있다. 모든 인간이 동등하게 누려야 하는 기본적 지위를 표현하는 인간 존엄성은 최고의 헌법적 가치로서 법규범의 제정과 해석을 향도하고 규제하는 역할을 할 뿐만 아니라 모든 법규범의 효력을 판별하는 기준이 된다. 이는 대법원의 판결에서 분명하게 드러난다.

> 우리의 법체계는 최고규범인 헌법을 정점으로 하여 통일적인 법질서를 유지하고 있다. 사회공동체의 모든 법규범은 헌법의 가치와 내용을 실현하는 것이므로 헌법의 테두리 내에서 일정한 체계적인 통일성이 유지되어야 한다. 그렇기 때문에 헌법은 공·사법을 포함한 모든 법규범의 해석적용에 있어서 그 기초인 동시에 한계가 되고, 법의 흠결이 있는 경우 이를 보충하는 원리가 된다. **헌법 제10조의 인간 존엄성 규정은 헌법규범 가운데에서도 근본규범으로서 모든 국가작용의 목적과 가치판단의 기준을 제공하고, 모든 법규범 효력과 내용을 해석하는 기준이 되며, 법의 흠결을 보충하는 제1차적인 원리**가 된다.[24]

이는 인간 존엄성 규범이 법질서의 정당성 기초이자 각 법규범의

---

the Second-Person Standpoint," p. 905 이하; Kar, "The Second-Person Standpoint and the Law," p. 12 이하 참조.

24 대법원 2008. 11. 20. 선고 2007다27670(강조-인용자).

효력을 판별하는 기준인 '실질적 근본규범'이라는 것을 보여 준다.[25] 이러한 대법원의 설시뿐만 아니라 헌법재판소의 여러 결정례 역시 인간 존엄성 규범의 위상을 여실히 보여 준다.

법과 인간 존엄성 간의 이런 내적 연관성은 이인칭 관계, 이인칭 관점, 이인칭 행위이유의 요소들이 법과 깊이 연관되어 있음을 보여 주는 것이기도 하다. 인간 존엄성의 존중은 이인칭적 구조인 법률관계가 전제하는 서로의 의사능력, 행위능력, 권리능력, 책임능력을 상호승인한다는 것이며, 모든 상대방을 향해 자신을 그런 존재로 승인하라고 요구할 권리를 갖는다는 것이다. '권리를 가질 권리'를 요구할 근원적인 도덕적 권위와 기본적 지위가 인간 존엄성 규범의 핵심이라면, 헌법 제10조로 표현된 인간 존엄성 규범을 실질적 근본규범이라고 불러도 손색이 없을 것이다.[26] 이런 점에서 인간 존엄성을 향한 존중은 법질서 전체에 스며들어 이를 관통하고 있으며, 법의 중요하고 가치 있는 속성은 바로 인간 존엄성의 존중과 보호로 집약된다고 보아도 좋을 것이다.[27]

---

25 이런 발상은 M. Neal, "Respect for Human Dignity as Substantive Basic Norm," *International Journal of Constitutional Law* 10, no. 1 (2014), pp. 26-46.

26 이는 독일의 법철학자 구스타프 라드브루흐의 '불법공식'에 담겨 있는 사상이기도 하다. 라드브루흐는 "극도로 부정의한 법률은 애초부터 법으로서의 효력을 갖지 못한다."라는 불법공식을 제시하면서 그 구체적인 기준으로 '정의의 핵심인 평등의 의도적 부정'을 제시한다. 이때 정의의 핵심이 되는 평등은 법의 이인칭적 관계 구조에 내재하는 모두에게 동등한 인간 존엄성을 표현하는 것으로 해석할 수 있을 것이다. 비슷한 견해로 M. Jovanović, "Legal Validity and Human Dignity: On Radbruch's Formula," in W. Brugger and S. Kirste (eds.), *Human Dignity as a Foundation of Law* (Stuttgart, 2009), pp. 145-167 참조.

27 고문을 절대적으로 금지하는 근대법의 태도는 법과 인간 존엄성의 내적 연관성을 보

비실증주의를 향한 소망

인류가 오랜 경험을 통해 법에 부여하고 염원해 왔던 중요하고 가치 있는 법의 속성들이 상당한 정도로 실현되기를 우리는 진정으로 바란다. 그래서 사회적 사실로서의 법이 가지는 측면을 받아들이면서도 자연법론과 비실증주의를 향한 소망이 사라지지 않고 여전히 우리 인류에게 큰 의미를 갖는 것이 아닐까. 법의 합리성 및 규범성과 이인칭적 구조를 종합적으로 고려하면, 법의 구조에 깊숙하게 삼투(滲透)되어 있는 도덕이 법과 깊이 연관되어 있음을 인정할 수 있을 것이다. 이렇게 이해된 법과 도덕의 연관성이 법이 무엇인지를 정의할 때 사회적 사실 요소와 함께 도덕적 요소도 반드시 참조해야 한다는 '법과 도덕의 필연적 연관성 테제'를 새롭게 해석하게 하고 비실증주의로 다가가게 하는 것은 아닐지 생각하면서 이 글을 마친다.

여 준다. 이에 관한 논의는 J. Waldron, "How Law Protects Dignity," *Cambridge Law Journal* 71, no. 1 (2012), pp. 200-222.

2

자연법 이후

김현철

"하지만 나쁜 법률에서 좋은 법률을 구분하는 일은 자연(본성)의 규범 외에 다른 무엇으로도 할 수가 없네."[1]

올바른 법에 대한 사유 방식으로서의 자연법

서양에서 법에 대한 체계적인 설명으로 오래되고 잘 알려진 사상은 고대 그리스와 로마에서 활동했던 스토아학파에 의해 제시되었다. 스토아학파는 영원한 자연의 섭리를 의미하는 영원법(eternal law), 영원법의 일부로서 인간의 본성에 자리 잡은 자연법(natural law) 그리고 인간이 제정한 인정법(human law)의 세 가지 형태로 법을 구분했다. 이 설명 체계에서 중요한 부분은 자연법이 인정법보다 우위에 있으며, 자연법에

1 마르쿠스 툴리우스 키케로, 『법률론』, 성염 옮김(한길사, 2007), p. 91.

어긋나는 인정법은 효력이 없다는 함의다.

이런 생각은 스토아학파가 성립되기 이전에도 일반적으로 공유되던 것이었다. 그리스 희곡 작가 소포클레스의 작품 『안티고네』에 등장하는 안티고네도 인정법(인간이 만든 법)보다 더 상위에 있는 하늘의 법, 즉 자연법에 대해 노래하고 있다. "인간의 글로 쓰이진 않았으나 영원한 하늘의 법을 어길 수 있을까요? 저는 왕께서 정하신 법이 하늘의 법과 같은 힘을 지니고 있다고는 생각지 않습니다. 하늘의 법은 어제오늘에 생긴 것이 아니며 아무도 그 법이 언제 생겼는지 알지 못합니다." 그 이후 서양의 법사상에서 자연법 개념은 인정법이 정당성과 효력을 갖게 하는 근거로 널리 인정되었다. 근대 이후에는 자연권 개념이 발달해 인권 개념으로 발전했으며, 현재는 헌법에 편입되어 각 나라 국민의 기본적 자유와 권리의 주요 내용으로 인정받고 있다.

그러나 현대에 들어 이런 전통적인 의미의 자연법을 실재하는 법으로 인정하는 견해는 거의 찾기 어렵다. 그 이유로는 자연법의 내용을 국민들이 객관적으로 확인하기 어렵다는 점이 가장 크다. 현대 의회에서 만든 제정법과 비교할 때, 자연법은 법기관에 의해 제정되는 것이 아니기 때문에 그 내용이 불명확할 수밖에 없다. 현대 법규범의 특징 중 하나는 공권력의 지지가 있다는 점인데, 불명확한 자연법에 공권력을 결부하면 자의적인 공권력 행사의 가능성이 항상 존재하게 된다. 그리고 동시에 자연법은 현대 정치를 정당화하는 중요한 이유 중 하나인 민주주의 가치를 실현하지 못한다는 문제점도 있다. 이런 이유로 인권 개념을 제외하면 자연법 개념 자체는 현대 법이론에서 큰 역할을 수행하지 못하고 있다. 인권 개념은 예외인데, 이 개념은 현대 법이론에서 민주적 절차를 거친 공동체의 결정일지라도 박탈할 수 없는 개인의 근본적인 권리가 있다는 것을 주지시키는 역할을 수행하기 때문이다. 또 인권 개념은 공권력의 행사를 제한할 수 있다. 이런 점들은 민주적 절차에 의해 제정된 인정법의 한계를 보완하는 역할을 한다는 점에서 의의가 있지만, 그렇다고 해서 인권 개념을 도출시키는 자연법의 실재를 의미하지는 않는다.

그래서 현대 법이론에서 자연법은 실재하는 법원(source of law)으로 인정받기보다 제정법에 근거한 실정법의 정당성과 효력을 묻는 일종의 '사유 방식'으로 활용되는 것이 일반적이다.[2] 현대에도 자연법 사상을 지지하는 법학자들이 여럿 존재하지만 이들의 사상은 전통적인 자연법 사상에 비해 유연한 태도를 취하고 있다. 예를 들어 피니스(John Finnis), 웨인렙(Lloyd L. Weinreb), 조지(Robert P. George) 등의 자연법 이론은 이런 유연한 자연법 사상의 예이며, 풀러(Lon L. Fuller), 드워킨(Ronald Dworkin) 등은 자연법 개념을 내세우지는 않지만 그 영향 아래 독창적인 사상을 전개한 예라고 할 수 있다.

이렇게 현대에는 고전적인 존재론적 지위를 인정받지 못하고 있음에도 자연법 사상이 법학자들의 사고에서 반복적으로 나타나는 이유는 무엇일까? 여러 이유가 있겠지만, 가장 중요한 이유는 '올바른 법(正法)'에 대한 열망과 현실의 실정법을 상시적으로 평가하고 개선할 필요성에 대한 공감일 것이다. 아무리 민주적 절차를 통해 제정된 법률이라 하더라도 그 내용이 부정의할 수 있다는 것은 역사적 사실로 쉽게 확인할 수 있다. 라드브루흐의 잘 알려진 '법률적 불법' 이론, 즉 공

---

2 아래 내용은 김현철, 「자연주의적 자연법 이론의 가능성」, 『법철학연구』 제20권 1호 (2017), pp. 38-39 참조.

식적인 입법 절차를 거쳐 제정된 법률이라 하더라도 그 내용이 도저히 수긍할 수 없는 부정의한 것이라면 단지 '불법'일 뿐이라는 이론은 그 역사적 사실을 대변하고 있다. 이는 정법에 대한 열망이자 실정법의 평가와 개선을 위한 기준의 필요성이라는 맥락에서 자연법을 이해한 것이다.

슈페만(Robert Spaemann)은 자연법은 실재하는 '규범목록이나 메타헌법이 아닌 사유와 분석의 방식'[3]으로 파악하는 것이 더 적절하다고 하면서, '실재하는 본성을 무시하고 자유를 누리는 것은 자기 파괴적'이라고 지적하고 있다. 즉, 그의 지적은 실정법이라고 해서 모든 내용을 다 규율할 수 있는 것은 아니며, 특히 인간이라는 존재의 본성에 어긋나는 내용을 담는 것은 인간을 위한 법률이 아니라 오히려 인간을 파괴하는 법률이 될 수 있음을 경고하는 것이다. 박은정 역시 자연법을 '모든 법적인 행위의 타당성을 다시 한번 비판적으로 검증하는 사유 양식'이라고 이해하고 있다.[4]

이렇게 비판과 평가를 위한 사유 방식으로 자연법을 이해한다면 자연법과 실정법의 개념적 대립을 상정할 필요도 없을 것이다. 왜냐하면 자연법은 실재하는 법규범의 목록을 제시하는 것이 아니며, 이런 자연법 이해에서는 국민이 준수해야 할 법규범의 내용이 무엇인가를 둘러싼 존재론적 갈등이 애초부터 생길 수 없기 때문이다. 이에 대해 박은정은 "자연법과 실정법의 대립은 다만 의미론적 차원에서만 언급할 수 있을 뿐인 것이다. 자연법에 대립되는 것은 실정법이 아니라 실

---

3 R. Spaemann, *Zur Kritik der politischen Utopie* (Ernst Klett Verlag, 1977), p. 198.

4 박은정, 『자연법의 문제들』(세창출판사, 2007), p. 16.

정 법률의 외관을 띤 비도덕적이고 자의적인 법, 그야말로 '법률적 불법'일 뿐이다."라고 주장하는데,[5] 이는 현대 자연법 사상의 특징을 잘 보여 주는 진술이다.

원초적 규범으로서의 자연법

그렇다면 실정법의 비판과 평가를 위한 사유 방식으로서 자연법은 어떤 함의를 가지는가?[6] 전통적인 자연법은 인간이 따라야 할 규범의 내용을 인간의 본성에서 도출할 수 있다는 함의를 갖는다. 그러나 현대 자연법 사상은 구체적인 규범 내용을 자연법에서 도출할 수 있다고 이해하지는 않는다. 오히려 현대 자연법 사상은 인간의 현실 공동체에서 통용되는 실정법이 인간을 위해 만들어져야 하며 인간의 본성에 반해 인간을 파괴하는 내용을 가져서는 안 된다는 점에 깊이 공감하고 있다. 법은 인간의 생존을 위한 문명의 수단이며, 지속 가능한 공존의 조건이라는 것이다. 전통적인 자연법에서도 인간을 어떻게 이해할 것인지가 중요했듯이, 현대 자연법 사상에서도 현대 문명의 관점에서 인간을 어떻게 이해할 것인지가 여전히 중요한 관심사다. 그렇다면 인간은 어떤 존재이며, 규범은 어떻게 탄생하는가?

하트(H. L. A. Hart)는 '자연적 사실'과 법규범 사이에 '독특한 합리적 연결 관계'가 있다고 주장한다. 그리고 그 자연적 사실은 '생존을 목

---

5 박은정, 『자연법의 문제들』, p. 16.

6 아래 내용은 김현철, 「법철학의 주제 설정」, 『법철학연구』 제22권 3호(2019), pp. 9-10.

표'로 한다는 점, 즉 '법과 도덕은 사람들이 서로 연합할 때 갖는 생존이라는 최소한의 목적을 추진'한다는 점과 관련된다.[7] 하트는 이런 자연적 사실로 인간의 취약성, 대략적 평등, 제한된 이타주의, 제한된 자원, 제한된 이해력과 의지력을 들고 있으며, 이를 '최소한의 자연법 내용(minimum content of Natural Law)'이라고 부른다.[8] 현대 법실증주의를 대표하는 하트도 인간의 생존이라는 화두에 대해 자연법이라는 표현을 동원하고 있는 것은 역설적인 동시에 현대 자연법의 자연주의적 방향성을 보여 준다.

현대 과학에 따르면, 인간은 살아가면서 항상 '의식'의 세계에서 '반성과 추론'을 거듭하면서 살아가는 존재는 아니다. 인간은 '의식' 상태보다 '무의식' 상태에서 더 많이 생활한다. 이른바 습관적으로 하는 행위가 숙고를 동반한 행위보다 훨씬 많다는 것은 평소 자신의 생활을 돌아보면 쉽게 알 수 있다. 이런 무의식 상태의 습관적인 행위 중 많은 부분은 문화와 문명의 사회화에 힘입은 것이고 관성적으로 이를 반복하게 된다는 특성이 있다. 문화와 문명은 기본적으로 인간이 좀 더 생존하기 쉽도록 형성된 인간 사회의 환경이라고 할 수 있으며, 생존을 위한 놀라운 삶의 기예(art of life)의 축적으로 인해 발달했다. 즉, 보다 효율적으로 생존할 수 있는 각종 방식이 구축됨에 따라 '주어진 삶'이 아닌 '주체적 삶'을 지향하게 되는데, 이를 삶의 기예라고 할 수 있다. 이 삶의 기예는 근본적으로 두 가지 요소를 갖고 있다. 하나는 '세계와 인간에 대한 지식'이며, 다른 하나는 '삶을 위해 수행해야 하는 규범'이

---

7 허버트 하트, 『법의 개념』, 오병선 옮김(아카넷, 2001), p. 252.

8 이에 대해서는 하트, 『법의 개념』, pp. 253-260 참조.

다. 이를 통해 인간은 다른 생명체가 구축한 삶의 방식에 비해 매우 광범위하고 효율적이며 주체적인 방식으로 생존할 수 있게 되었다. 인간은 보유한 지식과 규범으로 다른 생명체에 비해 상대적으로 생존에 필요한 노력과 에너지를 절약할 수 있었다. 이 절약된 자원은 인간의 생존을 위해 다시 환류되었고, 이 과정을 반복하면서 우리는 현재의 문명 상태에 이르게 되었다.

규범은 문화와 문명이라는 환경에서 지식과 더불어 아주 중요한 위치를 차지하고 있다. 생존을 위해 해야 할 행동을 의식적으로 반성하고 추론하는 대신, 이미 정립된 규범에 따름으로써 보다 경제적인 생존 활동이 가능해진 것이다. 다만, 이미 정립된 규범은 대체적으로는 생존에 유리한 행동을 향도(orienting)하지만, 새로운 생존 환경이 대두되면 당연히 수정되어야 할 부분도 있을 것이다. 이런 환경과 규범의 상호작용은 결국 새로운 환경에 인간이 적응하게 될 경우 성공적인 규범 정립으로 이어지지만, 적응에 실패할 경우 그 규범은 폐기되거나 다시 수정되어야 한다. 이때 적응 여부는 적응의 대상인 환경에 대한 지식에 달려 있다고 할 수 있으므로, 규범은 지식을 전제 조건으로 한다. 반면, 지식 활동은 일종의 생존 활동이기에 규범적 방식으로 이루어져야 한다. 그래서 지식 또한 규범을 전제 조건으로 한다. 이런 지식과 규범의 상호작용이 문명을 이룬 결과 지식뿐만 아니라 규범도 전문화되고 분화되는데, 그 전문화되고 분화된 규범의 하나가 법이라고 할 수 있다.

현대 자연법 이론은 자연법을 법기관에 의해 정립되고 공권력에 의해 뒷받침되는 공식적 규범으로 이해하지는 않는다. 그러나 자연법은 현대의 실증주의적 법이해에서 원초적 토대 역할을 수행할 수 있다. 즉, '자연법의 이름'은 원초적 토대인 인간의 본성과 사회적 생존(공존)의 조건으로 실정법이 제 역할을 하고 있는지 묻는 '가상의 좋은 법'의 대명사로서 비판과 평가의 역할을 수행할 수 있을 것이다.

수사적 메타포로서의 자연법

이런 실정법의 비판과 평가를 위한 자연법의 의제적 도구성은 일종의 수사적 메타포로 등장한다. 수사적 메타포로 자연법을 이해하는 것은, 자연법이 사유 방식이라고 했을 때 그 사유 방식이라는 말이 뜻하는 가능성 중 하나이기도 하다.[9] 여기서 법이란 무엇인지를 다시 생각해 보자. 일단 법은 의미의 세계에 속하며, 명제 형식으로 파악 가능하다. 법은 물리적 공간을 차지하고 있는 실체는 아니다. 의미의 세계에 속한다는 것이 존재론적으로 의미의 세계가 따로 실재한다는 뜻은 아니다. 그보다는 인간이 정신적·언어적 측면에서 의미를 이해할 수 있다는 자연적 사실 자체를 의미한다. 어쨌든 의미의 세계는 인식 가능하다는 측면에서 실재에 속한다.

법이 의미의 세계에 속해 있다는 것은 다른 측면에서 보면 정신이나 마음의 세계에 있다는 것을 의미한다. 자연법이라는 표현도 이런 맥락에서 보면, 서구 법체계가 형성한 마음의 구조, 즉 사회적 사고의 구조를 드러내는 보편적 표현 방식의 하나로 사유해 볼 수 있다. 즉, 자연법은 실정법을 상시적인 평가에 들게 하는 일종의 수사적 메타포이

9 아래 내용은 김현철, 「자연주의적 자연법 이론의 가능성」, pp. 56-57 참조.

며, 실정법의 효력을 지속적으로 묻게 하는 시금석으로 작용한다.[10] 동시에 자연법 개념은 정당성 논증 과정을 감축시키는 인지적 효율성 추구 기능을 수행한다.

수사적 메타포로서의 자연법 개념은 다음과 같은 내용을 구조적으로 함축하고 있다. 먼저 인간은 생명체로서 생존이 가장 중요한 과업이 된다. 인간이 생존하기 위해서는 다른 생명체가 그러하듯이 외부 환경과 상호작용하는 과정을 거쳐야 한다. 인간은 독특한 문화를 형성하고 문명을 구축하면서 다른 생명체와 구별되는 상호작용 방식을 구축했다. 인간은 고유한 상호작용 방식으로 생존을 위해 필요한 여러 문제와 과업을 해결했다. 이런 의미에서 우리는 인간을 경험적 존재로 이해할 수 있다.

생존을 위한 문제의 해결에는 지성의 역할이 중요하고(반성적 경험) 탐구의 과정이 요구된다. 경험이 일회성으로 머물러서는 생존을 효율적으로 하기 어렵다. 더 잘 생존하려면 인간은 경험을 성찰하고 비판하면서 더 나은 문화의 가능성을 모색할 수 있어야 한다. 이런 사유의 과정을 반성적 경험에 근거한 탐구의 과정으로 축약해서 말할 수 있다. 그런데 이런 지성이 자연적 지성(개별적 지성)에 머문다면 생존을 위한 더 나은 문화를 적절히 모색하지 못할 것이다. 인간의 역사에서 사람들은 서로 연대하고 헌신하면서 생존 문제에 대한 공동의 대처방안을 마련해 왔다.

그 대처방안은 문명 세계에서 규범의 형태로 제시되었다. 즉, 인간

10 메타포의 법철학적 의의에 대해서는 강태경, 「법적 추론에 대한 인지적 분석방법」(서울대학교 박사학위논문, 2014) 참조.

의 생존 방식은 공동 생존을 기본으로 하며, 그 공동 생존을 위해 필요한 행위와 해서는 안 되는 행위가 문명의 발전에 따라 구분되고 집적되었다. 이런 행위에 대한 기준이 규범이다. 규범은 유기체인 인간의 생존에 필수 불가결한 대처들을 응집해 제시한 것이다. 자연법은 이런 의미에서 자연적으로 형성된 규범으로 생각될 수 있다(원초적 규범). 이런 원초적 규범에 자연법이라는 표현을 붙여 통용하는 것은 어떤 행위를 할 때마다 그 이유를 찾아야 하는 경우에 비해 훨씬 시간과 노력을 절약할 수 있게 해준다.

원초적 규범은 원초적이라는 의미에서 현대 문명에서 활용하는 규범, 특히 법규범의 토대를 이룬다. 현대의 법규범은 원초적 규범들의 요소를 포함하고 있지만, 이보다 훨씬 더 많은 내용을 다루고 있다. 문명의 발달로 인간의 생존 방식이 진화했기 때문이다. 현대의 법규범은 원초적이라기보다 인위적이며 제정적이라고 할 수 있는데, 발달한 법기관이 법규범의 제정, 유지, 폐지를 담당하고 있기 때문이다. 그럼에도 법규범은 이른바 공권력의 지지를 받고 있다는 점에서 근원적으로 폭력적이다. 폭력은 생존의 관점에서 보면 그 자체로 위험한 상호작용이다. 그렇다면 법규범이 공권력을 배경으로 하고 있는 한, 공동의 생존이라는 인간의 원초적인 이해와 관심을 보장하기 위해서는 실정 법규범을 무비판적으로 수용해서는 안 된다. 자연법이라는 메타포는 이 지점에서 힘을 발휘한다. 자연법은 실정 법규범에 대한 비판적 사유의 요구를 응집해서 보여 주는 표현이며, 무엇보다 문명과 법규범은 궁극적으로 인류 공동의 생존이라는 과업에 원초적으로 봉사해야 한다는 점을 알려 준다. 나아가 자연법이라는 메타포는 인류 공동의 생존이 지속 가능하려면 어떻게 해야 할 것인지에 대한 물음을 끊임없이 던져

준다. 즉, 자연법은 '생존하려면 어떻게 해야 할까'라는 근본적 물음의 메타포이며, 법규범의 폭력에 대한 항시적인 비판의 사유이자 지속적인 생존 가능성에 대한 끊임없는 탐구의 사유다.

자연법 이후[11]

지금까지 살펴본 내용을 정리하면 다음과 같다. 자연법은 실정 법규범 비판의 준거로서 '공동의 생존을 위해 좋은 법이란 무엇인가'라는 물음에 대한 탐구의 사유다. 또한 자연법은 '공동의 생존이 지속 가능하려면 어떤 법이 필요한가'라는 물음에 대한 탐구의 사유이기도 하다. 이런 의미에서 자연법은 좋은 법의 이론이며 미래법의 이론이라고 할 수 있다.

이는 이미 박은정에 의해 주장된 내용과 매우 유사하다. 박은정은 자연법의 과제를 다음과 같이 설명하면서, '미래학적 자연법'을 주장한다.[12]

탐멜로에 의하면 자연법적 명제는 다음과 같은 두 가지 이외에 다른

11 아래 내용은 김현철, 「법철학의 주제 설정」, pp. 20-22.

12 박은정, 『자연법사상: 실천을 위한 보편이론』(민음사, 1987), p. 296. 박은정은 이 책의 다른 부분에서 다음과 같이 말하고 있다. "이 모든 것은 자연법이 오로지 기존의 질서를 정당화하기만 하는 법이 아니라는 것을 말해 준다. 또 이 모든 것은 자연법이 단순히 과거라는 유산의 관리인이지 않다는 것을 말해 준다. 자연법은 이제 오히려 미래학의 한 패턴으로 부각된다."(pp. 294-295)

것일 수 없다. 첫째, 인류는 살아남아야 한다는 것. 둘째, 고통은 없어져야 하거나 아니면 가능한 한 줄어져야 한다는 것. 그러므로 그에 의하면 중요한 것은 자연법 명제들이 절대적이냐 아니면 상대적이냐의 물음이 아니라, 무엇이 우리의 상황에서 절박하게 필요한 것으로 나타나는가이며, 이것이 바로 고통을 최소화하는 자연법, 공동생존의 자연법, 인간 공동체 유지를 위한 자연법, 미래의 자연법이라는 것이다.

필자는 이런 문제의식을 구체화하기 위해 상대적으로 독립된 법학의 연구 분야를 정립해야 한다고 생각한다. 그 분야는 두 가지로, 각각 자연법의 두 가지 역할, 즉 현행 실정법과 권력에 대한 비판과 지속 가능한 생존을 위해 가능한 조건을 모색하는 미래법에 대해 탐구하는 것이라고 할 수 있다.

첫째, '좋은 법(good law)'[13]에 대한 연구가 필요하다.[14] 그리스 신화에 의하면 신들의 제왕인 제우스와 그 부인이자 법의 여신인 테미스 사이에는 에우노미아, 디케, 에이레네라는 세 자녀가 있었다. 그중 맏이는 에우노미아인데, 에우노미아란 'Eunomia', 즉 좋은(eu) 법(nomos)

13 좋은 법이라는 표현 속에는 법령과 판례가 모두 포함되어야 한다.

14 이에 대해서는 레오 스트라우스의 다음과 같은 언급이 매우 시사적이다. "모든 정치적 행위는 보존(preservation)이나 변화(change)를 목표로 한다. 보존을 원할 때, 우리는 더 나쁘게 변화하는 것(change to the worse)을 방지하기를 원한다. 변화를 원할 때 우리는 더 좋은 일이 생기기(bring about something better)를 원한다. 그러므로 모든 정치적 행위는 더 좋은 것과 더 나쁜 것에 대한 생각에 의해 이루어진다. 그러나 더 좋은 것과 더 나쁜 것에 대한 생각은 좋음에 대한 생각(thought of the good)을 함축하고 있다." L. Strauss, "What Is Political Philosophy?," *Journal of Politics* 19, no. 3 (1957), p. 343.

의 상태를 의미하는 것으로 정의와 재판의 여신인 디케도 결국 에우노미아가 없으면 제 기능을 다하지 못한다는 함의를 가진다. 이처럼 '좋은 법'에 대한 연구는 근본적으로 실천적 중요성을 가진다. 풀러는 에우노미아에서 가져온 유노믹스(eunomics)라는 개념을 주장했다.[15]

'좋은 법'이란 그 자체로 절대적인 개념일 수는 없을 것이다. 인간의 문명은 공동의 생존을 위한 조건으로 법규범을 발전시켰기 때문에, 좋은 법도 공동의 생존, 즉 공존의 조건으로서 제 역할을 하는 법을 의미한다. 즉, 좋은 법은 그 자체가 목적이 아니라 공동의 생존이 목적인 것이다. 그리고 현실적으로 인간은 실정 법규범의 체계를 형성하고 이를 실현하고 있다. 그렇다면 실정 법규범은 그 자체로 좋은 것은 아니고, 공존에 적절히 기여하는 경우에 좋은 것으로 평가될 수 있는 것이다. 이런 측면에서 좋은 법에 대한 연구(good law studies)는 실정법에 대한 비판과 평가에서 출발한다. 즉, 좋은 법에 대한 연구는 실정법에 대한 평가이고 실정법을 지지하는 권력에 대한 비판이 그 출발점이 된다.

이런 실정법 평가와 실정권력 비판이라는 과제는 기존 법학의 법가치론이라는 영역에서 정의와 인권에 대한 연구를 통해 실현되기도 한다. 다만, 정의와 인권이라는 개념 및 원리 차원의 연구와 구별되는, 구체적인 실정법과 실정권력을 전제로 한 개별적 평가와 비판은 아직 본격적으로 정립되지 않았다. 이런 탐구가 독자적으로 정립되기 위해서는 무엇보다 방법론이 모색되고 정립되어야 하는데, 이 점에서 아직 미진한 부분이 많다. 즉, 좋은 법에 대한 연구는 현실의 법과 권력이라

15 풀러의 유노믹스에 대한 소개로, 강태경, 「론 L. 풀러의 유노믹스」, 『법철학연구』 제20권 1호(2017), pp. 63-98 참조.

는 소재에 가치 평가를 부여하는 융합적인 영역에서 이루어진다. 이를 다르게는 '법평가학'이라고 부를 수 있을 것이다.

법평가학은 현실 소재 의존적이라는 점에서 경험적인 측면이 있지만, 궁극적으로 좋은 법에 대한 보편적 원리와 인식 방법에 대한 탐구에서 출발하며 그 성과에 의존한다는 점에서 일반적인 이론 철학적 측면도 가지고 있을 것이다.[16] 나아가 법평가학의 하위범주로, 현실의 입법과 판결, 그리고 법집행에 실천적으로 접근하는 '법비평론'도 생각할 수 있다. 법비평론은 문학비평, 영화비평, 음악비평 등 예술분야의 비평작업과 유사한 방식과 기능을 가지는 것으로 이해할 수 있다. 그동안 법 분야에서도 이른바 '판례비평'이라는 작업이 진행되었고, 개별 법학 분야에서도 '판례평석'이라는 연구 방식이 보편적으로 진행된 바 있다. 하지만 '판례평석'은 주로 확립된 법리에 근거한 기술적(technical) 측면이 주를 이루고 있고, '판례비평'은 방법론이 체계적으로 확립되어 있지 않았다. 문학비평, 미술비평 등이 모두 고유한 방법론을 가지고 있는 데 반해, 법비평(입법비평, 판결비평, 규제비평 등 포함)은 고유한 방법론을 정립하고 있지 못한 형편이다. 이런 비평 작업에 방법론을 정립한다면 매우 의미 있을 것이므로 이것이 법비평론의 우선 과제가 되어야 할 것이다.

---

16 현재 입법영향평가, 규제영향평가, 기술영향평가 등 법과 규제에 대한 평가가 많이 이루어지고 있는데, 이런 평가를 위해서는 궁극적 원리와 보편적 평가 방법론에 대한 철학적 기초가 있어야 한다. 특히 법철학이 이에 기여해야 할 것이다. 풀러의 유노믹스는 법평가학을 위한 초석이 될 수 있을 것이며, 무엇보다 풀러의 8가지 합법성 규준 자체가 법평가학적 연구에 어떤 시사점을 줄 수 있다고 생각한다. 물론 풀러의 유노믹스는 미완의 과제였지만, 이를 이어 새로운 법학의 방향을 제시하는 것도 의미 있는 일이 될 것이다. 이런 맥락에서 법평가학을 새로운 유노믹스라고 불러도 좋을 것이다.

둘째, 법평가학적 관점에서 '변화하는 현실'에 맞는 법에 대한 연구가 필요하다. 이것도 '좋은 법'의 모색이라고 할 수 있으며, 지속 가능한 생존을 위한 미래의 '좋은 법'의 조건을 탐구하는 것이라고 할 수 있다. 현재 사회는 정보화 사회, 과학기술 사회, 다문화 사회, 초고령화 사회 등으로 표현되는 변화의 시기를 맞고 있다. 게다가 기후변화, 팬데믹 등 인간의 생존을 위협하는 새로운 환경의 변화가 급속하게 일어나고 있으며 이에 따라 기존의 가치들(인간 중심의 가치, 남성 중심의 가치, 국가(nation) 중심의 가치 등)도 변화하고 있다. 법학의 가치론적 과제는 일반적 주제로서 정의 등 가치 개념 그 자체를 연구하는 것이겠지만, 구체적 주제로서 법적 가치의 현실적 변용이라는 문제에도 응답해야 한다. 무엇보다 롤스(John Rawls)의 정의론, 왈저(Michael Walzer)의 정의론 등 현대 정의론들이 현실 문제를 염두에 두고 이루어졌다는 점을 고려하면, 구체적 주제는 결국 일반적 주제에 더 많은 시사점을 제공할 수 있을 것이다. 이는 현실을 경험적으로 포착하는 법사회학과는 달리, 현실을 재료로 하되 '변화하는 현실에 맞는 좋은 법'을 성찰적으로 탐구하는 작업이자 현실이 아닌 '미래에 대한 법철학적 상상력'을 구현하는 작업이라는 의미를 가질 것이다. 굳이 이 분야를 명명하자면, (법철학적) '법미래학'이라고 부를 수 있을 것이다.

현대의 자연법은 전통적인 자연법과는 다른 방식으로 현실 문제에 대처할 필요가 있다. 현실이 훨씬 복잡해졌고 훨씬 빨리 변화하기 때문이다. 법규범은 공동 생존의 조건으로서 구체적인 현실과 더 잘 조응할 수 있어야 하며, 그러기 위해서는 법규범에 대한 평가 및 새로운 법규범에 대한 모색이 체계적이고 효율적으로 이루어져야 한다. '자연법 이후'는 자연법이 사라지는 순간이 아니라 자연법을 현대에 맞게 변용하는 순간을 가리키는 것이다. 그것은 공동 생존을 위한 자연법이라는 여전히 유효한 메타포를 현실의 변화를 위해 좀 더 힘 있게 활용할 방법을 모색하는 것이기도 하다. 박은정이 지적하듯이, 이런 '자연법 이후'의 과제는 평가, 비판, 새로운 모색의 탐구 과정을 통해 현실에서 실현되는 것이다. 즉, "이러한 자연법적 명제의 구체화(실정화)는 그 어느 때보다도 강력하고 신속하게 요청된다."[17] 그리고 그것은 인간이 왜 생존하는지, 어떻게 생존해야 하는지에 대한 깊은 사유에 근거할 것이 요구된다.

> 자연법적 사고가 법 안에 머물면서 우리의 삶을 위하여 기여하는 바는, 우리의 삶의 질서를 위하여 어떤 내용을 가진 도덕을 말해 주는 데 있다기보다는, 삶의 [총체성]에 대한 의식을 일깨우는 데 있다.[18]

---

17 박은정, 『자연법사상』, p. 296.

18 박은정, 『자연법사상』, p. 300.

3

법의 내적 도덕성*

손제연

국내 법학 또는 법률 문헌에서 론 풀러(Lon L. Fuller)의 법의 내적 도덕성 개념은 자주 인용되는 편인데, 이들 논의는 대부분 풀러의 논의에 대한 대표적인 몇 가지 오해에 기초하고 있다. 이러한 문헌은 예를 들어 법의 지배나 법치국가 원리, 절차적 자연법론, 형식주의 등을 그가 제안한 개념이나 주장과 거의 동가치적인 것으로 취급한다. 이 글은 풀러의 작업에 만연해 있는 세 가지 오해에 대해 해명하고, 비판적 관점에서 그의 작업을 보다 일관적으로 구성하고자 시도해 온 학계의 유력한 설명을 소개하는 데 그 목적이 있다. 첫 번째 해명은, 국내외의 많은 논의들이 풀러가 8개의 목록(eight desiderata)을 통해 어떤 절차적 원칙을 제안한 것으로 간주하는 경향이 있으나 이는 개별 목록을 검토해 보면 근거가 없다는 것이다. 두 번째 해명은, 여전히 많은 논의들이 풀

---

* 이 글은 손제연, 「풀러의 법의 내적 도덕성에 대한 오해」, 『법철학연구』 제25권 3호(2022), pp. 139-164를 대중적 독자를 염두에 두고 수정한 것이다.

러의 이 목록을 형식주의나 기능주의에 기반한 것으로 오해하고 이를 전제하고 있지만 이 역시 지지할 근거가 거의 없다는 것이다.

마지막 세 번째 해명은, 풀러의 내적 도덕성을 유효한 법(valid law)의 요건으로 이해하는 경우가 있는데, 그와 같이 해석할 근거가 충분치 않고 그렇게 이해해야 할 실천적 요청도 분명치 않다는 것이다.[1] 일부 주장은 풀러가 하트나 드워킨 등의 비판에 대해 한 사회에서의 법의 존재(law's existence)가 전부 아니면 무(all or nothing)의 방식이 아니라 정도(degree)의 문제일 수 있다[2]는 답변을 했다는 점과 유사한 논변을 토대로 하는 것으로 보인다.[3] 그러나 이것이 비판에 부합하는 답변인지, 나아가 이를 유효한 법의 기준에 대한 해명으로 평가할 수 있는지는 의문이다. 법의 존재에 대한 평가와 유효한 법의 평가는 일단 구분되기 때문이다.[4] 이 글은 풀러의 내적 도덕성과 이에 연계된 8개의 덕

---

1 법적 유효성의 문제에 공식이나 기준을 제공하는 것은 풀러의 법이론에서 애초에 중심이 아니지만 그가 해당 문제를 의식적으로 피하지도 않았다는 분석으로 K. Rundle, *Forms Liberate: Reclaiming the Jurisprudence of Lon L Fuller* (Oxford University Press, 2012), pp. 78-79 등 참조.

2 론 풀러, 『법의 도덕성』, 박은정 옮김(서울대학교출판문화원, 2015), p. 278 등 참조. 이하 법의 도덕성을 인용할 때 앞의 번역을 일부 수정했음을 일러둔다.

3 예를 들어, 최봉철, 「풀러의 합법성론」, 『법철학연구』 제7권 2호(2004), pp. 18-21: "젓가락의 용도에 전혀 부합하지 않는 나무젓가락은 … 젓가락이라고 말할 수 없다 … 젓가락의 비유가 이 경우[법이나 법체계에 대한 합법성 심사]에도 적용될 수 있다면, 등급화나 점수화하는 것이 가능할 것이다. … 풀러는 합법성을 실정법이 이상적인 법에 부합하는 정도를 측정하는 기준으로뿐만 아니라 존재하는 법이나 효력 있는 법을 가리는 기준으로도 사용한다. 이에 대해서는 앞에서 든 젓가락의 비유를 생각해 보면 될 것이다." 이 외에도 장영민, 「하트-풀러 논쟁 50년 회고」, 『법학논집』 제11권 2호(2007), p. 21 등 참조.

4 Rundle, *Forms Liberate*, p. 84 참조.

목이 다만 법을 정의롭게 만드는 덕목으로 제안되었다는 관점을 토대로 이들을 재평가하는 논의들을 소개한다.

자연법 이론과 법의 내적 도덕성에 대한 탐구

'자연법 이론'이라고 불리는 입장들이 주장하는 바, 즉 자연법 이론의 논제는 무엇인가? 자연법 이론의 전통에 서 있다고 분류되곤 하는 학자들과 법실증주의적 전통에 서 있다고 분류되곤 하는 학자들 사이의 대결 맥락에서 자연법 이론이 새삼 주목받으면서, 자연법 이론을 법실증주의의 논제들에 대립하는 비판 또는 반성의 관점으로 이해하고자 하는 경우가 많다. 그러나 자연법 이론으로 묶여 있는 주장들을 잘 살펴보면, 법실증주의에 비판적인 어떤 하나의 주장으로 수렴되기 어렵다는 사실을 알 수 있다.

먼저 법실증주의라고 불리는 전통에 해당하는 주장들이 대부분 수렴하고 동의한다고 평가되는 명제는 법이 무엇인지에 대한 정의나 법의 본성에 대한 설명을 적극적으로 제시하지 않는다. 존 오스틴이 핵심을 잘 정리했듯, "법의 존재와 법의 장단점은 별개다(the existence of law is one thing; its merit or demerit is another.)."와 같이 법실증주의 전통의 주장들이 어느 정도 수렴하는 명제는, 법의 **본성**을 간접적으로 보여주는 여러 측면들 중에서도 그 **존재**의 확인에만 관련한 소극적인 기준—법의 **유효성**(validity)은 그 원천(source)의 존재에만 의존한다[5]—만

5 법의 **유효성** 개념에 기초한 법실증주의에 대한 좀 더 세련된 정식화로는 존 가드너의

을 제공한다.

그런데 법실증주의와 대조시킴으로써 자연법 이론의 핵심을 정의하려는 국내의 시도는 한편으로 자연법 이론을 법실증주의와 결별하게 만드는 것으로 자주 거론되는 (하지만 정작 법실증주의자들은 격렬히 부인하는) 법과 도덕 사이의 **필연적 연관성 없음 논제**(no necessary connection thesis)를 법실증주의의 대표적 논제로 이해하고, 자연법 이론을 이 논제를 거부하며 법과 도덕 사이에 필연적 연관성이 있음을 주장하는 모든 태도로 확장하여 이해하려는 것처럼 보인다. 그러나 다른 한편으로는 앞서 소개한 수렴적 논제를 거부하는 것으로 분류된 특정한 이론들만이 자연법 이론의 자격을 갖춘다고 이해한다. 즉, 법의 본성을 도덕성에서 발견하는 자연법 이론이란, 한 사회의 유효한 법이 그 원천이 아닌 도덕성에 의존해 발견될 수 있다는 주장을 함축하는, 법실증주의와 실질적으로 대립하는 일련의 태도로 이해되기도 한다. 이와 같은 불분명한 분류에 따라 자연법 이론에 대한 어떤 이해에 도달하게 될 때, 그제서야 '자연법 이론'이라고 불리는 어떤 주장이 법실증주의의 공유된 명제와 명백하게 충돌한다.

이 자연법 이론의 주장을 굳이 "유효한 법의 원천이 되는 도덕성을 모든 종류의 장점이 아닌 어떤 특정한 종류의 장점—(그런 분류가 가능하다면, 형식적 장점이 아닌) **실질적** 장점—에서만 발견해야 한다는 주장"을 함께 함축하고 있는 것으로 추정해 보기로 하자. 다소 의문스러운 추정에 따라 일반적인 자연법 이론들은 이러한 마지막 주장까지 함

LP* 명제 참조. J. Gardner, *Law as a Leap of Faith: Essays on Law in General* (Oxford University Press, 2012), p. 21.

축한다는 결론에 도달하게 되면, 그제서야 '형식적 자연법 이론'이라고 불릴 만한 어떤 주장에 대해, 법실증주의와 대립되고 소위 '실질적' 자연법 이론과도 구별되는 의미를 부여할 여지가 생긴다. 풀러의 이론을 소위 형식적 자연법론으로 이해해 보고자 하는 대중적 경향은 다음과 같은 질문에서 시작한 것처럼 보인다. 만약 유효한 법의 원천이 되는 장점, 도덕성을 오직 내용적 장점, 내용적 도덕성으로 한정할 근거가 없다면, 이에는 어떤 형식적 장점도 포함될 수 있지 않은가? 그런데 과연 다음 절부터 본격적으로 살펴보게 될 풀러의 법의 내적 도덕성 개념과 이를 구성하는 8개의 목록이 이와 같은 법의 유효성 조건에서 인정되는 어떤 **형식적** 장점으로 정당화되어 제시되고 있을까?

오해와 달리 대부분의 법실증주의자들은 법의 본성이 도덕성과 필연적으로 연관되어 있다는 점을 받아들인다. 다양한 법실증주의가 수렴하는 유일한 논제는 한 사회에서 어떤 법의 유효성 조건을 탐색함에 있어 이 사회와 구성원이 요청하는 어떤 추정적 장점이 장점의 자격으로(*qua* merits) 고려될 수는 없다는 것뿐이다. 다만 어떤 장점이 원천의 자격으로(*qua* sources) 고려될 수 있는지에 대한 질문은 법실증주의 전통 안에서 논쟁적이며 열린 상태로 남아 있다. 인간의 본성이나 도덕에서 법이 직접적으로 비롯된다고 이해하며 이를 법 존재의 원천이라고 주장하는 것과 법에 특정 도덕적 요소가 편입되었다거나 편입될 수 있다고 주장하는 것은 서로 다른 차원의 문제를 제기하는 것이다. 어떠한 도덕적 또는 자연법적 요소가 특정 사회의 법에 편입될 가치가 있는지에 대한 평가가 법실증주의와 자연법 이론 사이의 전통적인 이분법에 기초해야 할 필연적 이유는 없다. 두 이론 사이의 차이로부터 이러한 평가를 진행하고자 한다면, 두 이론이 공유해야 할 더 깊이 있는 시작점, 즉 법의 존재와 본질을 보다 메타적인 차원에서 평가할 수 있는 인간 본성이나 도덕에 대한 관점을 우선 확립해야 한다. 이 관점을 먼저 확립하지 않은 채 수행하는 평가란, 어떤 규칙도 정한 바 없이 서로 만나거나 교류한 바 없는 두 사람의 무의미한 물리적 행동을 평가하고 승패 따위를 정하려는 것과 마찬가지인 무익한 시도가 될 뿐이다.

법의 내적 도덕성 조건을 수립하려는 풀러의 시도와 서술은 때로 그것이 법의 존재나 유효성에 기여하는 것인지, 법의 원천이 될 만한 도덕적 자격을 구성하는 것인지 모호한 부분이 존재한다. 그럼에도 다음에서 살펴볼 풀러의 법의 도덕성에 대한 본고의 분석은, 풀러의 논의가 보다 근본적인 출발점에 대한 후자의 인식에 기초하고 있다고 일단 전제할 것이다. 법의 내적 도덕성은 그것이 법의 존재나 유효성에 기여하는 방식으로서가 아니라, 다만 법의 자연적 본성에 요구되는 것으로서 다루어질 것이다. 이와 같은 맥락 속에서만 반실증주의, 법의 지배, 절차적 자연법론, 형식주의 등 여러 혐의를 벗고, 법의 내적 도덕성 기획이 제기한 독자적 의미가 온전히 발견될 토대를 마련할 수 있다.

법의 지배와 법의 내적·외적 도덕성

법의 외적 도덕성과 소극적 이상으로서의 법의 지배

법은 그 자체로 지켜야 할 가치 있는 그 무엇이 될 수 없다. 법이 추구하고자 하는, 보다 심층적인 법 외적인 도덕성이 있기에 법은 부차적으로 지켜야 할 가치 있는 무엇이 될 수 있다. 종종 법률전문학교의 학생들이나 법학을 전공하는 초심자들, 일부 법률가들이나 심지어 교수자들에 의해 학문적 근거 없이 신봉되는 법만능주의(legalism)의 광범위한 영향이 여전히 우리 사회에 남아 있기는 하다.[6] 하지만 공무원과 관료들이 법에 따라야 하고 법을 위반해서는 안 된다고 하는 법의 지배라는 이상 자체가 좋은 정부의 필요충분조건이며 법체계의 유일한 목적이라는 주장이나 이에 대한 체계적인 옹호는 더 이상 진지한 학술적 논의에서 발견하기 어렵다.[7] 법의 지배라는 이상이나 가치는 다원주의의 경합하는 근본적 가치들 중 하나로도 대개 주장되지 않는다. 법의 지배는 기껏해야 더 심층적인 법 외적 목적을 위한 부차적이고 유일하지 않은 가치로 여겨질 수 있을 뿐이다.[8]

법 자체에 도덕성의 기준을 부여하려는 풀러의 기획은 한 사회의 법체계에 대한 신뢰와 정의의 성취에 대한 기대를 공존시키면서도 법만능주의나 법형식주의적 경향으로 흐르지 않기 위한 긴장을 늦추지 않는 매우 섬세한 작업이다. 법은 만능이 아닐 뿐만 아니라 본질적으로 자유로운 인격들에 대해 위험한 권력을 표상한다. 자유로운 사회의 인격들은 입법자의 목표를 성취하기 위해 법을 "적용하는(apply)" 자가 아니라 자신의 개인적 목표를 위해 법을 "따르는(follow)" 자들이다.[9] 자유주의적 이상 안에서 법은 사람들에게 무엇을 하도록 하기보다는 무엇을 할지 선택할 수 있도록 해주는, 즉 개인의 자유를 위한 장치로

---

6 예를 들어, 하이에크의 견해가 이에 해당한다. F. Hayek, *Law, Legislation, and Liberty Volume 2: The Mirage of Social Justice* (University of Chicago Press, 1976) 참조.

7 Gardner, *Law as a Leap of Faith*, p. 196.

8 Gardner, *Law as a Leap of Faith*, pp. 211-219.

9 풀러, 『법의 도덕성』, p. 289.

기능해야 한다.[10] 기왕 한 사회에 법이라는 체계를 편입시키기로 한다면 법의 지배 아래에 있는 법체계를 가지는 것이 그렇지 않은 법체계를 가지는 것보다 구성원들의 자유를 최대화할 것이라는 점이 (아마도 실증적이고 경험적인 연구에 의해) 참으로 증명될 것이라는 기대가 자유주의자들로 하여금 법의 지배를 선호하도록 만드는 것으로 보인다. 이러한 점에서 법의 지배는 어떤 정언적인(categorical) 도덕적 이상이 아니라 기껏해야 법체계의 존재를 가정해야 하는 "조건부적(conditional)" 도덕적 이상이 될 여지가 남아 있는 것일 뿐이다.[11] 또한 법의 지배는 법과 권력에 의해 발생할 수 있는 악덕을 소극적으로 방지할 뿐 어떤 적극적인 좋음을 창조해 내는 것은 아니라는 점에서,[12] 자유주의 사회에서 법의 지배는 본질적으로 소극적 이상일 수밖에 없다.

법의 내적 도덕성은 과연 독립적인 도덕성의 자격을 갖출 수 있을까

법의 지배에 대한 지나친 찬양이나 오해받을 수 있는 이해 방식으로 나아갈 우려를 어느 정도 불식시켰다면, 이제 본격적으로 풀러의 유명한 **법의 내적 도덕성**(inner morality of law)에 대한 이야기로 넘어가기로 하자. 8개의 요건 목록을 충족할 때 실현되는 것으로 보이는 풀러의 법

---

10 H. L. A. Hart, *Punishment and Responsibility* (Oxford University Press, 1968), p. 44.

11 Gardner, *Law as a Leap of Faith*, p. 216 등 참조.

12 J. Raz, "The Rule of Law and its Virtue," in *The Authority of Law* (Oxford University Press, 1979), p. 218.

의 내적 도덕성은 법의 지배의 이상과 일대일로 대응될 수 있는 개념이 아니다. 또한 법의 유일하거나 근본적인 도덕성으로 주장되는 것도 아니다. 풀러는 법의 내적 도덕성을 법의 지배라는 이상을 완전히 충족시키는 조건으로 제시하지 않으며, 특정한 또는 포괄적인 법 외부의 도덕성을 전적으로 성취하게 하는 수단으로 묘사하지도 않는다. 풀러가 말하는 법의 내적 도덕성이 지향하는 바가 무엇인지, 그리고 (적어도 그것이 이 목록을 통해 성취될 수 있다면) 그 자체가 과연 하나의 독립적인 도덕성으로 간주될 수 있는지에 대한 설명은 다소 복잡하며, 이에 대한 의구심도 하트를 비롯한 학자들로부터 꾸준히 제기되어 왔다. 다만 풀러의 주장과 무관한 불필요한 논란은 미리 제쳐 둘 필요가 있다.

법형식주의라는 오해

우선 풀러가 말하는 법의 내적 도덕성이 지향하는 가치가 과연 도덕성의 자격을 갖추는지에 대한 유명한 논란은, 법의 "실체적 가치 추구보다 확립된 절차를 통한 강제의 추구('반실체주의-절차주의'라고 하자)", 또는 "규칙이 본래 추구하고자 했던 목적과 내용을 불문하고 규칙 언어의 형식적 표상이 기술하는 바에 따르는 강제의 추구('반목적주의-형식주의'라고 하자)"와 같이 소위 법형식주의자(legal formalist)들이 신봉하는 것으로 추정되는 의문스러운 지향들이 과연 진정한 도덕적 덕목인지에 대한 평가와 관련된 논란으로 대체될 수 없다. 즉, 이러한 항목들에 대한 검토를 토대로 하는 법형식주의자들의 이상에 대한 평가가 법의 내적 도덕성이 타당한 도덕적 이상인지에 대한 평가를 대체할 수 없다는 것이다. 풀러가 제안하는 법이 내적 도덕성을 가지기 위해 충족해야 할 8가지 요건의 목록을 법이 준수하는 것은 법형식주의자들의 지향(반실체주의-절차주의, 반목적주의-형식주의 등)을 충족시키기보다는 오히려 대개 낙담시킬 것이다. 다음에서 자세히 살펴보자.

잘 알려져 있듯 풀러의 목록은 법의 일반성, 공표될 것, 복종 가능성, 명확성, 모순의 회피, 소급 회피, 잦은 변경의 회피, 선언된 규칙과 공무원의 행위의 일치 등으로 이루어져 있다. 만약 반목적주의/형식주의의 입장에서 풀러의 목록을 이해해 본다고 하자. 예를 들어 복종 가능성의 요구는 법률의 내용이 아니라 형식을 중시하는 것으로 해석될 수 있어야 한다. 그러나 복종 가능한 법과 복종 불가능한 법 사이의 차이가 과연 어떤 형식의 차이일까? 복종 가능한 법을 요구하는 것이 법의 어떤 형식적 측면의 미덕을 강조한다고 말할 수는 없다. 분명 이 두 종류의 법 사이의 차이는 내용의 차이일 것이다. 한 법률은 복종 가능한 행위의 명령을 그 내용으로 할 것이고, 다른 법률은 복종할 수 없는 행위에 대한 명령을 그 내용으로 하고 있을 것이다. 명확한 법과 명확하지 않은 법, 소급법과 소급하지 않는 법 사이의 차이도 마찬가지로 법이 가져야 할 내용의 측면을 부각시킬 뿐이다. 형식의 중요성을 강조하는 항목은 아무리 양보하더라도 "공표라는 형식"을 요구하는 항목뿐인 것으로 보인다.[13] 만약 반실체주의-절차주의로 해석된 법형식주의의 입장에서 풀러의 목록을 이해해 본다고 하자. 8개 항목 중 어떤 항목이 실질적 덕목보다 절차만을 강조하고 있는가? 법의 일반성, 공표될 것, 복종 가능성, 명확성, 무모순성 등 대개의 덕목은 사람들이 예측할 수 없는 내우를 받는 것 등이 부당한 존중을 받는 것이라는 실질적 고려의 반영이라고 볼 수 있고, 『법의 도덕성』에서 실제로 법률이

13 Gardner, *Law as a Leap of Faith*, pp. 198-201.

이러한 덕목을 요구받게 된 것은 모두 수범자들의 진실된 실체적인 불만이 존재했기 때문이었다. 풀러의 8개 목록에서 절차적 측면을 강조하는 항목은 아무리 양보하더라도 "선언된 규칙과 공무원의 행위의 일치"를 요구하는 마지막 항목뿐이다.[14]

기능주의라는 오해

이와 같이 풀러의 8가지 항목으로 대표되는 법의 내적 도덕성은 어떤 법형식주의적 가치의 추구가 아니다. 하트로 대변되는 풀러의 내적 도덕성의 도덕성 여부에 대한 핵심적 비판 역시 법형식주의에 대한 비판과는 무관하다. 법의 내적 도덕성이 과연 어떤 진정한 도덕성이라고 볼 수 있는지에 대한 (주로 하트의) 부정적 견해의 한쪽 측면은 풀러의 견해가 일종의 기능주의(functionalism)적 기획으로 해석될 가능성에 초점을 두고 있다.[15] 하트는, 풀러가 법이라는 기획을 자기완결적인 내적 성취목적을 가지고 있는 것으로 생각하고 이 기능적 목적이 성취된 것을 어떤 도덕성을 충족했다고 보고 있는 것으로 평가했다. 하지만 이는 독살이나 고문하기 같은 내부완결적 기획의 경우에도 해당할 것이다.[16] 이와 같은 기능주의적 성취에서 진정한 도덕성을 발견하기는 어려울 것이다. 이에 하트는 풀러가 말한 법의 내적 도덕성의 요건들은 기껏해야 "정의의 필요조건"일 뿐이라고 생각했다.[17] 그러나 풀러는

---

14 Gardner, *Law as a Leap of Faith*, pp. 201-203.

15 Gardner, *Law as a Leap of Faith*, pp. 205-211.

16 H. L. A. Hart, "Review of *The Morality of Law*," *Harvard Law Review* 78, no. 1 (1965), p. 1286; Gardner, *Law as a Leap of Faith*, p. 216.

17 H. L. A. Hart, *The Concept of Law* (Oxford University Press, 1961), p. 202.

법이 자기완결적 내지 기능적 목표를 추구한다고 보지 않았다. 이러한 오해를 가져온 대표적 원인 중 하나는 풀러가 법과 관련해서 어떤 '윤리적 중립성'을 언급했던 사실과 관련이 있다.

윤리적 중립성을 추구하고 있다는 오해

풀러의 내적 도덕성이 지향하는 바는 종종 사법적 판결이 지향해야 할 것으로 오해되는 소위 윤리적 중립성의 추구나 논란의 제거 같은 덕목으로 이해된다. 그러나 윤리적 중립성이 법이 추구해야 할 어떤 도덕성이라고 간주하는 것, 나아가 이를 풀러가 법의 내적 도덕성을 통해 추구하고자 했던 가치로 간주하는 것은 법률가들이 쉽게 빠지곤 하는 법만능주의가 만들어 낸 허상에 불과하다. 풀러는 법의 도덕성이 어떤 윤리적 중립성을 추구한다고 말하는 것이 아니라, 여러 윤리적 쟁점들에 대해 직접적으로는 무관심한 외양을 띠고 있다는 의미에서 중립성이라는 표현을 사용한 것으로 보인다. 이와 관련된 풀러의 실제 언급을 다시 확인해 보자.

> 나는 법의 도덕성이 넓은 범위의 윤리적 쟁점들에 대해서 중립적이라고 말할 수 있다는 점을 반복해서 주목해 왔다. 그러나 법의 도덕성은 인간 자체에 대한 관점에 있어서는 중립적일 수 없다. … 법의 내적 도덕성 원칙들로부터의 모든 이탈은 책임 있는 행위주체로서의 인간의 존엄에 대한 모욕이다.[18]

18 풀러, 『법의 도덕성』, p. 230.

> 법의 외적 목표들의 관점에서 보면, [법의 내적 도덕성의 요구사항들]은 윤리적으로 중립적인 것처럼 보일 수도 있다. 그렇지만 법[을 제정하는 것]이 좋은 법[을 제정하는 것]의 전제 조건[을 성취하는 것]이듯, 미리 알려진 규칙에 따라 행위하는 것은 법의 [목적인] 정의를 유의미한 것으로 평가하기 위한 전제 조건[을 성취하려는 것]이다.[19]

위의 두 인용에서 보여 주듯, 풀러는 윤리적 중립성을 그 목록이 실제로 추구하고자 하는 목적이라고 주장하지 않을 뿐만 아니라 나아가 정의를 성취하기 위한 전제 조건으로 이해한다. 법의 도덕성을 성취하기 위한 목록상의 구체적 요구들은 대립하는 윤리적 관점들 중 어느 한편의 목적을 직접 언급하면서 성취하지 않기에 단지 중립적인 것처럼 "보일 수도 있다"는 것뿐이다. 오히려 법의 내적 도덕성의 요구사항들은 명백히 법의 목적인 정의를 성취하기 위한, 즉 인간의 존엄을 성취하는 수단으로 보는 것이 더 합리적이다. 이로부터 풀러가 법의 내적 도덕성을 통해 추구하려던 것이 윤리적 중립성은 아니며, 나아가 풀러가 8가지 목록을 추구하는 것이 어떤 기능주의적 기획도 아니라는 점을 분명히 알 수 있다.

풀러의 상호작용적 법철학

그러나 해당 언급을 통해 알 수 있는 것은 법의 내적 도덕성 기획이 인간의 존엄과 관련된 어떤 도덕적 목표를 추구하는 기획이라는 그의 순전한 의도뿐이다. 여전히 그 이상은 정확히 무엇이며 어떻게 구성되어

---

19 풀러, 『법의 도덕성』, p. 224.

있는지, 실제로 8개 목록의 요구로부터 그러한 이상을 성취할 수 있는지에 대한 의문은 남아 있다. 과연 풀러의 8개 목록이 그러한 근본적 목적을 성취하기 위한 필요조건임을 보여 주는 정합적 설명을 제공할 수 있는가? 풀러의 내적 도덕성이 독자적인 도덕성으로서의 자격을 갖추기 위해 남아 있는 가능성은 무엇인가? 풀러가 기능주의적 반론과 윤리적 중립성에 대한 오해로부터 벗어나게 되면, 풀러가 법의 내적 도덕성으로부터 추구하는 가치는 다른 더 심층적인 가치나 도덕성을 성취하기 위한 효과성이나 효율성을 보장할 뿐임을 뒷받침하는 것은 아닌가? 물론 효과성이나 효율성의 보장 같은 간접적 이상, 또는 풀러의 이상에 대한 설명으로 가드너가 제안하는 어떤 양상적 이상(a modal ideal) 같은 것도 도덕적 이상이 될 수 없는 것은 아니다.[20] 다만 이 간접적 또는 양상적 이상이 포괄적인 도덕성 성취에 어떤 방식으로 기능하는지 충분히 소명되어야만 이 의문스러운 기획에 대한 의구심이 해소될 것이다.

풀러는 분명히 법이 독자적인 도덕성(legality)을 확보할 수 있다고 믿는다. 이를 옹호하는 풀러의 직접적 이유에 관한 논변은 '유노믹스(eunomics)'라고 알려진 그의 법에 대한 상호작용적 이해에 기반하고 있다는 데 학계의 설명이 대체로 일치하는 듯하다.[21] 풀러는 법이 시민들과 정부 당국 사이의 목적지향적 상호작용을 통해 나오는 것으로 보고, 이를 위해서는 상호작용을 떠받치는 확고한 기준선, 즉 건전한 법체계

20 Gardner, *Law as a Leap of Faith*, pp. 205-211.

21 G. J. Postema, *A Treatise of Legal Philosophy and General Jurisprudence: Volume 11: Legal Philosophy in the Twentieth Century: The Common Law World* (Springer, 2011), pp. 146-152 등 참조.

가 필요하다고 생각했다.[22] 법의 내적 도덕성에 관한 8개의 목록은 입법 및 사법의 과정이 좋은 사회 질서 형성에 이바지할 수 있도록 하는, 과정 자체에 독립적으로 내재시켜야 할 만한 도덕적인 원칙들을 발견하려는 풀러의 유노믹스 기획의 일부로 바라볼 수 있다.[23] 결국 최종적으로 남는 질문은 다음과 같다. 이 상호작용적 법철학의 기획을 통해 발견된 내적인 독립적 도덕성을 갖춘 건전한 법체계가 진정으로 좋은 사회로 나아가기 위해 필요하다는 어떤 정당화를 발견할 수 있는가? 이에 대한 풀러의 논의는 모호하고 충분치 않다는 것이 통론인 듯하다.

남아 있는 질문들

과연 법이 이와 같은 내적 도덕성의 목록을 준수한다면 (1) 그 과정을 거쳐 나온 결과를 통해 좋은 사회가 형성될 것이라는 확률적 기대를 가질 수 있을까, 아니면 (2) 그 자체로 좋은 법체계의 필요조건을 갖추게 되는 것일까? 풀러의 상호작용적 법철학이 다소 모호한 채로 남아 있기 때문에, 풀러의 내적 도덕성이 독자적 도덕성일 수 있는지에 대한 검사는 주로 풀러가 제시한 간접적 이유, 즉 8개 목록의 요구에 부합하는 법체계를 가진 사회는 대체로 실질적으로 정당하다는 논변의 건전성에 대한 경험적 검사로 수렴되는 경향이 있다. 실제로 풀러의 내적 도덕성은 분명 직관적으로 도덕적 가치로 여겨지는 것들에 상당히

---

22 풀러, 『법의 도덕성』, p. 285.

23 강태경, 「론 L. 풀러의 유노믹스」, 『법철학연구』 제20권 1호(2017), p. 67.

기여할 것으로 예상되는 덕목들로 구성된 것처럼 보이기도 한다.

부정의를 회피할 수 있는가

하트가 제기한 심각한 부정의와의 양립 가능성 비판에 대해 반론하면서, 풀러는 남아프리카 공화국의 인종차별적 법률이 명확성의 요건을 갖추지 못했다는 점을 지적한다.[24] 이와 같은 사례에서 명확성의 요청은 부정의한 법률의 제정을 견제하는 데 기여한다. 그럼에도 법의 내적 도덕성의 요구사항은 인종차별이라는 결과의 회피가 아니라 단지 명확성의 요청이라는 점에서 설명의 어려움이 생긴다. 풀러는 어떤 이유에서, 예를 들어 인종차별의 금지라는 법의 외적 도덕성을 직설적으로 요청하는 것이 아니라 명확성의 요청 같은 확률적이고 우회적인 방식으로 부정의를 견제하고, 이를 법이라는 도구가 일반적으로 갖추어야 할 성질로 독립적으로 구성하려고 하는가? 명확성의 요청은 인종차별적 법률의 자격을 박탈하는 수단으로서는 매우 제한적 기능만을 할 것이 분명하며, 나아가 명확하게 인종차별을 조장하는 법의 제정이 이론상 불가능한 것도 아니다. 특정한 조건에서는 명확하지 않은 법의 제정같이 공무원들이 8개 목록을 위반하는 행위가 도덕적 위반이 되지만, 그 행위가 부도덕한 근본적 이유는 목록을 위반했다는 사실 그 자체 때문이 아니라 그 위반의 결과 때문이라고 보는 것이 더 그럴듯해 보인다.[25]

---

24 풀러, 『법의 도덕성』, pp. 226-227.

25 R. Dworkin, "The Elusive Morality of Law," *Villanova Law Review* 10, no. 4 (1965), p. 623 참조.

한 사회의 법체계가 어떤 행위에 대해 결과주의적 관점에서의 도덕성을 추구하고자 하는 이상을 가지고 있는 것이 분명하다면, 그와 같은 결과주의 도덕의 요구를 충족하는 더 직설적이고 효율적인 체계나 요건의 목록을 구성하지 말아야 할 까닭은 무엇인가? 이에 대해 가능한 한 가지 대답은, 마치 규칙-결과주의가 행위-결과주의에 대해 비용-효과 측면에서의 우위를 증명하려고 시도하는 것과 유사하게, 만약 법의 내적 도덕성의 독립성이 개별 법률에서 근본적 가치의 성취를 요구하는 방식보다 근본적 가치를 성취하는 데 있어 비용-효과의 측면에서 우위를 가지는 것이라면, 법의 내적 도덕성은 다소 경험적인 증명을 토대로 하는, 조건부적 도덕성을 수립하게 된다는 것이다.

이와 달리 보다 직접적인 이유에서 법의 내적 도덕성이 독자적인 도덕성의 지위를 가짐을 확인할 수 있을까? 법은 확률적·편익적 분석에 토대를 두지 않고도 8개 목록의 요청을 준수해야 하고, 이는 그 자체로 도덕적 요청을 충족한다는 점은 옹호될 수 있을까? 법이 시민들과 정부 당국 사이의 목적지향적 상호작용을 통해 나온다는 유노믹스의 기획으로부터 법의 독자적 도덕성의 요청을 어떻게 도출할 수 있을까? 풀러의 논의를 정합적으로 이해하기 위해 채워 넣어야 할 설명은 여전히 많이 남아 있다.

4

자연법의 내재적 위상*

김연미

법시학적 제안

“실정법이 위임한 자연법의 과제”라는 박은정의 자연법적 사유를 ‘자연법의 내재적 위상’, 혹은 ‘실정법의 잠재성’이라는 주제로 바꾸어 생각해 본다.[1] 이를 위해 필자는 고대 그리스 사상에서 발원한 플라톤의 『국가』에서 설파된 ‘가짜시인추방설’과 아리스토텔레스의 『시학』의 관계를 단순히 ‘문학과 철학’의 관계를 넘어 법의 본질론으로서 자연법의 내적 가능성을 타진하는 데 활용하고자 한다. 아리스토텔레스는 『시학』에서 시가 역사보다 더 철학적이라고 말하고 있다. 아리스토텔레스는 시인에게 ‘이성과 플롯의 지위’를 부여함으로써 플라톤이 추방하

* 이 글은 김연미, 「법시학적 제안으로서 법의 본질론」, 『법철학연구』 제26권 1호(2023), pp. 245-284를 재구성한 글임을 밝힌다.

1 이 글은 박은정의 저서 중 『자연법의 문제들』(세창출판사, 2007) 및 『자연법사상: 실천을 위한 보편이론』(민음사, 1987)을 위주로 고찰한 것이다.

고자 했던 시인에게 협소하지만 폴리스 내에서의 자리를 마련해 준다. 이는 법의 본질을 둘러싼 현대 법철학계의 협소한 이론적 창구를 연상시킨다. 즉, 법과 도덕의 관계, '있는 법(what law is)'과 '있어야 할 법(what law ought to be)'의 관계에 대해 끊임없이 지속된 법사상적 귀결이 현재 '비실증주의(non-positivism)'로 나타나는 현상과 무관치 않다.

전후 독일의 나치 제3제국의 입법과 사법에 대한 평가는 구스타프 라드브루흐의 「법률적 불법과 초법률적 법」에서 촉발되었다.[2] 이 논문에서 라드브루흐는 법실증주의의 교육 때문에 법관들이 법률적 불법 테제에 대응할 능력을 발휘하지 못했다고 주장했다. 이에 대해 영국의 법철학자인 허버트 하트 교수는 「법실증주의 그리고 법과 도덕의 분리」라는 논문을 통해 전후 당시 법실증주의가 혐오적 비난의 대상이 되고 있는 것을 개탄하며, 영국에서 법실증주의는 공리주의를 배경으로 하여 자유주의적 법개혁을 담당해 왔음을 벤담과 오스틴의 법이론을 통해 주장하며 반박했다.[3] 같은 해에 미국의 론 풀러는 하트의 논문에 대한 반박으로서 「법에 대한 충실성: 하트 교수에 대한 반론」을 통해 법실증주의는 법 자체에 대한 충실성의 의무만 이행할 뿐, 좋은 법질서를 목적으로 하지 않는다고 비난했다.[4] 그런데 하트의 법실증주의 옹호에 대한 중요한 반론은 그의 제자인 로널드 드워킨으로부터 나왔다.[5]

---

2 G. Radbruch · 이재승, 「역주: 법률적 불법과 초법률적 법」, 이재승 옮김, 『법철학연구』 제12권 1호(2009), pp. 477-502.

3 H. L. A. Hart, "Positivism and the Separation of Law and Morals," *Harvard Law Review* 71, no. 4 (1958).

4 L. Fuller, "Positivism and Fidelity to Law: A Reply to Professor Hart," *Harvard Law Review* 71, no. 4 (1958).

5 R. Dworkin, *Taking Rights Seriously* (Harvard University Press, 1977).

드워킨은 하트가 주장하는 규칙(rules)의 체계로서의 법개념의 한계를 비판한다. 특히 승인의 규칙(rule of recognition)에 내재된 법의 불확정성과 법의 개방성(open texture) 문제 때문에 규칙 이외에 법에 내재된 '법원리(legal principle)'를 법의 본질로 본다. 법원리는 실정법에 내재된 자연법적 표준(legal standard)의 성격을 가지며, 법의 해석 과정에서 법의 내재적 가치를 확인하게 하는 역할을 한다.[6] 이에 대해 현대 법실증주의 진영과 자연법론 진영에서는 하트의 법실증주의에 포용적(inclusive), 약한(soft), 혹은 소극적(negative) 법실증주의 등과 같은 라벨을 붙이고,[7] 드워킨의 자연법론에는 비실증주의(non-positivism)라는 라벨을 붙임으로써 법실증주의와 자연법론의 수렴현상을 '비실증주의'로 이름 붙이는 작업을 하고 있다.[8] "부정의한 법은 법이 아니다."라는 강한 자연법 테제나 "극도로 부정의한 법은 법이 아니다."라는 약한 자연법 테제로 분리하여 사유된 라드브루흐공식은 법의 개념이나 효력에 대한 논의가 법의 이념적 논의와 분리될 수 없다는 교훈을 남겼다. 그럼에도 법률적 불법 테제와 법왜곡죄 등의 자연법 논의는 여전히 전근대적인 양

---

6 J. Finnis, "On Reason and Authority in Law's Empire," *Law and Philosophy* 6 (1987), pp. 357-380.

7 하트는 "Postscript," in *The Concept of Law*, 2nd edition (Oxford University Press, 1994)에서 콜먼의 포용적 법실증주의라는 라벨을 높이 평가한다. 이에 대해 S. Shapiro, "The "Hart-Dworkin" Debate: A Short Guide for the Perplexed," in A. Ripstein, *Ronald Dworkin* (Cambridge University Press, 2012), pp. 22-55; J. L. Coleman, "Incorporationism, Conventionality, and the Practical Difference Thesis," *Legal Theory* 4, no. 5 (1988), p. 382 참조. 하트는 콜먼의 포용적 법실증주의가 하트의 입장을 잘 나타내는 것이라고 보았다.

8 현대 법철학계에 많은 논의들이 나왔지만, 특히 W. J. Waluchow, *Inclusive Legal Positivism* (Clarendon Press, 1994).

상으로 남아 있다.

인간의 기능에 내재된 잠재적 가치는 증명하기 어렵다. 그 결과 아직도 완전히 실현되기 어려운 내재적 자연법의 법가치가 지닌 중요성을 증명하는 것은 현대 자연법론자들의 과제다. 그래서 자연법이라는 법질서에 내재된 가치는 '존재와 당위의 일치'라는 아리스토텔레스의 사상을 계승하는 존 피니스의 자명성 테제(*per se nota*)에서 더 확실히 드러난다. 아리스토텔레스의 질료형상론에 따르면, 이는 존재로부터 당위가 도출된다는 의미보다는 당위 그 자체가 자명하다는 테제다.[9]

아리스토텔레스의 사상을 '법시학(legal poetics)'으로 재구성한 것에 따르면,[10] 법질서에 내재된 가치는 이성과 플롯의 구성을 통해 입증해야 한다. 그래서 시인의 과제처럼 법률가도 i) 자연적 성격을 가짐과 동시에 ii) 허구적 성격을 가지며, 우리에게 iii) 실천적 의미를 부여한다. 자연적 성격은 인류가 생존해 오는 동안 형성된 자연법칙과 같은 질서관념을 의미한다. 그렇기 때문에 자연적 성격은 외적으로 정치적 질서체계와 유사하다. 자연적 성격은 정의로움이나 도덕적 올바름과 동일하지 않을 수 있다. 우리는 절대왕정, 독재나 파시스트 같은 정치질서를 경험했기 때문이다. 반면에 허구적 성격은 자연적으로 오염된 현실을 교정하는 좀 더 나은 질서를 구상한다는 특징을 지닌다. 플라톤의 시인추방설도 가짜 시인을 대상으로 한다는 점을 기억한다면, 내재된 가치의 허구성은 진짜 시인이 누구인지를 묻게 한다. 세 번째로 법질서에 내재된 가치의 실천적 측면은 어떤 법질서도 공동체의 상호 관

---

9 아리스토텔레스, 『형이상학』 제7권 1장(1028 a 11).

10 김연미, 『법적 상상력을 위한 법시학』, 제2판(전남대학교출판문화원, 2021) 참조.

계, 협동 관계 없이는 유지되지 않는다는 점에 있다. 자연법의 위상은 이 세 가지 중에서 허구적 성격과 실천적 성격에 초점을 둔다. 존재와 당위의 일치라는 측면에서, 법을 만들고 해석하는 과정에서, 즉 입법과 사법, 그리고 행정 모두에서 자연법의 내재된 가치는 허구적 성격을 가짐과 동시에 이것이 정당하다는 국민들의 법감정에 의한 지지나 협조 없이는 불가능하다.

이와 같이 시학의 관점에서 보면, 시는 '모방의 근거'와 '상상력을 위한 미메시스', '플롯의 논리적 힘'을 가진다. 아리스토텔레스는 플라톤의 시인추방설 같은 논증 없는 비난이 아니라, 『시학(*poiêtikê*)』(이하 포이에티케) 같은 구성주의적 방식을 통해 허구적 작품이 왜 가짜인지를 밝혔다.[11] 포이에티케는 창작기술과 관련한 것으로, 포이에티케의 중요한 세 가지 요소는 플롯과 미메시스와 카타르시스다. 아리스토텔레스는 포이에티케에서 창작을 한다는 것은 '~를 만든다'는 의미를 지닌 포이에시스적 활동이며 인간의 창작행위는 인간의 행동을 모방하는 성격을 가진다고 했다. '무엇이 인간의 행동인가'에 대한, 즉 인간의 행동을 재현하는 미메시스적 활동이 성공하려면 이성적 플롯을 가져야 하고, 독자들로부터 카타르시스적인 효과를 산출해야 한다. 입법과 사법의 관점에서 아리스토텔레스의 포이에티케는 그가 시인의 문학적 생산활동에 머물지 않고 수사학과 영혼론을 거쳐 윤리학, 심지어 정치학까지 포함하는 인간의 행동에 대한 포괄적 연구로 확장했다는 데 있다.[12]

---

11 아리스토텔레스, 『수사학/시학』, 천병희 옮김(숲, 2017).

12 K. Eden, *Poetics and Legal Fiction in the Aristotelian* (Princeton Uniersity Press, 1986).

포이에티케의 어원으로는 '만들다'라는 의미의 포이에인(poiein), 포이에인하는 행위와 활동으로서의 포이에시스(poiêsis), 포이에시스를 통해 만들어진 것으로서의 포이에마(poiêma)와 포이에마를 만드는 자를 의미하는 포이에테스(poiêtês)가 있다.[13] 즉, 시학이란 만드는 자, 만드는 행위와 활동, 만든 결과물이라는 인식요소들이 어원적으로 함께 고찰되어 결부된 것이다. 이때 '만든다'는 것은 만들어진 결과물만을 의미하지 않는다. 거기에는 창작의 결과물 이외에 창작적 활동, 창작자도 포함된다. 아리스토텔레스의 연구를 시학에서부터 볼 경우, 포이에시스와 프락시스의 관계는 포이에테스의 테크네와 뒤미나스(dyminas, 잠재적 능력)에서 시작하여 프로네시스와 프락시스로 나아간다. 그 점에서 인간의 행동에 대한 평가는 윤리학이 아닌 시학으로부터 성찰을 시작한다. 포이에시스와 프락시스의 관계를 시학에서부터 고찰하기 시작할 경우, 우리는 이전의 윤리학 중심 인간 행위에 대한 한계를 더 분명하게 파악할 수 있게 된다. 이를 위해 필자는 '바틀비 테제'를 제시할 것이다.

포이에시스와 프락시스의 관계

우리는 왜 라드브루흐가 나치 시대 법관들의 협조행위를 법실증주의 교육의 탓으로 돌렸는지 기억할 필요가 있다. 작금의 로스쿨 법학교육에서 법철학 같은 기초법학을 경시하는 것은 실정법에 내재된 법가치

---

13 김헌, 「아리스토텔레스 시학의 세 개념에 기초한 인간 행동 세계의 시적 통찰과 창작의 원리」, 『인간연구』 제7권(2004), pp. 27-52 중 p. 32.

에 대한 인식의 실패로 이어질 가능성이 매우 높다. 존재와 당위의 일치라는 자연법의 내재적 위상은 하다못해 법을 해석하는 법관이 삼단논법적 판결문을 작성하는 과정에서도 나타난다. 일명 요건사실이라는 사실 확정의 단계에서 법규범에 대한 인식 없이는 그것이 법률상 원인(청구원인)에 해당하는 불법적 사실이라는 것을 인식할 수 없다. 나치 시대에 살인죄를 명령한 법관들에게 법왜곡죄의 책임을 묻는 것은 공동체를 실질적으로 파멸시킨 사법부의 책임을 면피시키기 위한 것이라는 비난이 쏟아졌다. 라드브루흐가 이를 목적으로 명명한 것인지는 모르나 이후에 풀러는 자연법을 '초법률적 법'이라는 이름으로 부르는 것은 전근대적이며 종교적이라고 비판했다. 인간의 존엄성과 권리 보호를 헌법에 내재된 자연법적 가치라고 전제할 경우, 그 어떤 법질서 형성을 위한 입법적·사법적 창작기술도 자기 장르적 활동이라는 측면에서 그 형식상의 책임조차 벗어나지 못한다. 이것이 아리스토텔레스의 사유에 기반한 자연법의 내재성에 대한 논의다.

실정법에 내재된 자연법의 위상이라는 관점에서 시인(포이에테스, poiêtês)으로서의 법률가를 볼 때, 입법자와 법관의 역량은 플롯과 미메시스, 그리고 카타르시스라는 차원에서 다시 생각해 볼 수 있다. 법률가의 활동 역시 허구적이며, 그들의 행위는 포이에시스이자 프락시스적 차원에서 성찰되어야 한다. 즉, 플롯과 미메시스적 차원에서 법률가의 포이에시스적 활동이 인간의 행동을 모방한 것인지 그리고 프락시스적 차원에서 법률가의 행동이 사려 깊은 법률가의 역량과 기술을 사용한 것인지 돌이켜 봐야 하는 것이다. 법률가의 프락시스란 한편으로는 작위적 저항의 의미에서 안티고네적 프락시스를 요청받지만, 다른 한편으로 법관의 포이에시스적 역량은 부작위의 측면에서 무위(無爲)

의 행동양식, 예를 들면 바틀비 테제처럼 "I would prefer not to do(나는 하지 않는 편을 선택하겠습니다.)."라는 실천양식을 선택할 의무와 연관된다.[14] 전통적인 자연법 사상에서 불법적 저항의 형식은 소포클레스의 『안티고네』 같은 저항양식이다. 그러나 안티고네적 자연법 정신은 우리의 법적 사유를 협소하게 할 우려가 있다. 그 한 예가 바로 라드브루흐의 '법률적 불법 테제'다. 현대 법철학계에 논의되고 있는 법의 본질론 역시 안티고네적 저항행위양식만을 문제 삼고 있다. 강한 자연법 테제든 약한 자연법 테제든 우리는 실천적 양식과 관련하여 법률가에게 좀 더 다양한 방식을 제시할 필요가 있다. 아무리 현대 법철학의 동향을 방법론적으로 '비실증주의(non-positivism)'라고 진단하더라도 결국 법률가의 행동양식에 대한 결과적 정의를 도출해 내지 못한다면 법의 실패가 될 뿐이다.[15]

허구적 활동으로서 법질서를 형성하는 법률가는 자신이 만들어 내는 작품이 사건의 짜임새를 갖춘 플롯을 충족하는지, 인간의 행동을 미메시스한 것인지, 민주적 정당성을 지닌 국민들의 지지를 받을 만큼 카타르시스를 주는 것인지 숙고의 시간을 가질 필요가 있다. 법률가의 허구적 활동은 우선 현재의 법질서가 추구하는 인간의 진정한 행동을 모방하고 있는가?

---

14 H. Melville, *Bartleby, the Scrivener: A Story of Wall-Street* (The Pizza Tales, 1856).

15 W. Waluchow and S. Sciaraffa (eds.), *The Nature of Law* (Oxford University Press, 2017); 김도균, 「자연법론적 승인률 모델의 가능성에 대하여」, 『법철학연구』 제3권 2호(2000); 「공적이성과 자연법론」, 『한양대학교 법학논총』 제38권 3호에서 공적 이성의 비실증주의 관념을 제시하는 연구; R. Alexy, 『법의 개념과 효력』, 이준일 옮김(고려대학교출판부, 2007) 참조.

시인은 모방하기 때문에 시인이요, 또 시인이 모방하는 것은 행동인 만큼 운율보다도 플롯의 창시가 되어야 한다.(제9장, 1450b 27-30)

비극은 진지하고 일정한 크기를 갖는 완결된 행동을 모방하며, … 연민과 공포를 불러일으키는 사건으로 바로 이러한 감정을, 카타르시스를 실현한다.(1449b 23-27)

법률가를 포이에테스적 관점에서 보면, 시인으로서의 기술능력은 갖췄지만, 진짜 시인이 아닌 가짜 시인인 경우가 있다. 라드브루흐가 「법률적 불법과 초법률적 법」에서 옹호한, 나치에 협조한 법관유형은 모두 가짜 시인들이다. 라드브루흐는 이 논문에서 법률적 불법에 대해, "정의를 전혀 추구하지 않는 경우와 정의의 핵심인 평등을 입법 시에 의도적으로 부인하는 경우에 법률은 한갓 악법에 그치지 않고 아예 법적인 성격을 갖지 못한다(법개념적 부정 테제)."라고 말한 바 있다. 이는 포이에시스적 활동이 철저히 인간의 행위에 대한 미메시스가 아닌 경우에 해당한다. 나치의 시인은 법을 구성하지 못했으며, 그들의 판단은 인간을 미메시스하는 법적 장르를 일탈했다.

롤랑 바르트는 「두 개의 비평」에서 '존재의 거부'라는 의미에서 실증주의를 비판했다. 바르트는 실증주의적 문학비평이 두 가지 관점에서 이데올로기적 본성을 드러낸다고 보았다.

실증주의 비평은 문학에 대해 완전히 편파적인 생각을 만들어 낸다는 것이다. 문학의 존재에 대해 질문하기를 거절한다. 존재의 문제를 거부한다는 것은 한편으로는 영원성을 주장하는 것이고 다른 한편으로는 자명성을 주장하는 것이다. 작가들은 왜 글 쓰는가? 작가란 아주 단순히 '자신'을 표현하기 위해 글을 쓰며 문학의 존재는 감정과 정념의 〈번역〉 속에 있다는 생각을 채용하는 것이기 때문이다.[16]

문학적 실증주의에 대한 바르트의 주된 비판은 라드브루흐의 법실증주의에 대한 비난과 어떻게 다른가? 라드브루흐의 '법률적 불법 테제'는 실제로 전후 독일 사법부에서 재판의 논거로 사용되면서,[17] 법실증주의 때문에 사법살인이 발생했는지가 새삼 논의의 초점이 되었다. 법시학적 제안을 해보자면, 라드브루흐는 사법살인에 대한 예방적 차원에서 차라리 나치에 협조한 법관들의 존재론적 우려보다 그들의 실존에 내재된 '가짜시인예방설'을 논의했어야 하지 않을까? 그들은 법률가로서 자신의 능력을 사용하지 않을 보편적 의무가 있음에도(여기서는 이를 '바틀비(Bartelby) 테제'라고 부르고자 한다), 그들의 포이에시스적 활동은 프락시스와 연관되지 않았다. 그들의 재판은 어떤 인간의 행위를 모방한 것인가? 그들의 재판은 어떤 의미에서 연민과 공포를 자아내는 카타르시스를 지니고 있었는가?

아리스토텔레스는 『수사학』에서 "가능한 모든 설득수단을 찾아내는 일"이 중요하다고 보았다. 말을 통해 증거를 눈에 보이는 것처럼 제

16 롤랑 바르트, 「두 개의 비평」, 김현 엮어 옮김, 『현대비평의 혁명』(기린원, 1991), p. 29.

17 독일 대법원이 히틀러의 '초토화명령(전선에서 탈영하는 병사를 무조건 사살하라는 명령)'을 법률적 불법으로 판단하면서 국가배상을 인용했고, 독일 헌법재판소는 유대인의 국적을 박탈하는 독일국적법 제11차규정(1941.11.25)을 법률적 불법으로 판단했다. 그럼에도 라드브루흐가 전후 나치의 사법부에서 활동한 법관들에게 법왜곡죄에 대해서조차 제대로 사법적 책임을 묻지 못한 이유를 법실증주의 교육 탓으로 넘긴 것은 법이론가의 관점에서 볼 때 잘못된 비평이다.

시하고 청중으로부터 설득을 얻어 내야 한다. 이는 곧 에토스(ēthos), 파토스(pathos), 그리고 로고스(logos)의 문제와 연관된다. 에토스는 말하는 사람의 성격, 신뢰성이고 파토스는 청중의 심적 상태이며, 마지막으로 로고스는 말 그 자체, 즉 말이 진리를 증명하는지를 의미한다. 증거는 이 세 가지 말을 통한 수단에 의존한다. 그런데 로고스, 에토스, 그리고 파토스는 논리적 심리학, 감정의 성질이나 성격을 규명하는 감정의 심리학, 그리고 발생원인과 양상을 규명할 수 있는 윤리학과도 관련되어 있다. 라드브루흐의 공식은 어떤가? 라드브루흐는 진정한 에토스를 갖춘 법관을 기대하는 논의를 보여 주었는가? 나치에 협조한 법관들이 진정한 시인으로서 포이에테스라고 볼 수 있는가? 플라톤의 '가짜시인추방설'에 대한 논의를 나치에 협조한 법관들에게 적용해 볼 수 있고, 아리스토텔레스는 이를 입증하기 위해 시학을 넘어 수사학과 윤리학까지 문학과 철학의 접점에서 자연법의 내재적 가치를 구성했다. 인간의 존재양식에 대한 철학적 물음은 바로 문학작품처럼 법의 허구적 판단에 내재된 자연법의 가치를 묻는 것과 같다.[18]

플롯의 논리적 구성은 우선 형식적 측면에서 법적 장르를 결정한다. 시인이 시를 쓸 때, 시의 장르라는 형식적 요소들을 잘 지키기만 한다면, 인간의 행복과 불행은 행동의 모방이 결정한다. 그리고 그것은 비극작품의 목적이며, 이러한 목적이 바로 사건과 플롯을 구성한다. 플롯이란 '완결된 행동의 모방'이라는 점에서 이데아라는 진리 그 자체는 이제 플롯의 구성에 맡겨진다. 미국의 법철학자 론 풀러(Lon L. Fuller)는 그의 저서 『법의 도덕성(*The Morality of Law*)』에서 법에 내재된 8가지

---

18 박이문, 『문학과 철학』(민음사, 1995).

절차적 요소들을 제시하고, 이것이 곧 자연법의 내용을 보증한다고 보았다.[19] 그가 말한 유노믹스(eunomics)라는 법의 플롯도 여기에 해당한다. 합법성(legality)을 보장하는 8가지 요소가 법의 목적을 실현하는 절차적·기능적 역할을 담당한다. 합법성의 8가지 요소는 법의 목적을 실현하는 최소한의 도덕성이다. 풀러는 실정법의 내재적 요소로 형식과 절차의 의미를 부여했다.[20] 풀러는 법의 내용적 질문을 일종의 '초법률적' 혹은 '종교적' 의미를 지닌 전근대적 자연법론으로 본다. 풀러는 나치법률은 자신이 주장한 8가지 요소를 충족시키지 못했기 때문에 불법적이라고 판단했다.

그렇다면 풀러처럼 포이에시스적 활동은 그 장르의 내용을 충족시키지 않아도 되는가? 하트와 피니스의 법사상은 그 실질의 문제에 접근하려 한 것으로 보인다. 비록 하트는 승인의 규칙을 담당하는 포이에테스에 최소한의 내용만을 허용하는 포이에인을 고려했지만, 피니스는 포이에테스의 전제 조건으로 실천적 합당성(practical reasonableness)과 기본적 선(basic goods)의 조건들을 수행할 것을 요청하고 있다.

하트는 규칙으로서의 법체계를 정립하면서, 호펠드의 권리론을 수용했다.[21] 하트의 법실증주의가 권리론을 수용했다는 것은 법을 주체적 관점에서 본 것으로, 오스틴의 명령설처럼 주권자인 통치자의 관점

---

19 론 풀러, 『법의 도덕성』, 박은정 옮김(서울대학교출판문화원, 2015), p. 63 이하.

20 풀러의 법의 내적 도덕성의 형식성에 대한 반론으로는 손제연, 「풀러의 법의 내적 도덕성에 대한 오해」, 『법철학연구』 제25권 3호(2022), pp. 139-164.

21 이러한 견해는 특히 풀러에 의해 지적되고 있다. W. N. Hohfeld, *Fundamental Legal Conceptions as Applied in Judicial Reasoning* (Yale University Press, 1946). The article appeared earlier at *Yale Law Journal* 26 (1917), p. 710; "Some Fundamental Legal Conceptions as Applied in Legal Reasoning," *Yale Law Journal* 23, no. 1 (1913), p. 16.

이 아니라 수범자인 권리보유자의 입장에서 시작하는 것이다. 그런데 권한(power)은 철저히 국민들의 것이고 정치권력은 이로부터 파생되기 때문에, 입법자와 사법부 모두 책임(liability)의 지위만을 가지게 된다. 즉, 법의 권위는 국민(저자의 권위로서의 시인)의 권리와 권한에서 파생되기 때문에 법과 도덕은 철저히 분리되지 못한다. 정치적 권한은 어디에서 왔는가? 하트의 규칙으로서의 법체계 안에 내재된 자연법의 위상은 뚜렷하다.

그러나 하트가 주목한 포이에시스는 호펠드가 주장한 권리의 상관성 차원을 따르지 않았다. 즉, 하트는 무엇보다 '의무의 수락(accepting duty)'에 초점을 두는 자율적 행위자의 관점을 취했음에도, 최종적인 법인식과 법효력을 설명하는 승인의 규칙(rule of recognition)을 설명할 때 권한부여규칙(power-conferring rule)이라는 법의 성격을 파악하는 데 있어 한계에 직면할 수밖에 없었다. 행위자의 행위라는 관찰자의 사실적 차원에 대한 하트의 사회학적 설명은 법을 다루는 공무원의 의무의 규칙이 무엇과 상관성을 가지는지를 설명하지 않고 곧바로 사법부의 재량을 수용해 버렸다. 하트는 오스틴의 '명령'으로서의 법개념을 '의무의 수락'으로 바꾸고 있지만, 정작 이차적 법질서의 성격으로서 의무의 규칙을 포함하지 않고, 권한부여규칙에 초점을 두고 말았다. 그 결과 하트는 법과 도덕의 교차로라는 우연성에서만 최소한의 자연법적 가치를 인정하는 존재론을 법의 개념론으로 주장하게 되었다. 이 교차로에서 만나는 프락시스는 여섯 가지의 내용 정도만을 고려하는 빈약한 법개념론이었기 때문에 하트의 플롯은 포괄적인 것이 아니라 약한 의미만을 지닌다.

드워킨은 하트식 프락시스의 빈약성이 언어적 의미론에서 파생되었다고 보았다. 드워킨의 법원리론에서 발견되는 포이에티스(헤라클레스라는 허구적 시인)는 포이에시스적 활동 그 자체와 프락시스적 활동이 결합된 법질서에 내재된 가치를 실현하는 서사적 임무를 부여받는다. 그런 점에서 드워킨을 서사적 자연법론자라고 부를 수 있을 것이다. 알려진 대로 드워킨은 플라톤주의자에 가깝고, 칸티안(Kantian)이다. 따라서 법적 기준으로 실정법이라는 규칙(rules) 이외에 헌법상 기본권이나, 죄형법정주의, 신의성실의 원칙, 영장주의 등 이미 실정법 안에는 자연법적 원리가 내재되어 있다고 본다는 점에서 드워킨의 법이론은 '정답 테제(right answer)' 이론이다.[22] 정답 테제에서 그의 법관은 공식이라는 법원리의 구상하에 법규칙을 적용한다는 발상으로, 마치 플라톤의 사다리 논변에 가깝게 구성되는 것 같다. 하지만 드워킨이 사용하는 사다리는 수직적(vertical) 의미를 지니지 않고, 수평적(horizontal), 즉 서사적(narrative) 의미를 지닌다. 그는 플라톤과 달리 하늘을 향해 한없이 올라가지 않는다. 드워킨의 법원리론에서 법관의 역할은 평론가로서 예술적 작품을 다시 구성적 관점에서 해석해 보는 것과 같다.[23]

포이에테스와 바틀비 테제

1972년 유신헌법은 3권분립을 철저히 외면했다. 유신헌법 제53조는

---

22 R. Dworkin, ""Natural" Law Revisited," *Florida Law Review* 34, no. 2 (1982).

23 R. Dworkin, *Taking Rights Seriously* (Harvard University Press, 1977), p. 22 이하, 특히 "4. Hard Cases" 참조.

대통령의 긴급조치권을 허용하는 동시에 제4항에서 긴급조치를 사법심사의 대상에서 제외시켰다.[24] 긴급조치는 9호까지 발령되었으며, 2010년 대법원은 긴급조치 제1호가 위헌이라는 판결을 내렸다.[25] 2013년 대법원판결에서도 긴급조치 9호와 4호를 위헌으로 결정했으며, 관할권논쟁이 있었지만 2013년 헌법재판소도 긴급조치의 위헌심사권을 행사해 제1호, 제2호, 제9호를 위헌으로 결정한 바 있다.[26] 최근 대법원은 긴급조치 9호로 인한 국민들의 기본권 침해에 대해 국가배상책임을 인정했다.[27] 그러나 2014년 217962 판결에서처럼 개별 긴급조치 판사들에게는 배상책임을 묻지 않았다.[28] 이재승의 주장처럼 긴급조치는 헌법적 불법에 따른 것이기 때문에 대법원이나 헌법재판

24 유신헌법 제53조 ④제1항과 제2항의 긴급조치는 사법적 심사의 대상이 되지 아니한다.

25 대법원 2010. 12. 16. 선고 2010도5986 전원합의체 판결. "유신헌법에 근거한 긴급조치는 국회의 입법권 행사라는 실질을 전혀 가지지 못한 것으로서, 헌법재판소의 위헌심판대상이 되는 '법률'에 해당한다고 할 수 없고, 긴급조치의 위헌 여부에 대한 심사권은 최종적으로 대법원에 속한다."

26 헌법재판소 2013. 3. 21. 선고 2010헌바70, 132, 170(병합) 결정. "이 조항에 규정된 '법률'인지 여부는 그 제정 형식이나 명칭이 아니라 규범의 효력을 기준으로 판단하여야 하고, '법률'에는 국회의 의결을 거친 이른바 형식적 의미의 법률은 물론이고 그 밖에 조약 등 '형식적 의미의 법률과 동일한 효력'을 갖는 규범들도 모두 포함된다."

27 대법원 2022. 8. 30. 선고 2018다212610 전원합의체 판결 [손해배상(기)].

28 대법원 2014. 10. 27. 선고 2013다217962 판결 [손해배상청구의소]. 긴급조치 9호는 위헌·무효이지만, "당시 시행 중이던 긴급조치 제9호에 의하여 영장 없이 피의자를 체포·구금하여 수사를 진행하고 공소를 제기한 수사기관의 직무행위나 긴급조치 제9호를 적용하여 유죄판결을 선고한 법관의 재판상 직무행위는 유신헌법 제53조 제4항이 "제1항과 제2항의 긴급조치는 사법적 심사의 대상이 되지 아니한다."라고 규정하고 있었고 긴급조치 제9호가 위헌·무효임이 선언되지 아니하였던 이상, 공무원의 고의 또는 과실에 의한 불법행위에 해당한다고 보기 어렵다."라고 판시해 판사 개인의 불법행위책임을 묻지 않았다.

소뿐 아니라, 어느 수준의 국가기관이든 그 효력을 마땅히 부정했어야 한다.[29] 이번 2022년 대법원 판결 역시 독일의 나치 청산 과정에서처럼 판사 개인에 대한 책임을 묻는 데는 한계가 있었다. 다만, 이번 판결은 제대로 청산되지 못한 과거의 헌법적 불법에 대한 국가책임을 인정한 것으로 정리되었다. 그런데 대법관 김선수와 오경미는 별개 의견으로 당시 유죄 판결을 선고한 법관에게 영장주의를 배제한 긴급조치 제9호가 위헌적 조치임에도 그 위헌성을 묻지 않은 개별적 책임을 물었다.

독일 나치 시대의 불법국가에 협조한 법관에게 감당하기 어려운 법실증주의 교육의 탓이라는 빌미를 제공한 라드브루흐에 대해,[30] 전후 독일문학을 이끈 작가 하인리히 뵐(Heinrich Böll)의 작품, 『아담, 너는 어디에 있었느냐』와 허먼 멜빌(Herman Melville)의 소설, 『필경사, 바틀비-월가이야기』를 통해 실존적 대안을 찾고자 한다. 유병진 판사가 그랬듯, 개별 법관은 어느 시대에나 실존적 고민을 겪는다. 법률적 불법, 사악한 법을 적용해야 하는 사안에 관해, 법의 열쇠를 쥔 자는 오로지 그 개별 법관뿐이며, 그만이 당해 사안을 법률적 불법으로 만들지, 아니면 법률적 정의를 실현할지 결정할 수 있기 때문이다. 회피 불가능한 사안에 직면할 때 재판관은 어떻게 할 것인가?[31]

---

29 Radbruch · 이재승, 「역주: 법률적 불법과 초법률적 법」, p. 14.

30 이러한 방어불능명제에 대한 논의로는 이재승, 「라드브루흐공식」, 『법철학연구』 제7권 1호(2004), p. 115 이하 참조.

31 우리는 6 · 25 전쟁 후 이승만에 의해 내려진 부역자 처벌과 특조령 적용에 대한 유병진 판사의 존재론적인 대답을 기억한다. 신동운 엮음, 『유병진 법률논집-재판관의 고민』(법문사, 2008).

『아담, 너는 어디에 있었느냐』를 읽은 독자라면, 결국 살아남기 위해 아무리 애를 써도 불법국가의 전쟁에서 살아남기 어렵다는 것을 깨닫게 된다. 이 작품은 헝가리의 어느 전투 지역에서 후퇴하는 독일군 병사 파인할스가 겪은 16가지 단편적인 이야기를 담고 있다. 이 작품은 전쟁의 참화 속에서 공포에 찌든 병사들의 초조감과 그 속에서도 피어나는 인간성과 사랑의 이야기를 다루면서, 무의미하고 쓸모없는 전쟁 때문에 인간성이 상실되어 가는 모습을 그려 내고 있다. 전쟁의 무의미성은 마지막 장에서 주인공 파인힐스의 비극적 죽음으로 대변된다. 파인힐스의 어머니가 항복의 의미로 흰색 깃발을 파인힐스의 고향집에 내걸었음에도, 한 발의 유탄은 어머니를 향하고, 다른 한 발은 고향집 문턱을 넘던 파인힐스로 향했다. 파인힐스의 죽음은 하인리히 뵐이 말하고자 하는 전쟁의 끔찍함과 무의미함을 그대로 보여 주는 대목이다. 뵐은 이 소설을 통해 전쟁의 모든 잘못된 상황을 보고도 침묵하고 방관하거나 심지어 아담처럼 몸을 숨기고 있는 모습을 지적하며 아담으로 대변되는 평범한 인간인 우리 모두에게 "너는 어디에 있었느냐?"라고 묻는다. 이 질문을 현재형으로 옮기면 다음과 같다.

"우리는 지금 어디에 있는가?"

또한 허먼 멜빌의 소설 『필경사, 바틀비-월가이야기(*Bartleby, The Scrivener: A Story of Wall Street*)』를 읽은 독자라면, 생경하게 행동하는 주인공 바틀비를 이해하려고 애를 쓸 것이다. 나는 여기서 바틀비 테제와 법관의 책임을 연관지어 보려고 한다. 바틀비 테제란 "하지 않는 편을 선택하겠다(I would prefer not to do.)."라는 행위자의 잠재적 선택지를 의미한다. 인간의 자유에 대한 근원적 잠재성(potentiality)은 하나의 완성된 기술적 능력(techne)을 의미한다. 잠재적 실현 가능성을 가진 법적 권리는 아직 출현하지 않은 다양한 선택지들을 지니고 있다. 헌법 제37조 제1항, "국민의 자유와 권리는 헌법에 열거되지 아니한 이유로 경시되지 아니한다."가 그 예다. 권리란 '행할 자유'만 있는 것이 아니라, '행하지 않을 자유'도 동등하게 존중받아야 하는 것이다. 그런데 필경사 바틀비의 행동은 현대 법이론에 내재된 계약자유의 원칙으로는 보호하기 힘든 상황들을 연출한다. 변호사 사무실에 필경사로 채용된 바틀비는 비록 필경업무로 채용되었지만, 필경 이후에 자기의 필경을 검증하는 업무를 거절하는 것으로 시작해 그 어떤 잡다한 변호사 사무실의 일에도 항상 "하지 않는 편을 선택하겠습니다."라는 답변으로 대응하면서, 고용주인 변호사를 당황케 한다. 사용자인 변호사가 바틀비라는 인간을 이해하는 일은 끝내 바틀비의 죽음 앞에서도 이루어지지 않는다. 인간적 양심을 다해 바틀비를 존중하던 변호사는 필경업무에도 우체국에 심부름을 가는 단순한 일에도 모두 "I would prefer not to do."라는 일관된 답변을 하는 바틀비를 보고서 분노를 넘어 그에게서 벗어나고자 한다. 그러나 결국 변호사는 사무실의 이사라는 결론 역시 바틀비와의 실질적 결별이 아니라는 것을 깨닫는다. 변호사는 그를 위한 인간적 노력으로서 자신의 집으로 가자는 회유도 해보지만 돌아오는 대답은 항상 동일하다. 사실 이 소설을 다 읽은 후에 "인생은 전쟁이다.", "전쟁은 질병이다."라는 메타포가 떠오르면서, 재판관의 존재론적 고민의 성격이 바틀비와 유사하다고 생각했다. 그러나 실제로 재판관은 바틀비다. 그는 변호사 사무실이라는 폐쇄된 공간 속의 필경업무, 숙식이 해결되지 않는 상황, 이 전쟁 같은 삶에서 차라리 "하지 않는 편을 선택하겠습니다."라는 대답을 선택할 수밖에 없었던 것이다. 이 무위(無爲)의 선택이 바틀비 테제다.

들뢰즈와 아감벤은 인간적 저항의 행위 속에서 예술적 창조행위를 발견하려고 한다.[32] 인간의 잠재성이라는 역량은 신적 창조성과는 다르지만 충분히 보호받지 못할 수 있다. 바틀비의 저항이 무위라면, 안티고네적 저항은 작위적 행동을 했다는 점에서 자연법적 사유의 다른 측면을 보여 준다. 멜빌이 그려 낸 바틀비는 누구인가? 바틀비는 자신의 기술(techne)에 해당하는 필경이라는 역량을 왜 거부했는가? 기존의 계약 질서에 무위로 저항한 바틀비에게 남겨진 법적 결과는 무엇인가? 그를 해고하는 방법 이외에 어떤 선택지도 변호사에게 남아 있지 않았다. 결국 변호사는 자신이 사무실을 옮겨 가는 선택을 했고, 바틀비는 그 사무실에서 그대로 살려고 발버둥치다 끝내 경찰에 의해 인도된다. 이러한 바틀비의 선택은 어떤 의미를 가지는가? 필경할 능력이 있음에도 필경을 거부한 그에게 자유의 의미는 무엇인가? 바틀비는 무엇이 되고 싶었는가? 바틀비의 계약의 자유는 기존의 질서, 즉 계약 질서에 따르지 않을 자유까지도 포함하고 있는가? 바틀비는 자신이 선택한 필경업무가 의지와 결정의 산물임에도 그것을 거부하거나 초월할 자유까지도 내재한다는 주장을 하고 싶었던 것인가? 바틀비의 잠재적 선택 가능성은 어디까지 확장될 수 있는가? 그의 의지와 결정은 기존의 질서인 법보다 우위를 점하는 어떤 근본적인 성격을 지니는가? 그래서

---

32 G. Deleuze, "Bartleby; or, The Formula," in *Essays Critical and Clinical*, trans. D. W. Smith and M. A. Greco (University of Minnesota Press, 1997), pp. 68-90; 조르조 아감벤, 『불과 글』, 윤병언 옮김(책세상, 2020).

누군가는 그를 예수에 비유하기도 한다. 그러나 우리의 대안은 무엇인가? 불법국가에서의 법관의 지위에 대한 실존적 대답으로서 바틀비 테제는 또 하나의 대안이다.

불법국가의 경우처럼 법관은 자기의 잠재성(potentiality), 즉 역량(capabilities)을 거부해야 할 때도 있다. 물론 우리는 바틀비가 죽음을 맞은 것처럼 언제나 역량을 거부하는 법관들이 위험에 처할 가능성이 있다는 것도 예견 가능하다. 그러나 법률적 불법이 자행될 것임이 확연하다면, 법관에게 부여된 사법적 자연법 책무는 바틀비의 선택일 수밖에 없다. 시를 쓰지 않는 시인처럼, 필경을 거부한 바틀비처럼![33]

power vs. right

하트는 벤담과 오스틴 모두 더 나은 법률을 위해 고군분투한 학자들이었다고 평가한다. 또한 하트는 "있는 법과 있어야 할 법(what law is and what it ought to be)"의 구분은 오히려 신의 명령(신법) 체계와 공리성이라는 도덕적 원리가 아니면 해명되지 않는다고 주장했다.[34] 그러나 오스틴에게 실정법에 내재된 도덕성의 발견은 우연의 일치일 뿐이다. 벤담은 공리성이라는 도덕의 준거를 활용해 법에 내재된 법질서의 권위

---

33 이에 대하여 김연미, 「문학적 법철학연구: 법의 내용으로서 비극성」, 『법철학연구』 제23권 3호(2020), pp. 33-96 참조.

34 이 외의 다양한 법과 도덕의 연관성에 대한 현대적 논의의 시발점으로는 Hart, "Positivism and the Separation of Law and Morals"와 Fuller, "Positivism and Fidelity to Law" 참조.

를 설명하려고 했다. 그럼에도 하트는 '마땅히 있어야 할 법'을 규준으로 삼은 법체계는 그것이 무엇이든 잘못이라고 보았다. 그는 오스틴이나 벤담의 법과 도덕 분리론이 당시 블랙스톤의 자연법에 대한 경솔한 진술(하느님의 법에 반하는 인정법은 효력이 없다.)에 대해 비판적이었던 사회적 분위기에서 나왔다는 점을 지적한다. 벤담은 "어김없이 복종하고 자유로이 비판하라."라고 말한다. 벤담은 최고의 입법권을 헌법하에 두었다는 점에서 제약 없는 최고의 주권적 입법권을 허용한 오스틴과 달랐다. 즉, 벤담과 오스틴은 법적 권위에 대한 내재성을 다르게 보았다는 것이다.[35]

하트는 법실증주의자로서 '최소한의 자연법'의 내재성을 수용하는 승인율(rule of recognition)의 법체계를 구상했다.[36] 현대 법철학계가 하트의 법실증주의를 '포용적 법실증주의' 내지는 '비실증주의'로 분류하려는 것도 이 때문이다. 하트는 그의 저서 『법의 개념』 총 10장 중 4장까지를 오스틴의 법명령설에 대한 분석에 집중한다. 하트는 당시 언어철학의 영향하에 공리주의자들이 말하는 명령으로서의 법관념을 복종의 습관이라는 관점에서 보완한다면, 법체계의 본질을 전달할 수 있다고 생각했다. 그는 '습관'이라는 분석을 통해 사람들의 '반복적 행위'를 '규칙적인 행위'로 바꾸어 생각했고, 바로 여기에 법개념의 본질이 있다고 보았다. 그는 행위의 관점이 아니라 행위자의 관점에서 '의무의 수락'에 초점을 두었다. 행위자가 습관적으로 법에 대한 복종을 반복

---

35 Hart, "Positivism and the Separation of Law and Morals" 참조.

36 ① 인간의 취약성(human vulnerability) ② 대략적 평등(approximate equality) ③ 제한된 이타주의(limited altruism) ④ 제한된 자원(limited resources) ⑤ 제한된 이해력과 의지력(limited understanding and strength of will)

하는 이유는 행위자가 그것을 의무로서 수락했기 때문이고, 이때 법의 권위(legal authority)는 주권자의 제재에 기반한 명령이 아니라 행위자의 내적 관점(internal perspective)에 있게 된다. 결국 법적 권위가 자유주의적 기반을 가지게 되는 계기는 의무의 수락을 뜻하는 '동의'라는 근대적 의미의 사회계약론적 주체의 자율성에 두어지게 된다. 이 점에서 하트의 법철학은 근대 데카르트에서 시작한 코기토 명제를 이어받았다는 평가를 받고 있다.

이와 같이 하트는 법적 권위의 의미를 행위자의 주체적인 내적 관점에 두는, 권리-중심의 법관념이 아니라 의무-중심의 "규칙으로서의 법체계"로 설명한다. 오스틴이 법을 명령자의 관점에서 채택했다면 하트는 규칙을 수용하는 자의 '내적 관점'에서 시작한다. 오스틴이 '명령'을 "법에 관한 과학의 열쇠"라고 했다면, 하트는 '수용'을 법에 관한 과학의 열쇠로 보았다. 하트는 그레이나 샐먼드처럼 법적 권리와 권한(power)이 법에 의해 부여되거나 창출된다는 점에는 동의하나, 법과 도덕의 필연적 연관성 속에서 법적 권리와 도덕적 권리 관념을 연결시키지는 않는다. 법적 권리와 도덕적 권리가 권리라는 명칭을 공유하는 것은 우연의 일치일 뿐이다.[37] 하트의 법사상이 사회계약론의 연장선에서 자유주의 법이론의 특징을 가진다는 칭송은 그 허구성 때문이다.

하트에게 법은 '의무부과의 규칙(duty-imposing rule)'으로서의 일차적 규칙과 '권한부여의 규칙(power-conferring rule)'으로서의 이차적 규칙

---

37 하트는 샐먼드의 권리설명이 출발점에서는 타당하지만 잘못된 결론에 이르렀다고 본다. 즉, 법체계규칙들이 반드시 도덕규칙이나 정의규칙들과 연결되어야 법적 권리가 설명된다는 점이 잘못되었다는 것이다.

간의 관계, 즉 법규칙 간의 관계일 뿐이지, 법적 권리와 도덕적 권리의 구분은 아니다. 그런데 하트는 이 규칙들의 준수는 국민들의 법에 대한 수락이라는 사회적 사실의 관점에서 국민들의 선택권으로부터 법이 생성되는 현상학을 반영한 것이라고 말한다.[38] 의무의 내적 수락이란 다름 아닌 규칙들의 수락이다. 하트의 '수락(수용)'이라는 관점은 권리인가? 아니면 사실인가? 참여자적 관점에서 수락이란 권리이고 법이론가인 하트가 보기에 관찰자적 관점에서 그것은 사실일 뿐이다. 하트의 법개념론에서 발견되는 현상학은 주체적이면서 사실적이라는 이중성이 있다.

법적 권위 혹은 권한이라는 법의 지배는 어디에서 나오는가? 경찰관이 도로를 점하고 있는 걸인들에게 저쪽으로 비켜 가라고 명령할 수 있는 권한은 바로 이 교차로에서 나온다. 사법재량의 문제는 법의 지배의 가능성의 문제다. 이차적 규칙으로 설명되는 공무원들의 권한부여규칙(power-conferring rule)도 이곳에서 발견된다. 그리고 법적 권위를 해명하는 작업도 이 교차로에서 이루어진다. 경찰관의 임무 중 하나인 교통질서 유지라는 법가치가 노숙인의 도로 점거보다 우선하는 이유가 바로 이 교차로에서 나온다. 즉, 법의 교차로에서 법의 모호성(vagueness)에 대한 논변과 법적 권위를 해명하는 일이 시작되고, 거기서부터 법체계를 형성한다는 의미가 도출된다.[39] 하트의 포이에테스로서의 기여는 바로 그가 법의 지배의 가능성을 법의 개방성에서 찾았다

38 하트의 주체적 자각은 정치사회를 형성하는 기본 단위로서 개인의 자유에 대한 사회계약론적 관점의 수용이자, 호펠드 권리론의 재구성이라고 할 수 있다.

39 특히 T. Endicott, *Vagueness in Law* (Oxford University Press, 2000).

는 점이다.

하트는 법실증주의가 형식주의라는 비난에 대해 그 이유는 악덕 판사들의 결정이 '사회적 가치와 결과를 외면'했기 때문이라고 보았다. 하트는 공원 안에서 '공원에서 탈것(vehicle) 금지'라는 법률이 장난감 자동차를 탈것에 포함시킬 것인지의 판단은 논리의 문제가 아니라 판사의 '선택권' 문제라는 점을 분명히 밝히고 있다. 사실 하트는 법에 내재된 가치의 잠재적(latent) 성격을 포이에테스인 판사의 권능으로 인정했다. 그러나 판사가 끄집어 낼 법의 잠재적 가치는 '있어야 할 법'이 아니라, '있는 법'으로서의 규칙(법)이다. '있어야 할 법'에 대한 논의는 비판의 기준일 뿐이다.

하트의 자연법적 내재성은 '있는 법'과 '있어야 할 법'의 철저한 구분이라는 쥐어짜기식 논변이 개입되어 설득력이 부족하다. 그러나 '있어야 할 법'의 문제도 '있는 법'의 의미론적 잠재 가치에 있을 뿐, 외적인 도덕으로부터 나오지는 않는다는 논변은 여전히 많은 현대 법철학자들에 의해 옹호되고 있다. 하트의 법철학이 "의미론적 독침(semantic sting)" 논변이라는 드워킨의 거센 비판에도 불구하고, 많은 학자들이 하트를 옹호하는 이유는 무엇일까? 있는 법과 있어야 할 법의 구분이 지적인 가치뿐만 아니라 도덕적 가치도 지니기 때문이다. 풀러는 법 그 자체에 대한 충실성 문제만 다룬다는 점에서 비판받지만 하트는 법 그 자체의 장르를 찾는 포이에테스에 대한 관찰자 역할을 충실히 했다.

하트의 쥐어짜기 논변을 보면 첫째, 개별적으로 부정의한 법은 참이 아니지만 전체적으로 파악되는 법체계는 참이다. 법의 존재와 법의 효력은 일반적 방식으로, 총합으로서의 법체계라는 차원에서 이해되어야 한다. 둘째, 법과 도덕규칙 및 정의 원칙들 사이의 연관성은 법과 제재력 사이의 연관성만큼 필연적이다. 그런데 그 필연성은 최소한의 자연법적 내용 정도일 뿐이다. 그리고 그 필연성은 우리의 삶 전체가 보여 주는 사회적·도덕적·법적·우연적 사실에 의존한다. 이것이 하트가 파악한 "'자연적' 필연성" 논제다.

형식과 내용

풀러의 합법성 테제

내재적 법에 대한 풀러의 관점은 포이에테스로서의 입법자가 행하는 입법과 사법 포이에인(만드는 것)에 초점을 둔다. 풀러는 법실증주의가 "법에 대한 충실성(fidelity to law)"을 제대로 실현하지 못한다고 비판했다.[40] 풀러는 법과 도덕성을 혼합하는 그 무엇이 존재하고, 따라서 법과 도덕의 '교차'라는 사유에서 법의 존재와 그 법이 좋은지 나쁜지를 분별하는 것은 부적절하다고 본다. 풀러는 특히 영국의 오스틴이나 벤담 같은 법실증주의자들이 법명령설을 취하는 오류를 범한 것은 법과 도덕의 관계 문제를 지나치게 단순하고 부적절하게 정식화했기 때문이라고 보았다. 사악하지만 효력 있는 고유한 의미의 법규칙을 어떻게 구별할 것인가? 적어도 실정헌법이 실효성을 가지기 위해서는 잠정적으로라도 '좋은 법'이라는 관점을 수용하지 않을 수 없다. 이것이 풀러의 자연법 테제에 내재된 기설적 필요성이다. 하트는 질서 자체와 좋은 질서를 구분하면서, 법은 질서 그 자체이고 좋은 질서는 정의, 도덕

40 Fuller, "Positivism and Fidelity to Law."

성, 인간의 당위관념의 요구에 부응하는 것이라고 말했다. 그러나 풀러는 "기능하는 질서(functioning order)"라는 관점에서 법 그 자체의 질서에는 명칭에 대한 추종보다 정합성(integrity) 있는 도덕성이 필요하다고 보았다. 왜냐하면 그 어떤 불법국가의 아무리 비현실적이고 추상적인 질서라고 해도 질서는 '협력적인 활동'을 통해 작동해야 하기 때문이다.

> 법이 법에 기초해 구축될 수는 없다는 점은 두 가지 의미에서 옳다. 무엇보다 법을 만드는 권위는 그것이 스스로 주장하고 있는 권능(power)을 부여해 주는 도덕적 태도에 의해 뒷받침되어야 한다. 이 경우 우리는 법을 가능케 하는 법의 외재적 도덕성(external morality of law)을 다루게 된다. 그러나 이것만으로는 충분치 않다. 우리는 앞선 절대군주의 경우에서 수용된 '근본규범'이 군주 자신만을 가능한 유일한 법원(source of law)으로 지정하고 있다고 상정할 수 있기 때문이다. [다시 말해 법의 외재적 도덕성은 충족시키고 있다고 상정할 수 있는 것이다!] 절대군주가 법 자체의 내재적 도덕성(internal morality of law itself)을 받아들일 준비가 되어 있지 않는 한 우리는 법이라는 것을 수용할 수 없다.[41]

풀러는 국가의 탄생, 성장과 변천을 위해서는 법의 외재적 도덕성뿐 아니라 내재적 도덕성도 필요하다고 보았다. 풀러는 하트가 법의 내재적 도덕성을 간과하고 있다고 보았다. 즉, 하트가 승인의 규칙

---

41 Fuller, "Positivism and Fidelity to Law," p. 645.

을 권한부여의 규칙으로 파악한 점은 외재적 도덕성의 측면이라는 것이다. 이 권한부여규칙은 그 법을 지지해 주는 도덕성이 전제되지 않고는 유지되지 않는다. 풀러는 하트가 법을 인간이 성취하려는 목적이 아닌 한갓 자료로 본다고 비판한다. 법의 흠결현상에 대해서도 만일 법관이 '있어야 할 법'을 만들 책임을 포괄적인 맥락에서 '법에 대한 충실성의 의무'로 파악하지 않는다면, 최고법원이 제시한 법문의 해석조차 혼란으로 받아들여지게 될 것이다. 법실증주의자들의 '있는 법'과 '있어야 할 법'의 구분 속에서는 법 그 자체의 충실성이라는 의무에 대한 논의가 하트가 비판했던 형식주의자들과 같은 결론에 이른다는 것이 풀러의 비판이다.

풀러는 하트가 말한 승인의 규칙을 권한부여의 규칙으로만 보았고, 의무를 부여하는 규칙이라는 특성에서 파악하지는 않았다. 물론 하트는 이차적 규칙의 특징을 권한부여의 규칙으로 보았다. 그런데 풀러가 주장하는 8가지 법에 내재된 도덕성은 법에 대한 충실의무의 요청이기 때문에, 7가지의 내재된 도덕성 심사를 통해 8번째 요소인 사법부의 도덕성은 승인의 규칙에 내재된 도덕성의 심사로 귀결된다. 그렇다면 권한 부여의 측면에서 최고법원의 법효력 심사는 내재된 도덕성 심사와 연관될 것이고, 사법부의 외재적 도덕성은 이러한 내재적 도덕성에 의존하게 될 것이다. 즉, 내재적 도덕성의 측면에서 당면한 현재의 법에 대한 충성 여부는 법에 내재된 7가지 도덕성에 대한 심사를 통해 판난된나는 것이나.[42]

42 크레이머는 라즈와 맥코믹 이외에 풀러도 승인의 규칙을 권한부여의 규칙의 측면에서만 파악하고 있다고 비판한다. 크레이머는 호펠드의 4가지 권리범주로부터 승인의 규

풀러에게 외적 도덕성이란 자연법에 내재된 가치의 실현을 통해 전달된다. 즉, "인간이 성공적으로 협동하며 살아가게 해주는 원리에 대한 모색"이 사법부의 외적 도덕성과 내적 도덕성의 교차로에서 발견되어야 할 가치인 것이다. 그래서 라드브루흐식의 '초법률적 법'이라는 자연법 테제는 로마 가톨릭 문헌에서나 발견될 법한 '더 높은 법', 인정법보다 상위의 법이라는 인식을 심어 주었다. 특히 하트가 밀고자 사안을 해결하기 위해 제안했던 소급입법은 입법을 통한 과거와의 날카로운 단절을 상징하는 방식으로 선호될 수도 있다. 정상적인 사법절차가 아니었음을 입법적으로 해결하는 방식은 법의 도덕성의 요구에 대한 존중을 사법부가 아니라 입법부를 통해 해결하는 방식이라고 할 수 있다.

풀러의 법의 내재적 도덕성은 사법부의 법해석 과정에서 목적론적 해석을 선호하는 것으로 보인다. 하트는 '공원에서 탈것 금지'라는 예를 통해 핵심부와 반영부를 구분하고, 탈것이라는 의미의 핵심은 표준적 사례로서 의사소통을 가능하게 한다고 보았다. 또한 표준사례의 경우에 법관은 사법재량을 행사하지 않지만, 반영부에 해당하는 사례의 경우에는 법관이 재량을 행사하여 창조적 역할을 할 수밖에 없다고 보았다. 세발자전거나 6·25 전쟁을 기념하는 장갑차도 탈것에 해당하는지에 관해 법관은 존재와 당위의 영역이 교차하는 곳에서 규칙의 목적을 생각해 보지 않을 수 없다는 것이 풀러의 비판이다.

칙의 성격을 파악하고 있다. 이에 대해, M. H. Kramer, "In Defense of Hart," in *The Nature of Law,* p. 22 참조.

하트의 이론에서 가장 두드러진 결함은 해석문제가 전형적으로 개별 단어의 의미에 달려 있다는 가정에 있다. (…) 하트의 분석은 현상이나 방향에 대해 현실적인 설명을 제공하지 못하는 것처럼 보인다.[43]

풀러는 하트가 주장한 표준적 사례에 대한 반론을 '모든 기차 역에서의 수면은 5달러의 벌금형에 처해지는 경범죄'라는 사례를 들어 비판한다. 이 사례에서 풀러는 '수면'의 표준적 사례를 찾을 수 있는지 반문한다. 예를 들어 술 취한 노숙인이 역내 벤치에서 코를 골면서 자는 행위의 경우, 노숙인이 담요를 들고 역내에 들어와 잠을 청하기도 전에 체포된 경우, 새벽 3시에 연착된 기차를 타기 위해 역내 벤치에 똑바로 앉아서 졸고 있는 사람의 경우 중 표준적 사례는 어느 경우인가? 만일 첫 번째, 두 번째 사례의 사람들은 벌금형에 처해지고 세 번째 사람은 방면되었다면, '수면'의 의미는 핵심적인 표준적 사례를 제대로 설명한 것인지 풀러는 의문을 제기한다. 이 경우 수면에 대한 법해석은 법에 대한 충실의무라는 목적 없이는 가능하지 않다. 풀러는 법률의 목적을 알지 못하고 법률의 단어를 해석하는 것은 실제로 가능하지 않다고 본 것이다.

풀러는 위와 같은 하트식의 해석론은 "일종의 범주화 절차"라고 비판한다. 풀러에게 법에 대한 충실성의 의무란 "법률을 일관되고 작동 가능한 통일체"로 만들려는 노력이다. 풀러의 내재된 법(implicit law)은 플롯과 재현이라는 아리스토텔레스의 시학적 관점에 대한 목적론으로서, 포이에인하는 시인의 윤리적 관점과 관련된다. 법의 플롯은 특

43 Fuller, "Positivism and Fidelity to Low," ch. VII. 참조.

정 법률이 가지는 취지와 목적에 따라 체계적 정합성(integrity)의 관점에서만 법관의 창조적 포이에인을 허용한다. 즉, 단어가 아니라 목적과 기능에 방점을 두는 것이 풀러의 자연법의 위상이다.

피니스의 자명성 테제

피니스는 자연법의 내재적 위상을 존재로부터 도출하지 않는 가운데 행위자에 대한 도덕적 실천의 조언자로 자명성 테제를 주장한다. 철저한 도덕적 시인으로서 법률가는 이 자명성 테제를 안다. 의심 없이 수용해야 할 자명성 테제는 하트의 수용보다 더 강한 쥐어짜기처럼 보인다. 피니스는 성 아퀴나스의 사상에 정통한 법철학자로서, 자연법의 자명성 테제를 주장한다.[44] 그에게 자연법은 "도덕적 판단을 위한 합리적 기초이론"이다.[45] 피니스는 "공동의 목적인으로서 공동선"의 수용에 대한 문제를 자명하게 받아들였다. 그는 도덕철학으로서의 자연법을 시민의 생활 영역 깊숙한 곳에서의 행위가 실천적 합당성(practical reasonableness)을 가지기 위한 길로 제시했다. 그에게 실정법 이론에 앞서 자연법론은 일상적인 관계적 의미를 지닌다. 예를 들어 그는 '우정(friendship)'을 완전한 공동체의 모습으로 제시한다. 그래서 법이란 공동선을 향한 조정이다. 피니스의 '조정으로서 법(law as co-ordination)' 개념은 법의 핵심적 의미(focal meaning)를 '의무'로 향하게 한다. 피니스의 자연법연구방법론은 아리스토텔레스의 영향을 크게 받았는데, 예를

---

44 J. Finnis, *Natural Law and Natural Rights,* 2nd edition (Oxford University Press, 2011); 자명성 테제(*per se nota*)와 관련하여 토마스 아퀴나스, 『신학대전 28 법』 중 제94문 2절, 이진남 옮김(바오로딸, 2020), p. 137.

45 Finnis, "Legal Validity and Morality," in *Natural Law and Natural Rights.*

들어 그는 핵심 의미를 지니는 중요한 사례가 무엇인지 찾는 방식으로 사안을 해결할 것을 주장한다.

> 아리스토텔레스가 주장한 바와 같이, 우정이라는 중심 사례들이 존재하며, (사업 관계 속 우정, 편의를 위한 우정, 이익을 위한 사랑(cupboard love), 가볍게 즐기기 위한 관계 같은) 다소 지엽적인 사례들도 존재한다. 입헌 정부라는 중심 사례들이 존재하는가 하면 (히틀러 당대의 독일, 스탈린 치하의 러시아 또는 아민의 우간다에 이르는) 지엽적인 사례들도 존재하는 것이다.[46]

어떤 의미는 핵심 의미이고 다른 건 이차적이며, 어떤 사태는 중심 사태이며 다른 사태는 경계선에 있는 사태라 말할 수 있는 판단기준은 무엇인가? 그에게 실천적이라는 의미는 '결정을 내린 뒤 행동하기 위한 관점과 관련된' 것으로서 '실천적 합당성'이라는 명제는 기본적 선(basic good)에 대한 인식에 해당하며, '실천적 사고'는 무얼 해야만 하는지를 생각하는 것이다. 실천적 합당성은 결정하고 의무를 받아들이고 계획들을 선택하고 실행하는 데 있어서, 그리고 행동 전반에 있어서의 합리성이다. 실천 철학은 인간 행동과 실천적 합당성의 요구들 가운데 실현될 수 있는 선들에 대한 잘 다듬어진, 비판적인 성찰이다.

피니스는 '도덕(moral)'이라는 용어가 다소 불명확한 함축성을 가지고 있기 때문에 '실천적 합당성'이라는 용어를 사용할 것을 제안한다. 실천적으로 합리적인 사람들은 일관된 관점을 가지며, 인간의 기회와

46 Finnis, *Natural Law and Natural Rights*, 제2장.

번영의 모든 측면에 관심이 있고, 자신들의 공통점이 많지 않다는 걸 인정하며, 결핍과 실패를 바로잡는 데 관심을 기울이고, 자신들 인격의 다양한 측면과 사회적 관계의 경제적 조건 및 기타 물질적 조건의 근원을 알고 있는 사람들이다.[47]

피니스가 말한 자연법의 내재성은 인간 번영을 위한 도덕적 기준에서 발견된다. 피니스가 제시하는 인간이 추구해야 할 '기본적 선의 형식들(basic forms of good)'은 생명(life), 지식(knowledge), 놀이(play), 심미적 경험, 사회적 친교, 실천적 합당성, 종교다. 피니스는 이 7가지 기본적 선들은 자명하며, 도구적인 성격을 가지지 않는다고 본다. 이 선들 간에는 어떤 객관적 서열도 존재하지 않으며, 모두가 우선적으로 가장 중요하다. 그의 7가지 선 개념은 토마스 아퀴나스의 자연법을 반영한 것이다. 인간 생명의 자기보존 법칙, 남녀의 결합과 아이 양육에 대한 문제, 지식의 문제로서 실천적 합당성을 추구하고 실천적 비합당성을 피하는 문제는 보편적으로 인류 전체가 당면하는 문제다(적극적 보편성 테제). 이는 보편적인 사물의 질서에 해당하는 것으로, 논증할 필요가 없는 자명한 것이다. 피니스는 7가지의 실천적 합당성을 구성하는 원리들이 바로 제1의 실질(primary substance) 개념이라고 본다. 피니스의 자연법적 내재성은 실질적 문제와 연관된다. 실천적 합당성 이외의 6가지 기본적 선의 요소들은 실천적 합당성을 위해 고려되어야 하는 실질적인 필요조건들이다. 피니스에 따르면 법은 도덕적 의무를 부여하기 위한 필요조건으로서 실천적 합당성을 고려하지 못할 경우 결함이 생긴다. 그의 자연법이 약한 의미의 자연법 논제라고 불리는 것

---

47 Finnis, *Natural Law and Natural Rights,* p. 16 이하.

은 이 기본적 선의 실질을 내재하지 못할 경우다.[48]

그는 실질적인 의미에서 자연법을 위해 포이에테스에게 마치 수행자의 계율처럼 실천적 합당성을 위한 9가지를 지킬 것을 권유한다.[49] 삶을 위해 조리 있는 계획을 세울 것, 기본적 가치들을 무시하거나 임의로 줄이거나 과장하지 않을 것, 사람들을 차별 없이 대할 것, 특정한 일에 집착해 공평함을 잃지 말 것, 매사에 헌신하되 광신적이거나 경솔하게 포기하지 않을 것, 효율성을 살피면서 결과를 고려할 것, 어느 행위에서든 모든 기본적 가치들을 존중할 것, 자신이 속한 사회의 공동선에 기여할 것, 양심의 성찰에 따를 것 등이 그것이다. 라즈는 피니스의 이러한 자연법 사상을 "가치에 근거한 실천이성의 설명(a value-based account of practical reasons)"[50]이라고 했다. 피니스는 『자연법과 자연권(*Natural Law and Natural Rights*)』을 쓰기 전 15년 가까이 그리세즈(Germain Grisez)의 영향을 받았다. 흄이 존재와 당위의 분리를 주장한 것처럼 아리스토텔레스와 아퀴나스도 당위는 존재로부터 도출되지 않는다고 주장했다. 피니스의 약한 자연법 테제는 시인의 코기토에 실질적인 도덕적 수행 조건을 단, 법실증주의에 가까이 다가서는 것인 듯하다.

자연법 원리들은 실정법이 자연법 원리로부터 연역될 수 없을 때조차도 자명하게—가장 완전한 의미에서—실정법에 구속력(the

48 피니스는 아퀴나스 자연법론의 전문연구가로서 아퀴나스의 자연법 테제가 강한 자연법 테제가 아니라 약한 자연법 테제라고 주장한다. "전제적인 법은 이성을 따르지 않기 때문에 단적으로 법이 아니라 오히려 법의 왜곡이다." 법의 효력에 관해서는 아퀴나스, 『신학대전 28 법』 중 제92문 1절 4, p. 79.

49 Finnis, *Natural Law and Natural Rights,* 제5장 참고.

50 J. Raz, "Value: A Menu of Questions," in J. Keown and R. P. George (eds.), *Reason, Morality and Law: The Philosophy of John Finnis* (Oxford University Press, 2013).

obligatory force)을 부여한다.[51] 그러나 법과 법적 의무의 설명이라는 맥락에서 자연법 원리에 대한 주목은 특정한 실정법률에 관해 근본적으로 결함이 있어도 정당화된다. 즉, 정확하게는 법률이 자연법 원칙에 부합하지 않을 수도 있다. 그것은 법률가라는 포이에테스의 수용 문제일 따름이다. 자연법 원리의 위상 역시 존재의 영역을 떠나 자명하다는 그의 전제는 법실증주의적 뉘앙스를 풍긴다.

피니스의 주장에 따르면, "자연법 원칙들은 어떤 역사성을 가지지 않는다(principles of natural law … have no history)." 그는 그럼에도 자연법 원칙들은 존재한다고 주장한다. 마치 수학적 원칙이 유효한(hold good) 성격을 가지는 것처럼, 자연법 원칙들은 역사성을 가지지 않기 때문에 법이 효력이 있는지 없는지의 차원에서만 논의될 뿐이다. 피니스의 약한 자연법 테제는 자명성 테제의 수용 문제이기 때문에 포이에테스에 의존적이다. 그는 실천적 합당성의 기본 원칙들이 자명하다고 본 것이다. 피니스는 아퀴나스의 적극적 보편성 테제에 따라 자연법의 첫 번째 원리들은 숙고적(speculative) 원리들로부터 추론될 수 없다고 보았다. 즉, 그 원리들은 사실로부터 추론될 수 없다. 인간본성, 선악의 본성, 인간의 기능에 대한 형이상학적 명제로부터도 추론될 수 없다. 또한 신학적 자연개념이나 기타 다른 어떤 자연개념으로부터도 추론될 수 없다. 원리는 그 어떤 것으로부터 추론되는 것이 아니며, 내재한 것도 아니다. 자연법 테제의 내재적 위상 자체가 자명하다는 피니스의 주장은 어떤 의미를 지니는가? 이는 마치 아이가 손에 좋은 것을 가지고 왜 그것이 내 것인지 말할 수 없다고 하는 것과 같다. 바르트는 이

51 Finnis, *Natural Law and Natural Rights*, pp. 23-24.

런 주장을 실증주의의 한 유형으로 보았다.

서사적 자연법

> 어떤 법이론이 사법적 의무에 대한 하나의 토대를 제공할 수 있으려면, 그 이론이 제시하는 원리들을 그 이론을 갖고 있는 법률가의 견해 속에서 그 정착된 규칙들을 사실상 지지하는 공동체의 정치적, 도덕적 관심과 전통을 확인함으로써 그 규칙들을 정당화하려고 노력해야 한다.[52]

도덕적 원리가 법이 되고, 실제로 법적 실무의 과정에서 법률들을 지지하는 근거로 작용한다. 드워킨은 법실증주의적 사유는 폐기되어야 한다고 보았다. 우리는 자연법의 내재적 위상을 드워킨의 통합성(integrity)이라는 도덕원리에서 발견한다. 탁월한 시인 헤라클레스는 이 원리를 통해 '구성적 법해석'을 주도한다. 드워킨은 실정법에 내재된 원리(principle)를 통해 새로운 법존재론적 토대(neo-ontological basis)를 보여 주었다. 법철학은 "사법부의 총론"이라는 드워킨의 말은 법실무의 법적 논증 과정에 자연법이 내재한다는 주장을 의미한다. 그의 탁월한 저서 『법의 제국』은 법규칙 이외에 법원리 역시 법에 내재되어 연작드라마(chain novel)를 써내려 가는 창조적 포이에시스적 활동이자, 정치적 권리를 주장하는 배경임을 밝히고 있다.

---

52 로널드 드워킨, 『법과 권리』, 염수균 옮김(한길사, 2010), p. 163.

그에게 법은 해석의 산물이다. 법적 서사의 메타포로 사용되는 '연작드라마'는 플롯의 시간적 은유일 뿐만 아니라 미메시스적 선례구속의 원리를 함의하기도 한다. 카타르시스적 민주적 정당성도 이 연작드라마의 메타포로부터 읽힌다. 드워킨의 '통합성(integrity)'으로서의 법 관념은 과거 법과의 일관성을 추구하면서 최선의 대답을 찾는 '정답 테제'다. 헤라클레스의 해석적 태도는 자신의 공동체를 대표해 공동체의 일관성 있는 도덕의 표현으로서 법을 산출한다. 통합성으로서의 법 관념은 과거 국가 강제력의 결과로 법실증주의적 법관념에 머물지 않으면서, 또 미래의 '의제(as-if)-법관념'으로서의 실용주의적 법관념까지 포용하는 현재 시점의 법관념이다. 드워킨의 사유 전략은 아우구스티누스의 3분법적 시간개념을 연상시킨다. 이러한 창조적 해석으로서의 구성적 해석은 3가지 단계를 거친다.[53] 첫 번째는 전-해석적(pre-interpretative) 단계로서 사안에 적용할 과거의 입법을 찾는 단계(부합의 단계)이고, 두 번째는 해석적 단계로서 적용할 법조문이 이 사안을 전체적으로 정당화해 주는지를 고찰하는 단계(정당화의 단계)다. 마지막은 후해석적 단계로서(개정의 단계) 만일 법조문이 해당 사안을 정당화하지 못했다면 법관은 개혁의 단계로 나아간다. 나치 시대의 법들은 두 번째 정당화 단계를 극복하지 못함으로써 구성적 해석에 실패했다.

드워킨에게 통합성이라는 법원리는 공동체를 유지하는 도덕성이다. 그는 이를 형제애(fraternity)라는 연대성으로 말한다.

자유는 평등 없이도, 또 평등은 자유 없이도 존재할 수 있다. 그러나

53 R. Dworkin, *Law's Empire* (Harvard University Press, 2008), 2장과 7장 참조.

> 평등 없는 자유는 불평등을 심화시키고 폭정을 유발하는 한편, 자유 없는 평등은 자유를 억압하고 끝내 그것을 말살시키고 만다. 형제애는 그 둘을 이어 주는 고리이고 그것들을 인간화하고 조화시키는 덕성이다. 그 형제애의 다른 이름은 … 고대의 자비라는 말을 근대적으로 변용시킨 유대(紐帶)라는 말이다.[54]

드워킨의 법철학은 우리의 삶이 언제나 해석적인 특징을 가진다는 점에 의존한다. 그래서 법적 논증 과정 역시 언제나 해석적 논증 과정이다. 그에게 해석적 논증은 도덕성이라는 자연법의 내재적 가치를 실현하는 과정과 동일하다. 도덕적 원리를 동원하지 않고 우리는 어떻게 법의 옷을 걸칠 수 있는가?

박은정의 법시학

박은정은 자연법을 헌법 안에 내재된 규범목록으로 보지 않고, 일종의 법적 '사유양식'으로 보았다. 박은정은 로베르트 슈패만(Robert Spaemann)의 글을 통해 "자연법은 규범목록이 아니라 법적 행위의 타당성을 다시 한번 비판적으로 검토하는 '사유양식'"[55]이라고 보았다. 자연법의 존재양식을 '사유양식'으로 파악하는 박은정의 자연법론은 포이에시스적 관심과 프락시스적 관점을 모두 수용한 것이다. 박은정은

54 Dworkin, *Law's Empire*, p. 337.

55 박은정, 『자연법의 문제들』, p. 16.

자연법적 논의를 "실정법이 위탁한 과제"라는 전제에서 출발하면서, 자연법을 실정법과의 연관성에서 파악한다. 박은정의 관점에서 철저하게 실정법을 비판하고 감시하는 자연법적 존재양식은 "자연법에 대립되는 것은 실정법이 아니다."라는 주장처럼, 오히려 "실정법률의 외관을 띤 비도덕적이고 자의적인 법"인 '법률적 불법'이 자연법에 반대되는 것이라고 볼 수 있다. 자연법이 법인지 아닌지의 법개념적 논의에서는 이미 실정법에 내재된 내용이 그 비판대상이 될 것이다. 그런데 실정법에 내재된 내용에 대한 비판적 사유양식이란 이미 실정법적 논의의 연장선에 있는 것인데, 굳이 그것을 자연법이라고 할 이유는 어디에 있는가? 박은정은 자연법의 이데올로기나 자연법의 종교화 현상을 우려하면서 실정법에 내재된 자연법의 위상은 분명 규범의 목록화가 아니라고 주장했다. 즉, 비록 헌법 제10조의 '인간 존엄성' 규정처럼 실정법과 같은 형식적 양식으로 자연법이 확인 가능하지만, 그 존재 방식은 '사유양식'이지 실정법률의 규범목록 같은 양식으로 존재하는 것은 아닌 것이다.[56]

박은정이 밝힌 실정법에 내재하는 자연법에 대한 논의를 위해 슈패만의 '사유양식'으로서의 자연법이라는 테제를 구체적으로 들여다보면 다음과 같다. 첫째, 자연법은 실정법과 분리해 논의될 수 없다. 자연법 철학의 가능성은 언제나 실정법과 연계되고, 실정법이 위탁한 과제로부터 그 임무가 주어진다. 자연법의 임무는 마치 실정법이 "인간에 의한 인간의 억압이나 파괴로 끝나지 않도록 돌보는 일"과 같은 성

---

56 자연법의 실정법규범 목록화의 우려는 자연법의 이데올로기나 자연법의 종교화 논쟁이라는 현상으로, 바람직하지 않다. 박은정, 『자연법의 문제들』, p. 13 이하 및 p. 20 참조.

격을 지닌다. 둘째, 결국 사유양식으로서의 자연법적 존재양식이란 적극적으로는 법개념을 규정하는 일에서의 목적개념으로서, 소극적으로는 법의 해석과 논증 과정에서 불법을 회피하도록 하는 것으로서 역할한다. 셋째, 자연법은 법의 효력에 있어 방향을 설정해 주는 기준의 역할을 한다. 이는 실정법의 내재성으로서의 자연법이 가지는 미래지향적 성격을 의미한다.[57]

사유양식으로서 자연법이 가지는 위상이 실천적 프락시스와 연관되는 지점은 법해석에 있어 법의 개념적 차원, 법의 효력적 차원 이외에 법의 이념적 차원에서도 발생한다. 그러나 박은정은 법의 해석 과정에서 자연법을 법의 흠결을 보충하는 협소한 역할로 축소해서는 안 된다고 분명하게 주장한다. 그럴 경우 자연법은 "법실증주의의 관철을 의미할 뿐"이라는 비판이다.[58] 자연법은 실천을 위한 보편이론이다. 자연법의 내재성은 실정법의 정당성에 대한 비판적 '사유양식'으로서 파악되지만, 자연법은 '실천철학의 복권'이라는 점에 더 방점이 놓인다.[59] 즉, 법의 올바름에 대한 법의 이념성은 언제나 법률가에게 '깨어 있는 자'로서의 주체적 자각을 명령한다.

이처럼 올바른 법으로 가는 도상에서 자연법의 내재적 위상은 결국 포이에시스와 프락시스의 결합이라는 점이 잘 밝혀졌다. 둘의 연관성은 특히 과거와 미래 사이에 낀 사유의 긴장 속에서 파악되는데, 알렉산더 홀러바흐의 다음과 같은 말은 이를 잘 반영하고 있다. "인간의

57 박은정, 『자연법의 문제들』, pp. 17-18 참조.

58 박은정, 『자연법사상』, p. 174.

59 박은정의 초기 저서는 『자연법사상: 실천을 위한 보편이론』이었다.

윤리적 법적 자기형성 및 세계형성을 위한 방향과 원칙을 제시해 보임으로써 존재와 의식, 이미 주어진 것(Vorgegebenen)과 과제로 주어진 것(Aufgegebenen) 사이의 긴장 가운데서 '정신-자연'과 '역사'의 형이상학적 뒤섞임을 추구할 수밖에 없는 것이다."[60] 법적 사유의 긴장 속에서 실정법이 자연법의 내재성을 부인한 경우를 찾아내는 것은 어렵지 않다. 하지만 인류가 지속되는 한, "자연개념은 완결된 형식을 가지는 것이 아니라, 채워 나가는 구성적 성격을 가지기 때문에 그 규범적 속성은 가변적이지만 비자의적일 것을 요청받는다."[61]

하나의 실례를 통해 박은정의 프락시스에 방점이 두어지는 이유를 밝히면서 이 글을 마치고자 한다. 현대사에서 자연법적 사유의 중요성을 인류가 놓칠 경우 어떤 끔찍한 일들이 발생하는지를 무엇보다 '홀로코스트'와 '유신헌법'이라는 "헌법적 불법"[62]과 긴급조치가 증명해 주었다. 홀로코스트 같은 결과를 인류가 직면해서는 안 되는 이유를 나치 시대 독일에서의 '일상사(Alltagsgeschichte)' 연구 중 하나로 손꼽히는 빅토르 프랑클(Viktor E. Frankel)의 『죽음의 수용소에서』(1946)[63]라는 작품을 통해 설명하면서 이 글의 논의를 끝내고자 한다. 프랑클은 이 책에서 인간이 어떻게 인간성을 잃어 가는지를 심리학자이자 정

---

60 알렉산더 홀러바흐, 『法哲學과 法史學』, 최종고·박은정 옮김(삼영사, 1984), p. 48.

61 박은정, 『자연법사상』, p. 22.

62 이재승, 「긴급조치의 청산법리」, 『민주법학』 제71권(2019), p. 14.

63 Viktor Emil Frankl, 『죽음의 수용소에서: 人間의 意味探究』, 정태시 옮김(제일출판사, 1969); 빅터 프랭클, 『죽음의 수용소에서』, 이시형 옮김(청아출판사, 2005). 이 작품은 홀로코스트의 일상사를 구현한 작품이라는 평가를 받고 있다. 프랑클은 서문에서 이 책은 "강제수용소에서의 일상이 평범한 수감자들의 마음에 어떻게 반영되었을까 하는 질문에 답하기 위해 쓴 것이다."라고 밝히고 있다.

신과 의사의 관점에서 기록했다. 프랑클은 아우슈비츠의 생존자로서 회고록을 썼고, 아직도 홀로코스트를 말할 때 이 작품은 중요한 저서로 거론된다. 우리는 굳이 문학작품이 아니더라도 홀로코스트를 확인할 공공문서나 역사적 사료, 개인적 증언 등 다양한 양식의 자료가 있다. 그러나 프랑클은 강제수용소에 들어가기 전에 이미 로고테라피(Logotheraphy)라는 심리치료 분야를 개척한 창시자다. 그는 수용소에서 사람들이 어떻게 강제노동과 영양실조, 그리고 기아로 죽어 갔는지를 기록하고 있다. 이 글은 인간이라는 생명체의 소멸 과정이라기보다는, 어떻게 "존엄성과 인권을 가진 인격적 존재로서 소멸해갔는지의 기록, 이른바 탈인간화 과정에 대한 기록이다."[64] 이 글이 우리에게 주는 교훈은 탈인간화의 과정이 '비일상성의 일상화'라는 데 있다. 예컨대 반복되는 죽음을 목격한 수감자들에게 죽음을 두려워하면서 죽음에 초연해지는 현상이 발생했다.

자연법의 법적 실무 및 사법적 적용 가능성까지 타진하는 박은정의 자연법론은 '이론의 실천지향성', '삶의 총체성에 대한 의식'으로 실천이성을 회복하려 한 점에서 프락시스적 관점과 연관된다. 결국 "법사고에서 윤리적 실천적 기능을 하는 자연법의 복권(은) (…) '인간이 된다는 것'에 어울리지 않는 모든 비열하고 비인간적인 생활 관계로부터 벗어"나기 위함이다. 그것이 자연법의 과제이자 그녀의 포이에시스와 프락시스의 '법시학'이다.

64 최성철, 「신문화사로서 홀로코스트 문학」, 『독일연구』 제46권(2021), pp. 116-117.

5

정의의 예술: 정의의 여신, 소녀, 빈 의자*

박지윤

정의의 상과 이미지

정의의 상(像)은 왜 있는 것일까. 정의가 무엇인지에 대해서는 많은 이론과 그만큼 복잡한 내용이 있다. 그런데 사람들은 정의에 대한 이론들은 잘 몰라도 정의가 무엇인지에 대해서는 나름의 상을 가지고 있다. 정의의 상은 한번 보는 것만으로도 사람들이 정의에 대해 공통적으로 생각하고 또 바라는 바가 무엇인지를 전달해 준다. 정의와 관련된 이상적인 상징물을 압축적으로 드러내 주기 때문이다.

그러면 정의에 대한 상징물을 한번 떠올려 보자. 무엇이 있을까? 대표적으로 칼과 저울, 법전 등이 있고, 이것들을 들고 있는 정의의 여신도 있다. 신화가 사라지고 법과 종교가 분리된 현대에도 정의에 대

---

* 이 글은 2020년 법과사회이론학회 <이야기, 이미지 그리고 법: 법학과 인문학의 만남>(1.30)에서 발표되었고, 박지윤, 「정의의 여신상과 소녀상: 정의의 이미지에 대한 시론」, 『법과사회』 제63권(2020), pp. 25-49를 수정 및 보완한 것이다.

한 상으로 가장 쉽게 떠오르는 것은 정의를 수호하는 여신의 상이다. 그런데 우리의 머릿속에 떠오른 여신의 얼굴을 다시 들여다보자. 그 무표정한 얼굴은 누구의 모습을 닮아 있는 것일까?

서구 근대법을 계수하는 과정에서 우리 사회는 법만 받아들인 것이 아니라 법에 대한 상징물도 함께 받아들였다. 그런데 법이든, 그에 대한 상징물이든 외부로부터 받아들여 쓰기만 하면 되는 것일까. 그렇지는 않을 것이다. 법은 발생한 문제를 환경과 상황에 맞추어 해결하는 과정에서 사람들의 사고와 열망과 실천을 통해 만들어졌고, 또 새롭게 만들어 갈 수 있는 것이다.

그런 점에서 서구에서 들여온 정의의 여신상이 아닌, 우리가 오늘날까지 만들어 온 정의의 상에 대해 다시 생각해 볼 필요가 있다. 물론 한국을 비롯한 아시아에도 전통적인 정의의 상징은 있다. 그리고 여기에 더해 서구의 정의의 여신상과 비슷한 상을 만들어 낸 적도 있다. 동양적인 면모를 갖춘 관음보살상이나 선녀의 모습을 한 여신상이 그 예다. 하지만 그것이 서구의 정의의 여신상처럼 특정한 위치를 점하고 있는지에 대해서는 별도의 논의가 필요할 것 같다. 우리에게 친숙한 것은 여전히 서구에서 들여온 정의의 여신상의 모습이기 때문이다. 이 글에서는 정의의 여신상과 정의에 대한 이미지가 변화하고 흩어지고 응집되는 양상에 주목하고자 한다. 이를 통해 외부로부터 주어진 정의를 수용하는 것에 그치지 않고, 지금 현재 어떤 정의의 이미지를 말하며 정의를 만들어가고 있는지를 생각해 볼 것이다.

정의의 이미지는 어떻게 만들어지는가

법의 이미지와 법에 대한 사유

이미지(image)의 어원은 아이콘(eikon), 원본을 둔 모상을 의미하는 아이돌론(eidolon), 판타스마(phantasma), 이마고(imago) 등으로 나눠 볼 수 있다.[1] 오늘날, 이미지는 한마디로 정의하기 어려운 용어다. 이미지는 상상 속의 비현실적인 가상으로 정의되기도 하고, 추상적인 관념의 확장으로 해석되거나 기억에 의해 고정된 직관과 상상력을 통한 변형적 표현으로 생각되기도 하며, 넓게는 인간의 모든 감각적 직관이 작용한 모든 표현으로 정의되기도 한다.[2]

그런데 법의 영역에서 이미지란 왜 중요한 것일까. 그에 대해서는 다양한 접근이 있을 수 있겠지만 여기에서는 아래와 같은 측면으로 요약해 보고자 한다. 첫째, 법의 이미지는 이상적인 법에 대한 심상을 떠오르게 하는 동시에, 그것의 복사물인 법의 형상이 어떻게 나타나는지 확인할 수 있게 한다. 둘째, 법의 이미지는 기존의 법개념으로 표현되지 않는 관념을 드러냄으로써 법에 대한 관념을 확장시킨다. 셋째, 법의 이미지는 기억을 통해 전달되는 고정된 직관적 표현으로서의 법의 양상과 상상력을 통한 이의 변형을 고찰하도록 한다. 넷째, 법의 이미지는 감각적 직관이 작용하는 표현이라는 점에서 법에 대한 사유에 이성적 접근뿐 아니라 감각적 접근을 가능하게 한다.

---

1 이수안, 『이미지 문화사회학: 포스트젠더와 탈경계의 이론적 상상』(북코리아, 2012), p. 3; 이미지의 유형에 대한 설명으로는 유평근·진형준, 『이미지』(살림, 2001), pp. 22-23.

2 이수안, 『이미지 문화사회학』, p. 33.

전통적인 서구 사상에서 사유는 내적 이미지를 만들어 내는 과정의 하나로 여겨졌다. 그러나 서구 사상의 전통에서만 그런 것은 아니다. 인간의 유기체적 몸을 매개로 한 내적 이미지의 제작은 외적 이미지로 나타나는 여러 가지 사물을 제작할 수 있는 바탕이 된다. 매우 복잡한 이야기를 꺼내고 있는 것처럼 보이지만 이 글이 전달하고자 하는 바는 사실 간단하다. 이 글은 정의의 이미지를 매개물 삼아 우리의 몸 안팎에서 작동하고 있는 법적 역량의 소재들을 재확인하려 한다. 그러기 위해서는 이것들을 어떤 이름으로 부를 수 있는지부터 알아보아야 할 것이다.

소녀상의 이미지 수사(修辭)

지난 2019년 일본에서 열린 아이치(愛知)트리엔날레에서는 〈표현의 부자유전, 그 후〉라는 특별기획전시가 준비되었다. 이 전시에서는 예술 검열사건으로 유명해진 여러 작품이 전시될 예정이었는데, 이 중 한국의 '평화의 소녀상'이 처음으로 일본의 공공미술관에 전시될 계획이어서 많은 관심을 받게 되었다. 그러나 전시는 3일 만에 중단되었고 다시 전시가 재개되기까지 크고 작은 갈등이 발생했다. 흥미로운 지점은 그 해 트리엔날레의 대주제가 '정(情)의 시대(Taming Y/Our Passion)'였다는 것이다. 아이치트리엔날레 홈페이지에 게재되었던 츠다 다이스케 감독의 글을 직접 살펴보자.

> 현재, 세계는 공통의 고민을 안고 있다. 그 근원에는 앞날이 보이지 않으며 자신들이 위험에 노출되어 있는 것이 아닌가 하는 불안감에 있다. '모른다'는 것은 사람을 불안하게 만들어, 본래 회색인 것을 흑

또는 백으로 분명히 구분 짓는 것이 합리적이라고 생각하는 사람들이 많아지게 한다. 그 결과 세계를 대립의 축으로 생각하게 되는 것이다.

그러나 인간은 지키고 싶은 전통과 이념이 달라도, 합리적인 선택을 하지 않는다고 해도, 어려움에 처해 있는 타인에게 주저 없이 손을 뻗어 공동체로 살아갈 수 있는 생물이다. 지금, 인류가 직면한 문제의 원인은 '정(情)'(불안한 감정이나 그것을 선동하는 정보)에 있지만, 그것을 타파하는 것 또한 '정(情)'(인정, 배려)인 것이다. '아트'의 어원에는 라틴어 '아르스'와 그리스어 '테크네'가 있다. 이 단어들은 예부터 '고전에 기초한 교양과 작법을 구사하는 기예'를 일반적으로 의미하고 있다. 우리들은 '정'으로 '정'을 길들이는 '기술'을 익혀야 한다. 본디 그것이야말로 '예술'이 아닐까. '기술'로 일본의 제조 산업을 리드하고 도시와 지방의 특색을 동시에 갖추고 있는 '아이치'를 무대로 다양한 대립축의 중간을 생각하며, '아트' 본래의 영역을 되찾으려 한다.[3]

기획 의도에서 언급한 것처럼, 아이치트리엔날레의 전시중단 결정과 전시재개 과정은 '한 사회의 정(情)의 상태와 그것을 길들이는 기술로서의 예술'의 작동 방식을 드러낸다. 이때의 예술은 예술작품만이 아니라 그 결과물을 만들어 내는 제작적 작동 방식을 포괄한다. 예술을 이렇게 폭넓게 이해하면 결과물에만 치중하지 않고, 드러나지 않는 상호과정까지도 예술로 포착할 수 있게 된다. 예술에 대한 이와 같은 이해가 전혀 새로운 것은 아니다. 오히려 여기에서 중요한 것은 예술이

3 츠다 다이스케, 아이치트리엔날레 공식 홈페이지에 수정 게재된 콘셉트 전문, https://aichitriennale2010-2019.jp/ko/about/concept.html.

란 무엇이며, 그래서 예술작품이 전시되느냐 마느냐 하는 일률적인 제시나 결정에 국한되지 않는다. 우리가 주목해야 할 지점은 예술작품을 매개로 제시되는 이미지 수사에 해당 사회가 어떻게 대응하고 있는지다. 이미지는 특정한 메시지를 전달하거나 지지하는 한 수사학의 대상이 될 수 있으며, 다른 사람들이 이미지를 의미 있는 것으로 이해할 수 있도록 이미지 기호 간의 결합을 가능케 하는 코드와 규칙을 이용한다.[4] 나아가 이것을 이용해 대상을 설득하려는 과정에서 특정한 사안에 대한 암묵적 판단으로서의 통합적 감정이 형성된다. 정의의 상을 매개로 제시되는 다양한 양상이 어떻게 수용되고 거부되며 등장하는지를 살펴보아야 할 이유가 바로 여기에 있는 것이다.

법과 예술의 접점으로서의 아르스

예술작품을 매개로 한 법에 대한 이미지의 수사학이 가능하기 위해서는 법과 예술이 접점을 가져야만 한다. 그런데 이 둘의 공통점이 있기나 한 걸까? 이 접점을 오늘날 예술을 뜻하는 영어 art의 어원이 되는 라틴어 ars(이하 아르스)에서 찾을 수 있다. 아르스는 기술, 기예, 학술, 예술 등으로 번역된다. 특히 히포크라테스의 저작이라고 알려진 『아포리즘(*aphorism*)』의 첫 문구로 우리에게 익숙하다. "Ars longa, vita brevis."는 흔히 "예술은 길고, 인생은 짧다."로 번역되지만 뒤따르는 전문을 보면 "기회는 순식간이고, 경험은 위험을 내포하며, 판단은 어렵다."라는 내용을 가지고 있다. 이렇게 보면 아르스는 단순히 예술에 국한된 용어가 아님을 알 수 있다. 오히려 '불확실한 상황에서 문제를

4 요아힘 크나페, 『현대수사학』, 김종영·홍설영 옮김(진성북스, 2019), pp. 298-299.

해결하기 위한 실천적 판단의 핵심적 요소'를 일컫는 것이다. 이러한 측면에서 인간이 만들어 내는 법 같은 실천적인 분야에도 기예-학술-예술이 담당하는 제작의 영역이 있는 것으로 여겨졌다. 마찬가지로 법조문을 실천적·학술적으로 이해하는 것은 전통적으로도 법의 아르스(ars juris), 즉 법술(法術)로 나타난 바 있다. 이처럼 아르스는 예술의 어원이면서 법과도 관련을 맺고 있다.[5]

법과 예술의 접점을 아르스를 통해 살펴보면 법을 수행하는 참여자와 법에 의한 실천적 상호제작의 의미가 잘 드러난다. 인간은 법을 제작하면서 자신과 타인 그리고 공동체의 삶을 만들어 간다. 마치 예술가가 예술작품을 만들면서 예술가로서의 자신을 만들어 가듯이, 우리는 법을 만들고 사용함으로써 법으로 살아가는 삶을 만들어 간다. 예술가의 예술작품이 그가 죽은 다음에도 남아 영향을 미치고 다른 예술가가 그의 기법을 탐구하면서 예술이 이어져 가듯이, 또 연설가가 수사의 기법을 연구하고 그것을 전달함으로써 수사학이 이어져 가듯이, 법의 아르스는 우리가 죽은 다음에도 다른 사람의 몸에 남아 이를 매개로 사람들의 삶에 영향을 미친다. 법에서 아르스를 강조하게 되면 법에 대한 결과물뿐만 아니라 그것을 끊임없이 생성하고 작동하는 제작 방식의 중요성을 알릴 수 있게 된다. 이렇게 보면 실정법과 그에 대한 해석, 논리, 추론뿐만 아니라 법학, 가령 법도그마틱스나 학설, 법리, 법이론 등도 아르스에 의한 작품이 된다. 예술가가 작품을 만들면서 미적 경험을 생성하는 것처럼, 인간은 법을 가지고 결과물을 만들어 가면서 정의로운 경험과 삶의 가능성을 생성하려 하는 것이다.

---

5 박지윤, 「아르스로서의 법적 판단」(이화여자대학교 박사학위논문, 2016), pp. 51-74.

정의의 여신상과 오늘날 정의의 상

이제 우리는 정의의 이미지를 매개로 제시되는 설득의 예술에 우리 사회가 어떻게 대응하고 있는지 살펴보려고 한다. 정의의 상으로 가장 대표적인 것은 유스티치아 조각상이다. 이 조각상은 서구에서 시청이나 법원 등 공적인 공간에 세워져 있다. 조각은 다른 예술 분야와 달리 주변 그 자체로부터 하나의 복합적인 형태를 시각화하고, 새로운 공간을 제시하는 특징을 가지고 있다. 마찬가지로 정의의 상은 단지 공간을 꾸미고 전시하기 위한 것이 아니라, 정의를 사유하고 의미를 생성하는 장소를 마련한다는 점에서 의의가 있다.

> 정의의 여신상은 대체로 한 손에 저울, 한 손에 칼을 쥐고 눈을 안대로 가리고 있다. 그러나 자세히 관찰해 보면 작품마다 모양이 다르고, 느낌도 다르다. 어떤 것은 눈을 가리고 있고, 어떤 것은 눈을 뜨고 있고, 어떤 것은 졸고 있고, 어떤 것은 칼을 쳐들고 있고 어떤 것은 내리고 있고, 추상같이 무섭거나 화를 내고 있는 모습도 있고, 미소를 띠거나 아예 세상의 모든 불의에 체념한 듯 잠들어 있는 모습도 있다. 각 국가, 사회가 처해 있는 상황 속에서 정의의 모습을 알레고리컬 하게 표현했던 것이다. 이것이야말로 법률가나 법학자가 할 수 없는 예술가의 독특한 센스와 특권이라고 할 것이다.[6]

여기에서 저울, 칼, 법전 같은 것은 정의의 상징물이다. 그리고 여

6 최종고, 『법상징학이란 무엇인가』(아카넷, 2000), p. 96.

성의 모습을 한 조각상이 저울이나 칼, 법전 같은 정의의 상징물을 어떻게 가지고 있는지에 따라 관람자는 정의의 상을 판별할 수 있게 된다. 알레고리는 구체적인 사물을 통한 비유로 추상적이고 복잡한 개념을 표현하는 방법이다. 정의의 알레고리는 법적 관념인 정의를 사람의 모습으로 시각화해 정의의 속성을 나타내는 상징물과 결합시킨다. 알레고리는 조각상의 특정한 동작이나 자세, 표정, 장치 등을 동원해 관람자에게 풍부한 시각적 이미지를 불러일으키면서 특정한 메시지를 전달한다. 상징이나 알레고리 모두 추상적인 것을 구체적으로 표현한다는 점에서는 동일하다고 할 수 있다. 그러나 상징이 정의에 대한 이미지와 관념을 상상으로 연결하는 방법이라면, 알레고리는 다른 것을 말함으로써 본래의 의미를 전달하고자 할 때 나타나는 것이다.

정의에 대한 알레고리의 변화는 그 시대의 정의에 대한 사회적 관념을 반영한다. 이러한 관점에서 그간 한국의 대표적인 정의의 여신상을 보면 정의에 대한 다양한 상징이나 알레고리가 나타나기보다는 법전, 저울 또는 칼을 들고 있는 정적인 모습을 하고 있다. 우리 사회에도 전통적인 정의의 상징물이나 작가에 의한 정의의 여신상이 없는 것은 아니었다. 그럼에도 대부분의 모습은 서구로부터 계수된 것으로, 예술가나 시민에게 강력한 심상으로 스며들어 다시 창조되었다기보다는 외부로부터 주어진 것에 머무르고 있었다고 할 수 있을 것이다.

새로운 여인상의 등장

전통적인 정의의 여신상에서 여신은 자신의 아래에서 일어나는 인간의 일을 형량하고 법에 따라 판단하며 검을 휘둘러 벌을 부과하는 심판자의 모습으로 표현된다. 그런데 최근에 나타나는 여성상은 기존의 질서에 저항하며 새로운 정의를 주창하는 인간의 모습으로 나타난다.

먼저, 미국 뉴욕에 있는 '두려움 없는 소녀상(fearless girl)'을 떠올려 보자. 이 소녀상은 '스테이트 스트리트 글로벌 어드바이저(State Street Global Advisor)'라는 투자자문회사의 의뢰로 설치되었으며, 한 달 정도의 임시전시로 기획되었다. 그러나 이것은 시민들의 큰 반향을 불러일으키면서 자리를 옮겨 연장전시를 하기로 결정되었다. 이 소녀상은 조각가 크리스틴 비스발의 작품으로 2017년 3월 8일 세계 여성의 날을 기념하기 위해 미국 뉴욕 금융가 월스트리트의 황소상(Charging Bull) 앞에 세워졌다. 황소상은 미국의 경제침체기 극복을 떠올리게 하는 상징물로, 뿔과 힘의 강조는 남성 중심적인 미국 경제계를 대변하는 것으로 읽히기도 한다. 이에 맞서 소녀는 머리카락과 치마가 바람에 흩날리는 가운데, 두 손을 허리에 얹고 당당하게 고개를 들고 있다. 그에 걸맞게 아래에는 "여성 지도력의 힘을 알아라. 그녀는 차이를 만들 것이다."라는 문구가 새겨져 있다. 이 상은 원래의 위치와 다른 곳에 다시 세워졌으며, 때에 따라 다양한 장치를 활용하고 있다. '두려움 없는 소녀상'은 승자독식 시스템에 새로운 가치를 부여할 여성적 가치의 필요성을 선언하고 있다.

다음으로는 홍콩의 자유의 여인상을 떠올려 볼 수 있다. 최근 홍콩에서는 범죄인 인도법(송환법)을 반대하면서 중국으로부터의 해방을 요구하는 시위가 계속되고 있다. 이 가운데 '자유의 여인상'이 각 주요지에 등장했고, 지난 10월 13일에는 홍콩의 사자산(Lion Rock) 정상에 3m 정도 높이의 자유의 여인상이 설치되었다. 방독면과 고글을 착용한 여인상은 우산과 함께 "홍콩 해방, 시대 혁명"이라는 구호가 적힌 깃발을 들고 있다. 이 여인상은 시위 도중 경찰의 총에 맞아 시력을 잃은 여성을 형상화한 것이다.

마지막으로 한국의 평화의 소녀상을 살펴보자. 평화의 소녀상은 '평화비'라는 기념비의 형태로 기획되었으나 최종적으로는 조각상으로 만들어졌다. 2011년 12월 4일 수요집회 1,000회를 맞아 일본 대사관 앞에 세워진 평화의 소녀상은, 2013년 9월 한 고등학교의 교정에 세워진 이래로 2014년에는 6개 지역에 놓이고 한중 평화의 소녀상 또한 생겨났으며, 2015년에는 대전, 울산, 전주, 청주, 강릉, 남해 등 10여 개의 지역에 생겨나면서 현재까지 국내에 102여 개, 국외에 10개의 상이 세워졌다. 위인의 영웅적인 업적을 기리기 위한 국가적 기념비가 아니라 민간과 시민을 중심으로 전국에 단일한 주제의 조형물이 세워진 것은 매우 이례적인 것으로 평가되고 있다.[7] 그러나 소녀상에 대한 평가는 현재 진행 중이다. 한편에서는 기억을 매개로 한 투쟁을 위해 당사자와 시민, 작가가 참여한 공동의 창작물이라는 찬사가 내려지고 있지만, 다른 한편으로는 국가의 폭력을 이분법적으로 재현하고 민족주의를 강화시키는, 고증이 불충분한 조형물이라는 비판이 동시에 가해지고 있기 때문이다.[8] 아래에서는 이러한 평가의 근거를 확인하기 위해 소녀상의 외형적 요소를 자세히 살펴보기로 한다.

소녀상의 이미지는 무엇을 말하는가

평화의 소녀상을 만든 김서경, 김운성 작가는 소녀상의 장치로 다음의

---

7 김진령, 「한국을 휩쓰는 평화의 소녀상 설립 열기」, 『내일을 여는 역사』 제61권 1호(2015), pp. 176-177.

8 윤지환, 「평화의 소녀상을 통해 형성된 위안부 기억의 경관과 상징성에 관한 연구」, 『대한지리학회지』 제54권 1호(2015), p. 52.

열두 가지를 들고 있다.[9] 소녀, 한복, 머리카락, 새, 뒤꿈치, 그림자, 나비, 빈 의자, 주먹, 얼굴, 평화비 글씨, 일본 대사관 앞이라는 장소가 그것이다. 먼저 소녀상은 열셋에서 열다섯 살 정도의 소녀가 한복 저고리와 치마를 입고 맨발로 의자에 앉거나 선 형태로 나타난다. 단발 머리카락은 일제에 의해 강제로 짧게 잘린 머리로 소녀에게 가해진 폭력을 뜻하며, 편히 땅을 딛고 있지 않은 맨발과 긴장된 뒤꿈치는 해소되지 않은 억울함과 불편함을 의미한다. 한편, 새는 자유, 해방, 평화의 상징이자 이승과 저승을 잇는 영매를 뜻하고, 나비는 이미 세상을 떠난 할머니들의 영혼을 위로하는 동시에 환생을 말하는 것이다. 소녀상의 그림자는 할머니의 모습으로 표현되는데, 이는 소녀가 할머니가 되기까지의 시간과 아픔을 뜻한다. 소녀상의 얼굴과 두 주먹은 고통과 감정을 넘은 초연한 의지를 나타내기 위해 기획되었으며, 빈자리는 세상을 떠난 사람들의 자리를 뜻하는 동시에 누구에게나 열린 자리로서 상이 바라보는 곳을 함께 바라볼 수 있도록 한다. 덧붙여 평화비로 시작한 소녀상에는 당사자였던 길원옥 할머니의 서체가 직접 담겨 있기도 하다.

소녀상에는 다양한 상징이 동원되고 있다. 소녀상에서 새, 나비, 그림자, 단발머리 등은 각각 가해진 폭력을 증언하고 정의의 실현 여부를 목격하고자 하는 소녀상에 구체적인 의미를 부여한다. 기존의 정의의 여신상이 법의 이념으로서의 정의를 제3자에 의한 심판으로부터 구하는 것과 달리, 소녀상은 자신의 몸으로 구해져야 할 권리를 증언

9 김서경·김운성, 『빈 의자에 새긴 약속: 평화의 소녀상 작가노트』(말, 2016), pp. 60-112.

함으로써 정의를 구하는 당사자의 모습으로 등장하고 있다. 기존의 정의의 여신상이 높은 단 위에 놓여 관람자를 내려다보는 것과는 달리, 소녀상은 대개 평지에 놓여 있으며 관람객의 친근한 접근을 허용한다.

김명희는 소녀상이 "가해자의 인권 침해 부인(denial)에 맞서, 피해자와 함께 시인(recognition)의 정치를 수행하는 공감적 청중과 진실의 재현 작업에 동참하는 수행집단을 확대해온 과정"이었다고 진단하면서, 그 문화적 외상에 대한 상징적 확장의 요인으로 한국 페미니즘 운동의 활성화와 지역을 단위로 한 시민운동의 성장을 꼽고 있다.[10] 그는 예술가에 의해 부여된 외상 서사에 시민들이 화답하면서 소녀상이 국가 주도의 기념비와는 달리, 개별적 서사와 고통에 응답하는 인격적이고 구체적인 형상으로 인지되었다고 긍정적으로 분석한다.[11]

그러나 한편으로 소녀상이 재현하는 이미지는 순수한 피해자의 모습을 상정해 개별적인 고통의 경험을 손쉽게 재현하는 것에 불과하다는 비판이 제기되기도 한다. 할 포스터는 예술가가 사람들의 자기-재현을 만드는 데 참여할 권위를 획득할 수 있다고 본다.[12] 그러나 재현이란 언제나 있는 그대로를 드러내는 것이 아니라 특정한 위치에서 시도되는 것으로서, 현실을 재생산하는 정치에의 참여를 동반한다. 소녀상에서 재현은 재현할 수 없는 당사자들의 경험을 재현하고자 하는 불능 속에서 시도된다. 그러나 거듭되는 재현의 실패 속에서도 소녀상이

10 김명희, 「일본군 '위안부' 운동과 시인(recognition)의 정치: 한국의 사회적 기억 공간을 중심으로」, 『한국 여성학』 제34권 3호(2018), pp. 116-127.

11 김명희, 「일본군 위안부 운동과 시인(recognition)의 정치」, p. 128.

12 H. Poster, *The Return of the Real: Art and Theory at the End of the Century The Avant-Garde at the End of the Century* (MIT Press, 1996), pp. 196-197.

하나의 이미지로 등장했을 때, 우리는 그것에 동참하는 것이 무엇을 의미하는지 다시 묻지 않을 수 없다.

소녀상을 둘러싼 논쟁

오늘날, 예술작품으로서의 소녀상이 가진 형식, 기법, 완성도, 사회적 의미 등을 둘러싸고 국내에서도 다양한 논쟁이 전개되고 있다. 소녀상은 한국에서도 논란의 중심에 있는 작품이다. 소녀상은 형식주의 비평의 측면에서 진부하다는 평가를 받기도 하고, '희생자 소녀'에 대한 선부른 공감을 촉구하는 것이 아니냐는 비판을 받기도 한다.[13] 반면 사회의 장에서 사회적 소수자의 입장을 대변하는 작품으로 새로운 공론장을 창출하고 있다는 평가도 있다.[14]

2016년에 있었던 '소녀상의 예술학'이라는 토론회에서는 소녀상을 두고 열띤 논쟁이 있었다.[15] 먼저 이태호는 소녀상이 식민주의와 군사문화, 자국중심주의, 지역중심주의, 남성중심주의 등 여러 문제로 확대되고 있다고 진단한다.[16] 그는 소녀상을 전쟁기념비의 한 형태로 보면서, 전쟁을 긍정적으로 보는 기념비, 전쟁을 재앙으로 보는 기념비, 전쟁에 대한 생각을 이끌어 내는 기념비 중 두 번째 유형에 속하는 것으로 보았다.[17]

---

13 김준기, 「표현의 자유와 동아시아 평화예술」, 『경기도 문화정책 포럼: 표현의 부자유 사건과 동아시아 평화예술』(경기문화재단, 2019), p. 7.

14 김준기, 「표현의 자유와 동아시아 평화예술」, p. 7.

15 서울문화재단, 「'평화의 소녀상'을 둘러싼 정치·사회·예술적 의미-소녀상의 예술학」, 『문화+서울』 110호(2016), pp. 32-37.

16 서울문화재단, 「'평화의 소녀상'을 둘러싼 정치·사회·예술적 의미-소녀상의 예술학」, p. 33.

반면, 이택광은 소녀상에 대해 '민족과 국가가 동일하지 않음을 보여 주는 사례'라고 지적한다. 그는 "국가가 합의해 주었는데 국민이 동의하지 않는다면 국가란 무엇인지에 대해 소녀상이 물음을 던지고 있다."라고 하면서 소녀상 옆에 여공상을 세워야 한다고 말했다.[18] 한편, 최범은 "소녀상의 재현 방식이 극단적인 이분법의 세계이자, 역사를 이해하는 올바른 방법이 아니"라는 점을 지적한다. 그는 소녀상이 위안부 문제를 민족의 문제로 한정시킴으로써 젠더와 계급의 문제를 은폐하고, 민족의 갈등으로 축소시킴으로써 '위안부'를 둘러싼 인권의 문제를 보편화하지 못한다고 보았다. 나아가 위안부에 가해진 역사적인 폭력을 예술이 재현할 수는 없다는 불가능성에 주목하면서 소녀상이 역사 인식의 왜곡을 촉발한다고 보고 있다.[19]

반면, 이태호를 비롯해 김준기는 소녀상이 '장소 특정적(site-specific)'으로 만들어졌으며 한국 대 일본이라는 국가주의적 상징투쟁의 장에서 이를 국가의 시민의 구도로 전환시키는 행동주의 예술작품이라고 긍정적으로 평가한다.[20] 그러나 이와 같은 견해에 대해 임근준은 개인이 만들고 민간이 주도해 세워졌다고 하더라도 소녀상에는 민족주의와 국가주의의 정치적 프로파간다가 작동하며, "집단주의적인 염원을 표현하고 대리하는 조형물"이기에 애초에 장소성이 작업에 필

17 서울문화재단, 「'평화의 소녀상'을 둘러싼 정치·사회·예술적 의미-소녀상의 예술학」, p. 33.

18 최범, 『한국 디자인과 문화의 전환』(안그라픽스, 2019), pp. 157-158.

19 최범, 『한국 디자인과 문화의 전환』, pp. 159-162.

20 서울문화재단, 「'평화의 소녀상'을 둘러싼 정치·사회·예술적 의미-소녀상의 예술학」, p. 35.

수 불가결한 것은 아니었다고 보면서 소녀상과 장소성을 연결하려는 시도를 비판한다.[21]

'빈 의자'에 앉는 경험과 #소녀상되기

소녀상은 소녀상 단독으로 기획된 것도 있지만 빈 의자를 함께 두는 것이 대표적이다. 빈 의자를 나란히 둔 소녀상은 관람자가 소녀상을 바라보는 것으로 끝나지 않고, 곁에 앉아 봄으로써 완성된다. 의자에 앉는 관람자는 소녀상 옆에서 소녀상의 옆모습과 소녀상을 바라보고 있는 사람 또는 그저 지나가는 다른 사람들을 바라보게 된다.[22] 소녀상에서 빈 의자가 갖는 효과를 생각해 본다면, 소녀상은 전쟁을 재앙으로 보는 기념비일 뿐만 아니라, 국가폭력과 젠더, 그리고 우리 일상에서의 정의에 대한 생각을 이끌어 내는 기념비로도 볼 수 있게 된다.

김명희는 소녀상이 청중과 피해자의 접촉 근접성의 공간을 확장하며, 역사적 사실에 대한 '인지적 시인'과 피해자들의 고통의 현재성과 대면하는 '공감적 시인' 그리고 피해 생존자와 자신이 맺고 있는 실천적 관계 또는 연루를 직시하고 인정하는 '책임의 시인'이 달성되고 있다고 지적한다.[23] 그러나 관람자가 소녀상의 어느 위치에 서느냐에 따라 각각의 효과는 달라질 수 있다. 의자에 나란히 앉을 때 관람자는 공감이나 책임에 그치지 않고, 자기 자신을 둘러싼 현실에서의 정의에

---

21 임근준, 〈소녀상과 미술담론에 대한 질의, 동아시아 화해와 평화의 목소리〉, 제3회 심포지엄 질의, 2017년 7월 1일 발표.

22 소녀상의 참여적인 특성을 강조하는 입장으로 서울문화재단, 「'평화의 소녀상'을 둘러싼 정치·사회·예술적 의미-소녀상의 예술학」, pp. 36-37에서 홍승희의 발언 참조.

23 김명희, 「일본군 위안부 운동과 시인(recognition)의 정치」, p. 134.

대해 생각하게 된다. 소녀상의 한 부분인 빈 의자는 소녀상의 상징을 확장하는 동시에, 관람자의 심리적 동일시를 이끌어 내는 측면이 있다. 그러나 그러면서도 관람자가 자기 위치를 포기하도록 하지 않는다. 의자는 소녀상이 앉은 것과는 별개의, 또 다른 자리에 놓인 의자다. 빈 의자에 앉는 사람을 보거나 그 의자에 직접 앉음으로써 우리는 전쟁범죄, 국가폭력, 제국주의, 민족주의, 젠더문제 등의 부정의에 저항하는 재현의 불능에 대항할 수 있게 된다. 각자 새로운 정의의 상이 됨으로써 또 다른 정의의 수사를 시작할 기회를 스스로 열게 되는 것이다.

2019년 아이치트리엔날레 표현의 부자유전에서 소녀상 전시가 중단되었을 때, 인터넷에서는 #소녀상되기 퍼포먼스가 시작되었다. 예술가 로사리아 이아체타는 아이치트리엔날레 전시회의 검열에 대항하는 뜻에서 평화의 상이 되자고 제안했다. 이때 제안된 자세는 두 개의 빈 의자를 마련하고 한쪽 의자에 앉아 있는 자신의 모습을 촬영하는 것이었다. 이 퍼포먼스에 동참하며 한국과 중국 '위안부'를 기리는 소녀상과 함께 사진을 찍은 한 사람은 다음과 같이 말하기도 했다.

> 이곳에 왔다고 제가 나라를 위해 많은 걸 희생하신 애국자나 독립운동가가 되는 것은 아닙니다. 단지 아픔을 이겨내고 침묵의 사슬을 끊어버린 용기 있는 피해자 할머니 분들의 목소리를 잊지 않았다는 것을 알리고 싶습니다. 잊지 않는 사람들이 있는 한 잊기 원하는 사람들은 이길 수 없습니다.[24]

---

24 김양순, 「#소녀상되기 #소녀상과_함께 "잊지 않는 사람들"」, KBS NEWS, 2019년 8월 14일 자.

전통적으로 정의는 각자에게 제 몫을 주기 위한 분배의 문제이자 공정을 위한 원칙의 문제로 여겨졌다. 기존의 정의의 여신이 눈을 가리고 저울과 칼을 들고 있는 것은 올바른 원칙에 따라 각자에게 맞는 몫을 주기 위해서기도 하다. 그러나 정의의 여신상에서 '여인상'으로의 변화는 구조적 부정의에 개별 서사가 대항하는 방식을 시각적·촉각적으로 보여 준다. 소녀상의 일부인 빈 의자는 정의를 단순히 분배의 문제로 보는 대신 사람들의 정치적 책임의 차원으로 정의의 방향을 전환한다는 점에서 기존의 정의의 상이 보여 주었던 정의의 모습과는 다른 정의의 가능성을 보여 주고 있다.

보이지 않는 정의의 예술

소녀상은 평화의 상으로 기획되었지만, 사실은 평화를 위해 정의를 요청하는 상이기도 하다. 소녀상의 작가가 한국 군인에게 학살당한 베트남 피해자를 위로하는 상징물인 베트남 피에타를 작업한 것은, 아시아에서의 정의의 상 변화를 독해할 실마리를 제공해 준다. 2019년 아이치트리엔날레는 소녀상을 비롯한 예술작품의 전시를 중단했다가 재개하면서 애초에 언급한, 일본 사회가 가진 아르스의 양상을 드러냈다. 이것은 일본에게만 해당되는 것은 아니다. 홍콩의 자유의 여인상이나 한국의 평화의 소녀상, 베트남의 마지막 자장가 상 등은 새롭게 변화하는 정의의 상의 한 측면을 보여 준다. 이 글은 정의의 상의 변화를 살펴보면서, 이와 같은 변화를 생성해 낼 수 있는 동력에 주목했다. 그리고 이를 법을 만들어 내는 아르스의 측면에서 고찰하면서, 소녀상 곁에 놓여 있는 빈 의자에 앉음으로써 변화되는 일상의 정의와 삶에의 참여를 조망했다. 쉽게 말해 빈 의자는 다름 아닌 우리 자신을 정의의 상의 일부로 끌어들이는 것이다. 우리는 그 공간에서 소녀상의 이미지 수사에 대응하는 정의의 심판자인 동시에 수용자이자 참여자로서 우리 내부에 정의의 장소를 생성하는 데 동참하게 된다. 이것은 외부로부터 부여된 정의의 심상에 의해 잊고 있었던 몸의 감각을 재배치하는 저항이면서, 정의를 향한 자유로운 유희의 총체적인 힘을 자각하는 계기가 된다.

6

법감정과 법의 합정성

송윤진

법과 감정의 긴장

감정은 인간의 공적인 삶을 이해하고 실천하는 데 중요한 동인이며, 공감은 바람직한 공공의 삶을 위해 강조되는 미덕이기도 하다. 그러나 이러한 감정은 공적 담론의 영역에서, 특히 법적 합리성을 구현하는 데 부적합하다며 그 역할이 배제되거나 소홀하게 다루어져 왔다. 감정과 이성의 지위를 둘러싼 오랜 철학적 논쟁만큼이나 법과 감정 사이의 긴장도 뿌리가 깊고 강력하다. 법에서 감정을 거부하는 원인에는 '감정은 비합리적이므로 공적인 숙고나 판단의 지침이 되기에는 부적절하다'는 인식이 자리 잡고 있다. 감정은 이성과 구별되는 맹목적인 힘일 뿐이며 본래 불안정해 신뢰하기 어렵고, 친밀함이나 애착 관계 등에 과도하게 영향을 받는다는 비판이 있다. 또한 감정의 초점은 개별적인 것에 맞춰지기 때문에 사회적인 것들에 대한 관심과는 거리가 멀다는 비판도 있다. 이처럼 감정에 대한 비판적 견해들은 감정의 비합리성을 겨냥하고 있다. 근대 이후 과학을 지향해 온 법학이 합리성에의 호소에 매진하는 동안 감정은 주류 법학의 관심을 얻지 못하고 주변부로 밀려났다. 자연스럽게 이론적으로도 법과 감정의 관계에 관한 학문적 관심이나 연구가 많지 않았다.

그러나 현실에서는 법과 감정의 밀접한 연관이 자주 발견된다. '법감정'은 법과 감정의 연관성 그리고 그 둘의 지속적인 상호작용을 확인할 수 있는 한 예다. 판결문에서부터 여론에 이르기까지 다양한 쓰임새로 등장하는 법감정은 법과 감정이라는 서로 친화적이지 않은 단어들을 이어 붙인 것으로, 그 정확한 의미와 실체를 파악하기 어려운, 실로 다루기 까다로운 주제다.

집단주의가 강한 한국 사회에서 정(情)이나 유대감은 사회적 상호작용의 핵심 요소로 여겨지곤 한다. 개인의 권리 및 이성적 질서에 기반을 둔 서구 법체계를 계수한 한국의 법체계는 전통적으로 정(情)의 논리가 면면에 흐르는 한국의 현실과 위화감을 빚어내곤 한다. 게다가 한국 사회에서 사람들이 원하는 소통은 하버마스식 합리성으로 충분히 설명되지 않는 듯하다. 그러나 한편으로는 과도한 관계의 속박으로부터 자유롭고자 하는 개인의 욕구도 강한데, 이러한 욕구가 오히려 합리성에 대한 과도한 기대를 부추기고 합리성이라는 개념의 한계를 간과하게 만들기도 한다.

법감정은 '법문제와 관련된 인간의 직관적인 가치감정', 혹은 '인간이 법적인 문제를 접한 경우에 직관적인 결정을 야기하는 법적 근본정조'라고 지칭되며, 법에 내재하는 사회 일반인의 상식, 조리, 건전한 사회통념 등 그 의미가 상당히 포괄적으로 규정된다.[1] 이러한 설명만으로는 법감정이 특정 사안에 대해 시민들이 가지는 감정적 태도를 말하는지, 문화적이고 역사적인 차원에서 근거를 끌어오는 법의식을 말하는지, 혹은 사법기관이나 법집행기관이 법적 결정에 참고하는 자료로서의 국민여론조사 결과를 말하는지 분명하지 않다. 법은 인간 행위 및 상호작용, 관계, 질서, 그리고 이러한 총체를 향도하는 규범이라고 볼 수 있는데, 중요한 인간적 속성 중 하나인 감정을 논의 대상으로 삼지 않고 제쳐 둔다면 법의 본질과 기능을 균형적으로 다루지 못할 수 있다. 더군다나 감정과 이성, 감정과 법 사이의 이분법은 근본적 전제가 아닌 의도적으로 구성된 것이라는 통찰이 현대 철학 및 심리학, 사회학, 인류학 연구를 통해 드러나고 거듭 강조되고 있다. 이러한 상황에서 도대체 법에서 감정의 역할은 무엇이며, 어떻게 감정의 역할, 기능 및 한계 등을 규정할 수 있는지 설명할 이론적 필요성이 제기된다.

법과 감정의 긴장 상태는 이론적 차원에만 머물지 않는다. 인식론적 불명료함에도 불구하고 법감정은 특히 가치판단이 주요하게 요구되는 법적 상황에서 부각된다. 특히 호주제 폐지, 동성동본금혼, 낙태죄, 사형제, 양심적 병역거부 등 주요한 사회 이슈들에 대한 헌법재판소의 위헌심판 사건들에서 법감정은 판단의 중요한 근거 중 하나로 등장한다. 헌법재판관들은 법문의 해석과 위헌심사 기준을 적용하면서도 동시에 사회의 변모와 국민의 의식구조 변화 등을 주요한 판단의 근거로 삼는다. 법감정이라는 개념이 불명확함에도 위헌 다수의견, 소수의견, 반대의견 등은 가치판단 관련 논쟁에서 국민의 법감정을 언급하고 있다.[2]

1 임웅, 「법감정에 관한 연구」, 『법철학연구』 제1권(1998), p. 86.

2 헌법재판소 제공 판례검색 사이트 검색 결과, 1988년 9월 1일부터 2021년 11월 8일(종

일상적 용례에서도 법감정의 용법들을 확인할 수 있다. '국민 법감정과 법원 판결의 괴리'라는 표현처럼, 법감정이라는 개념은 사법기관의 법과 국민의 법이 별개로 존재하는 법의 이중성을 비판하고 이것을 나름대로 수용하는 과정에서 빈번하게 사용되어 왔다. 이렇게 법감정은 법 외부의 영역에서 법전문가들을 향한 불신 혹은 판결에 대한 불만을 표출하는 저항의 목소리로 나타나곤 한다. 이러한 용례는 사법전문가주의와 결탁될 때, 소위 리걸 마인드를 훈련받은, 판사를 비롯한 법전문가들은 이성적인 편이지만 법을 잘 모르는 일반 국민은 감정적이라는 잘못된 인상을 만들어 내기도 한다.

법감정의 개념

법감정의 개념은 명확히 정의하기 어렵지만, 독일의 법학자 리츨러(Erwin Riezler)의 논의에서부터 출발해 보고자 한다. 일찍이 독일 법학계에서는 법감정(Rechtsgefühl)의 근원과 형성에 대한 '생래설'과 '획득설' 간의 논쟁이 벌어졌다. 이후 법감정은 생래적으로 형성되는 동시에 역사, 현실 환경, 그 속에서의 경험과 교육 등 후천적 요인들의 영향을 받는다는 절충설이 등장하면서 비로소 법감정에 대한 기초 연구의 토대가 형성되었다고 볼 수 있다. 리츨러는 법감정을 실증적 법감정, 이

국일자 기준)까지 헌법재판소 판결문에 법감정이 언급된 경우는 총 570건으로, 판결 이유에 사용된 어구는 주로 '건전한 상식과 통상적인 법감정', '국민일반의 가치관 내지 법감정', '일반 국민의 법감정' 등이었다.

상적 법감정, 일반적 법감정으로 구분했다. 실증적 법감정은 현재 법이 무엇인지에 대한 감정을, 이상적 법감정은 법이 무엇이어야 하는지에 대한 감정을, 일반적 법감정은 합법적인 것이 실현되어야 한다는 감정을 일컫는다.[3] 이러한 구분은 우리가 법에 관해 가지는 감정이 무엇인지에 초점을 맞추기보다는 감정이 발현되는 대상이나 상황을 기초로 하고 있다. 즉, 리츨러의 구분은 법에 관한 감정의 본질적 요소를 해명해 주지 않기 때문에 법감정의 개념에 대한 완전한 설명을 제공하지 못한다. 그러나 이러한 구분은 법감정의 연구주제를 분류하는 데 있어 매우 유용한 지표가 될 수 있다.

일단, 이 구분을 지도 삼아 법감정의 본질을 파악하기 위한 여정에서 구체적 목표를 세워볼 수 있다. 이에 관해 이덕연은 리츨러의 개념 구분에서 이상적 법감정만이 진정한 의미의 법감정이라고 지적한 바 있다. 왜냐하면 실증적 법감정은 규범을 탐색하는 논리적 사유 작업과 연관되므로 '이성적 인지'의 속성에 초점을 맞춘 '법인지(Rechtswissen)'로, 일반적 법감정은 실정법 질서의 정당성과 그 효력을 시민들이 수용하고 지지하는지의 문제와 일반 시민의 준법의식과 연관되는 일종의 '의지의 문제'로서 '법의지(Rechtswille)'로 대체할 수 있기 때문이다. 그의 견해에 따르면 이상적 법감정, 즉 정의의 관점에서 수행되는 실정법에 대한 도덕적 판단능력과 연관된 '감정적 경향'을 법감정의 고유한 영역으로 설정할 수 있다.[4]

---

3 E. Riezler, *Das Rechtsgefühl. Rechtsphilosophische Betrachtungen*. 3, unveränderte Auflage (C. H. Beck, 1969).

4 이덕연, 「'탈 포섭도그마'의 법인식작업과 법관의 법감정: '새만금 판결'의 소수반대의견을 주목하며」, 『법학연구』 제24권 4호(2014), pp. 102-103.

법감정의 고유한 주제를 이상적 법감정으로 제한하더라도 여전히 유사 개념들과의 구분 문제는 남는다. 임웅은 법감정과 유사한 개념들을 다음과 같이 구분한다.[5] 첫째로, 법감정과 정의감정의 구분이다. 법감정의 종류는 정의감정, 권리감정, 의무감정, 평등감정 등으로 나눌 수 있다. 엄밀히 말해, 정의감정은 법감정의 한 종류이지만 오로지 정의의 문제에 작용하는 감정이기 때문에 법, 특히 현행법과는 직접적 관련성이 없다. 왜냐하면 법이념인 정의, 법적 안정성, 합목적성 중에서도 법적 안정성은 정의감정이 작용하는 계기가 되지 않기 때문이다.

둘째, 법감정과 법의식(Rechtsrewußtsein)의 구별이다. 법의식은 '법에 대해 인간이 지니고 있는 규범의식'으로서 법률문제에 대해 '일정한 사고와 성찰을 거쳐' 의식된 심리작용이라는 점에서 법감정과 유사하다. 하지만 헨켈은 법감정은 일차적인 심리적 요소이며, 사고 및 성찰 과정에서 의식화되고 명료성을 얻었을 때 법의식이 된다고 본다. 그러나 어떤 지점에서 법감정이 법의식으로 전환되는지 특정하기 어렵다는 점 이외에도, 감정 자체가 애초에 판단의 요소를 가진다고 보는 인지주의 감정론에 의하면 이러한 단계적 구분은 오히려 판단에서 감정의 역할을 축소시키는 결과를 초래할 수도 있다.

셋째, 법감정과 '법양심(Rechtsgewissen)'의 구분도 생각해 볼 수 있다. 법양심은 정의의 문제에 국한되지 않는 모든 법률문제에서 양심에 준거한 결정을 내리는 것으로, 법률문제에 대한 양심의 소리는 법률문제에 접할 때 작용하는 도덕감정 또는 종교감정의 차원에서 논의될 수 있다는 라드부르흐의 견해를 참고할 수 있다.[6] 결정적인 차이는 법양

---

5 임웅, 「법감정에 관한 연구」, pp. 88-90.

심이 개인의 문제와 결부된 사안에서 주관적인 윤리적 평가에 의존한다면, 법감정은 반드시 개인의 문제에 제한되지 않으며, 객관적인 관점에서 느껴지는 감정이나 판단도 포괄할 수 있다는 것이다. 마지막으로, 우리 헌법은 법관의 양심에 관해 제103조의 근거 규정을 두고 있으므로[7] 법양심은 법감정과 달리 실정법률상 근거를 가진다는 점에서도 달리 볼 여지가 있다.

넷째, 법감정은 현행법에 대한 존중의 감정, 즉 현행법의 옳고 그름을 묻지 않고 법복종으로 나아가는 지속적 마음가짐을 말하는 '법심정(Rechtsgesinnung)'과도 유사하다. 다만, 법심정은 앞선 리츨러의 삼분설에서의 일반적 법감정, 즉 주로 법실천의 영역에서 사용되는 '법의지'에 더 가깝다고 볼 수 있다.

마지막으로, 공동체감정과 법감정의 구분 역시 짚고 넘어갈 필요가 있다. 법감정은 정의, 법적 안정성, 합목적성 같은 법가치에 의해 주도되지만, 공동체감정은 공동체의 이익에 대한 논의나 혈연, 지연 같은 '연고 의식' 등에 의해 주도되기 때문에 구분된다고 볼 수 있다. 법가치가 공동체감정에서 기인한다는 점을 감안하면 두 개념은 상당히 긴밀하게 연관된다. 다만 법감정은 '법에 관해' 가지는 감정이라는 점에서 공동체감정과 구분될 수 있다.

리츨러의 삼분설을 기초로 전개되어 온 논의를 정리하면 다음과 같다. '법이 무엇이어야 하는지에 대한 감정'을 의미하는 법감정의 고

---

6 이덕연, 「헌법 제103조에서 법관의 독립과 양심」, 『공법연구』 제38권 2호(2009), pp. 349-375.

7 법관의 양심이 헌법 및 법률과 별개의 독립된 법원인지에 대해서는 논쟁이 있다.

유한 지위와 역할은 법적 맥락에 존재하는 감정의 문법, 감정의 논리를 찾아 설명함으로써 구체화할 수 있다. 이에 최근의 국내외 연구들은 법감정보다는 '공적 감정(public emotion)'을 중심으로 이루어지고 있다. 공적 감정 논의를 주도하고 있는 영미권 법철학자 마사 누스바움(Martha Nussbaum)은 법과 감정을 연결 짓기 위한 단초로서 공감(compassion)에 주목한다.[8] 이때의 공감은, 애덤 스미스(Adam Smith)의 '분별 있는 관찰자' 개념을 차용해 '감정에 빠져들지만 감정에 휘둘리지 않는 바람직한 감정'을 의미하는데, 문학적 상상력을 통해 얻은 일종의 '감정의 균형감'이라고도 말할 수 있다. 그러나 누스바움의 견해는, 법체계 혹은 법원리 내에서 감정의 요소를 근본적으로 다루고자 한 독일의 법감정 개념보다 이론적으로 더 발전한 것으로 보기는 어렵다. 결정적으로 공적 감정은 앞서 법감정과 구별하고자 한 정의감정이나 공동체감정에 더 가까운, 더 포괄적인 용어로 볼 수 있기 때문이다. 비록 법감정에 대한 개념적 탐구나 섬세한 이론적 논의를 발견할 수는 없지만, 영미권에서는 20세기를 기점으로 '법과 감정 연구(school of law and emotion)'라는 표제하에 법과 감정의 문제가 활발하게 논의되고 있다. 특히, 누스바움이 말하는 합리적 감정의 재성찰은 법교육 및 법현장에서의 감정 활용 가능성을 설득력 있게 제시한다. 법이 무엇이어야 하는지에 대한 물음은 법감정의 개념과 본질을 명료하게 설명함으로써 법에 대한 신뢰와 기대를 높일 수 있기 때문이다.

---

8 M. Nussbaum, *Upheavals of Thought: The Intelligence of Emotions* (Cambridge University Press, 2001).

마음의 행위능력:
합리성·합정성·합의성

법감정의 본질을 찾는 복잡한 여정의 실마리는 '마음'에 대한 감정사회학 연구의 성과들에서 찾을 수 있다. 법감정의 본질을 설명하기 위해서는 법공동체를 구성하는 감정 문화를 파악하는 것이 중요한데, 이 근원에는 법이 무엇이어야 한다는 사람들의 기대감이 놓여 있다. 법에 대한 사람들의 기대감 측면에서 법제도와 법감정의 관계를 이해할 때, 법감정의 비평 가능성을 온전히 확인할 수 있을 것이다.

기존 감정사회학 이론을 검토하며 새 관점을 창안하는 데 몰두해 온 김홍중은 사회 속에서 '합정성의 재발견'을 시도하고 있다. 합정성(合情性, emotionality)이란 "합리성, 합법성, 합목적성 등에 나타난 한자 구성원리를 응용한 개념으로서, 특정 행위, 상호작용, 규칙/규범, 사회 시스템이 개인 혹은 다수 행위자들의 내적 감정, 혹은 객관적으로 생산, 소통, 표현되는 감정적 리얼리티에 발생적으로 연관되거나 기능적으로 조응하거나 혹은 구조적으로 연동되는 양태와 능력"을 가리킨다.[9] 특히 그는 사회학사 내 감정의 위상을 재고하고 현대 사회에서 감정의 중요성과 다양한 기능을 해명하고자 합정성의 네 가지 유형—행위 합정성, 규칙/규범 합정성, 상호작용 합정성, 시스템 합정성—을 사회이론의 전통에서 '사회적인 것(the social)'을 구성하는 가장 중요한 단위로 제안하고 있다. 이러한 사회적인 것의 합정성 개념을 법의 합정성과 연결 짓는 작업은 법감정의 본질을 찾는 데 중요한 출발점이 될

9 김홍중, 『사회학적 파상력』(문학동네, 2016), pp. 472-473.

수 있다.

기본적으로 감정사회학에서는 사회적 행위를 육화되고(embodied) 심화된 실천(inhearted pracrice)으로 이해하며, 이때 중요한 구성 요소를 '마음(heart)'으로 명명한다. 사회학에서 다루는 마음은 현대 인지과학이나 뇌과학에서 거론되는 감정(emotion)보다 더 포괄적인 용어로서 마음의 작동—생산, 표현, 사용, 소통—을 통해서만 현상하는 무엇이며, 사회적인 것과 심적인 것의 독특한 접합 속에서 경험적으로 주어지는 것이다. 즉, 마음이란 사회적 실천들을 발생시키고 실천을 통해 작동하며, 실천의 효과로 항상 재구성되는 인지적/정서적/의지적 행위능력의 원천이다.[10] 마음은 순수하게 개인의 내적 지평에서 발생하는 현상들로 체험된다. 이와 동시에 마음은 사회적 실천이라는 맥락과도 연결되기 때문에 일종의 내면화된 제도로서 견고한 실정성(positivity)도 갖는다. 다시 말해, 마음이란 이를 순수한 심적 실체나 기관, 혹은 행위자의 내적 소유물로 파악하는 관점에 국한되지 않고, 사회제도와의 상호작용 속에서 발생하고 재구성되는 무엇으로 그려진다. 김홍중의 마음은 개인의 심리적 체험을 수반하지만, 이와 동시에 사회관계 및 제도 속에서 재구성된다. 따라서 그는 이러한 마음과 사회의 조응을 통해 마음이 일종의 실정성을 갖는다고 설명한다. 이렇게 마음을 이해할 때, 마음의 행위능력을 합리성, 합정성, 합의성으로 구분해 접근할 수 있게 된다. 계속해서 김홍중이 소개하는 합리성, 합정성, 합의성 개념의 설명을 따라가 보자.

합리성(rationality)은 특정 목적을 달성하기 위한 최적의 수단을 찾

10 김홍중, 『사회학적 파상력』, p. 511.

을 수 있는 지적 능력을 가리킨다. 따라서 합리적 행위자는 효용을 극대화하거나 최적화하는 자, 혹은 선호 실현의 극대화를 추구하는 능력을 갖춘 자다. 주류 사회이론 내에서도 행위자의 이런 인지적 능력에 특권을 부여해 왔으며, 이른바 목적 합리적 행위는 어떤 목적을 달성하기 위한 최적의 수단을 찾아낼 수 있는 능력을 전제한다. 물론 합리성 모델에 경도되어 있는 전통적 사회이론과 구별되는 입장들도 비록 소수이지만 존재한다. 가령, 합리적 사고와 계산능력 그 자체보다는 이러한 능력에 암묵적으로 작용하는 복합적 행위능력에 주목하는 카우프만(Jean-Claude Kaufmann)의 견해나, 실천이론에서의 합리성은 언제나 제한된 합리성으로 취급할 것을 강조한 사이먼(Herbert A. Simon)의 견해 등을 생각해 볼 수 있다.

합정성(emotionality)은 사회적 행위가 창발되는 과정에서 관찰되는 감정 연관성, 혹은 행위자가 자신, 행위 파트너, 행위규칙의 감정적 차원에 부합하도록 행위할 수 있는 능력, 행위자를 움직이는 정념의 능력인 동시에 상호작용에서 요청되는 타자의 감정에 대한 감수성, 해석능력, 판단력, 타인의 위치에 자신을 놓을 수 있는 상상력 등을 포괄하는 개념으로 설명된다.

합의성(volitionality)은 행위능력을 구성하는 의지와 욕망의 힘으로, 행위자들의 생활양식을 규정하는 욕망의 힘, 소망의 힘, 의지의 힘 등에서 발견된다. 행위능력으로서 합의성은 사회적 행위의 창발 과정에서 드러나는 의지 혹은 욕망과의 연관성, 또는 행위자가 자신과 행위 파트너의 의지적 차원에 부합하는 방식으로 행위할 수 있는 능력을 뜻하며, 사회적인 것과 심적인 것을 가로지르면서 활동하는 생산적 역능으로서 꿈의 능력, 희망의 능력, 욕망의 능력을 의미하기도 한다. 사회

세계는 계산과 감정뿐 아니라, 사회적 실천에 내재되어 있는 이 소망의 작용을 통해 구성된다.

각 개념을 제대로 이해하려면 더 많은 개념에 대한 해명이 필요하다. 다만, 이러한 김홍중의 설명에서는 합리성, 합의성과 구분되는 합정성이 사회적인 것과 조응하는 부분을 차별화하고 있다는 점을 눈여겨볼 만하다. 법체계 역시 대표적인 사회제도로서, 이 법체계 안에서 감정이 발현되고 재구성되고 작동하는 것을, 일종의 법적 합정성으로 규명하고 이것을 법감정의 본질로 구성할 수 있지 않을까? 마음의 행위능력에 대한 김홍중의 설명은, 법체계 안에서 작동하는 법감정의 본질이 '합정성'을 통해 설명될 수 있음을 보여 준다. 개인적 법감정은 타인의 법감정과 구별되는 주관적이고 상대적인 것이지만 개인들의 내부적 조건(성격, 교육, 추구하는 목적 등)과 외부적 조건(생활환경)이 유사할 경우 각 개인은 내용상 유사한 법감정을 경험할 수 있다. 즉, 다수가 동종의 전제 조건하에서 반복적으로 동종의 경험을 할 경우 동종의 법감정에 다다르기 쉬우며, 개인 상호 간 공통된 법감정이 집적되면 법공동체 내부에 전형적 법감정이 등장할 수 있게 된다. 법감정의 보편성과 객관성은 선험적 방법이 아니라 경험적이고 실천적인 방법으로 탐구하는 것이 일반적이다. 따라서 사회구성원의 압도적인 다수에 의해 규범이 승인된 경우 또는 사회구성원의 지배적 인식에 이른 법감정을 보편적 법감정이라 할 수 있을 것이다.[11]

마음의 행위능력에 대한 연구로부터 법감정의 본질은 법제도와 법

---

11 김종현, 「간통죄 위헌결정에 대한 연구: 집단적 법감정의 변화에 대한 헌법재판소의 설시를 중심으로」, 『법과사회』 제50권(2015), p. 135.

수범자의 상호작용 속에서 탐구되어야 한다는 중요한 방법론적 전제를 도출할 수 있으며, 이를 법적 합정성의 개념을 구성하는 데 활용해 볼 수 있다.

법감정의 본질: 법의 합정성

법감정의 본질이 무엇인가라는 질문에는 법의 합정성을 밝힘으로써 답할 수 있다. 법의 합정성을 탐구하기 위한 기초로서, 사회적인 것(the social)[12]의 합정성에 대해 제안하는 김홍중의 접근 방식을 살펴보는 것은 유용할 것이다. 앞서 살펴본 것처럼 그는 사회적인 것의 기초 단위를 행위, 상호작용, 규칙/규범, 시스템으로 구분하고, 각 단위에서 작동하는 합정성 개념을 추출해 사회학사의 관점에서 재검토하는 작업을 수행해 왔다. 물론 이때 사회적인 것의 유형적 구분이 합정성 개념 자체로부터 연역되는 것은 아니기 때문에 그 자체가 합정성에 대한 연구라고 보기는 어렵고, 이 분류 역시 추가되거나 수정될 여지가 있다. 그러나 본질적으로 합정성이 법제도와 법수범자의 상호작용 속에서 탐구될 수 있다는 전제를 유념하면, 일차적으로 합정성이 작동하는 법적 맥락을 파악할 수 있다. 또한 '사회적인 것'에 대한 김홍중의 착안은 '사회적인 것'과 '법적인 것'의 관계에 대한 물음, 나아가 '법적인 것'의 기

12 김홍중은 사회학자 뒤르켐의 관점을 따라 '사회적인 것(the social)'의 개념을 '독립변수의 총체를 이루는 설명항'으로 보고, 모든 현상들은 사회적인 것을 작용인으로 하여 발생한 것으로 설명할 수 있다는 전제를 옹호한다. 김홍중, 『사회학적 파상력』, pp. 470-504.

초 단위를 설정하는 데 유용할 것이다.

행위 합정성의 전거는 막스 베버(Max Weber), 윌리엄 제임스(William James) 그리고 프래그머티스트들에서 찾을 수 있다. 특히 김홍중은 합리성의 옹호자로 알려진 베버 역시 감정을 잔여범주가 아닌 중요한 요소로 간주하고 있었다는 점을 지적한다. 또한 윌리엄 제임스는 '합리성의 정서(sentiment of rationality)'[13]에서 의사결정에 영향을 행사하는 것은 계산적 합리성이 아니라, 오히려 감정의 힘이라고 강조한다. 오늘날 저명한 뇌과학자 다마지오(Antonio Damasio)도 감정능력의 파괴가 합리적 의사결정능력의 손상으로 이어진다는 사실을 밝힘으로써, 사회적·경제적·도덕적 행위들이 순수한 합리성이 아닌 합정성의 맥락에서 촉발될 수 있다는 관점을 자연과학적 기초에서 점검하고 있다.

규칙/규범 합정성은, 감정 행위가 언제나 규칙/규범에 종속되는 경향이 있으며, 사회적으로 합의되어 실행되는 행위규칙/규범들은 사회적 수준에서의 감정적 체험에 뿌리내리고 있으므로 이를 통해 포착될 수 있다고 한다. 물론 김홍중의 설명은 규칙과 감정이 모종의 연관성을 가진다는 점 이상을 설명하고 있지는 않다. 혹실드(Arlie Russell Hochschild)는 사회적 행위자는 특정한 방식으로 정의된 상황 속에서 사회에서 요구하는 적절한 감정을 경험해야 할 의무, 즉 '감정규칙'을 준수해야 할 의무를 지고 있다고 설명했다. 로티(Richard McKay Rorty)는 『인권론』에서 20세기 인권 문화의 핵심은 감정적 능력에 대한 문화적 호소의 성공이라고 독해했으며, 특히 인권규범은 그것을 수용하는 행위자들이 감정적 상상과 공감을 수행할 수 있을 때 비로소 규범

13 윌리엄 제임스, 『실용주의』, 정해창 엮어 옮김(아카넷, 2008), pp. 10-11.

이 된다고 보았다. 그러나 이런 논의는 규칙 합정성 개념 요소를 적극적으로 설명하지는 못하며, 다만 현재 작용하고 있는 사회적 규범들이 가진 생명력의 근저에서 형성되고 변화하는, 인간 감정을 둘러싼 복합적인 과정을 고찰하도록 촉구할 뿐이다. 법철학적 맥락에서 규칙 합정성이 중요하게 고려해 볼 유형인 것은 맞지만, 규칙과 감정이 조응하는 관계에 대한 더 세부적인 설명이 요구된다.

상호작용 합정성과 관련하여, 콜린스(Randall Collins)는 '상호작용 의례'를 통해 발산되는 감정 에너지가 상징으로 전환되어 사회적 결속력을 다지는 일련의 과정을 이론화했다. 특히, 콜린스는 『종교적 생활의 원초적 형태』에서 집합열광, 공유된 감정, 신성한 상징의 발생 등을 '상호작용의례' 개념으로 재구성하는데, 이때 핵심은 감정 에너지라고 보았다. 즉, 행위자 간 상호작용이 감정적 토대를 가지고 있으며, 사회적인 것의 원초적 발생에는 감정이 연관되어 있다는 것이다.

시스템 합정성은 특정 사회 시스템의 작동 과정에서 '감정적인 것'을 중요한 요소로 구성하는 경향과 능력을 지칭하는 것이다. 김홍중은 기능적으로 분화된 다양한 하위 시스템 중 경제 시스템에 관한 한 연구를 소개한다. 일루즈(Eva Illouz)는 20세기 자본주의가 합리성과 금욕적 노동윤리 대신, 합정적 소통윤리를 새로운 정신으로 하는 '감정 자본주의'로 진화했다는 테제를 제시한다. 아울러 에바 일루즈의 『감정 자본주의』[14]에서는 합정성을 구현하는 인간 유형이 금욕적이고 강박적인 노동자/자본가를 대신해 새로운 자본주의 인간의 이념형이 되었다고 보고, 이것을 경제적 인간에서 소통하는 인간으로의 전환이라고

---

14 에바 일루즈, 『감정 자본주의』(돌베개, 2010).

부른다. 이러한 논의들은 사회적인 것의 감정적 기초를 강조하면서도, "초개인적 수준에서 작용하는 거대한 집합감정의 실재가 합리성의 외관적 지배를 넘어 근대사회를 구성하는 근본원리라는 사실"에 이론적 가능성을 걸고 있다.

지금까지 살펴본, 김홍중이 유형화하고 사회학 전통에서 제시한 전거들에서 중요한 통찰을 얻을 수 있다. 합정성은 단순한 비합리성이 아니며, 합리성에 함몰되지 않고 다른 종류의 논리, 절차, 형식에 부합할 수 있는 일관된 작동 능력을 전제한다는 것이다. 요컨대 합리성에도 비합리성에도 귀속되지 않는 합정성은 합리성을 넘어서는 포괄적 사회이성의 한 유형이라고 할 수 있다.[15] 합정성을 통해 사회이론을 재구성하려는 김홍중의 시도는 법사회학 내지 법철학에서 법과 감정의 의의와 역할을 설명하는 데 도움을 줄 수 있다. 법이 사회를 이루는 한 단위이자 시스템이라고 할 때, 감정의 문법은 그동안 설명되지 않았던 중요한 법원리가 될 수 있기 때문이다.

법과 감정의 공존

법에 대한 신뢰를 구축하는 첫 번째 길은 법공동체의 제도적 특성과 내부 문화를 살피는 것이다. 특히 한 사회를 구성하는 감정 문화를 파악하고, 구성원들이 이를 어떻게 공유하고 재현하고 있는지를 가늠하는 것이 중요하다. 국민 법감정과 사법부의 괴리를 표면적으로 훑기보

15 제임스, 『실용주의』, p. 503.

다 사법 불신의 미시적 지점을 하나하나 열거하면서 법제도와 법감정을 이어 보고, 그것에서 작동하는 감정의 문법을 찾아내는 것, 이것이 바로 법감정의 비평 가능성을 인정하는 첫 번째 길이 될 수 있다.

법과 감정이 서로 공존할 때, 법공동체 구성원들이 법에 대해 가지는 기대감과 신뢰의 회복탄력성이 정상적으로 작동할 것이다. 이때 법과 감정은 별개의 것으로 양립하기보다는 상호작용하는 것이므로, 이러한 상호작용 현상을 법의 합정성으로 독해해 보는 것이 향후 과제가 될 것이다.

> 우리 일반시민들이 법에 복종하는 것은 그냥 법이 있기 때문에 수동적으로, 혹은 위압 때문에 복종하는 게 아니라, 법이 따를 만하기 때문에 복종하는 것이다. 법에 따를 만하다는 것은, 법제정 권위의 정당성이나 절차를 신뢰하고 내용적으로 옳게 만들었다는 전제가 충족된다는 것이다.[16]

16 박은정, 『왜 법의 지배인가』(돌베개, 2010), p. 123.

PART

02

법의 지배:
형식·실질·현상

1

실질적 법치주의의 두 유형: 정의 모델과 자유 모델*

정태욱

형식적 법치주의

법치주의, 즉 법치는 인치와 대비된다. 법은 그 집행자에게도 적용되는 보편적 규범이다. 법은 한 사람의 의지가 아니라 일반의지(volonté générale)의 표현이다. 법은 어떤 개인의 결정이 아니라 모든 이들의 공동 결정이다. 법의 명령은 일반의지에 대한 호소이며, 법의 준수는 일반의지의 수행이다. 법 속에서 사람들은 '명령자-수명자'의 관계가 아니라 '수범자-수범자'의 관계를 맺는다.

이렇게 법은 사적인 강제가 아니라 공적인 질서가 된다. 그리고 이를 위해 일반적인 법규를 미리 정해 놓고, 집행 과정에서 어떤 세력 및 권력의 특권을 인정하지 않으며, 법규 위반 여부는 독립적인 법원이

---

* 이 글은 2016년 11월 베이징에서 개최된 제10회 동아시아법철학대회의 전체 세션 발표문(keynote speech)을 개고한 것이다.

판단하게 한다.

이와 같은 일반 법규의 존재, 법규의 보편적 적용, 법적 판정의 독립성은 법의 본질적 형식이자 법치의 기본 구조라고 할 수 있으며, 많은 법학자들은 이것을 법치의 핵심으로 얘기한다. 일찍이 미국의 풀러(Lon L. Fuller)는 법의 '내재적 도덕성'이라고 하는 법의 형식적 요건들을 제시했다.[1] 영국의 라즈(Joseph Raz)도 법의 지배(the rule of law)를 위한 형식적·절차적 내용을 제시한 바 있다.[2] 국내에서는 최봉철이 형식적 법치주의를 중시하며, '재량의 신중한 행사와 평등 처우'와 '예측 가능성'을 제시한 바 있다.[3] 안준홍 역시 법의 지배 본연의 과제는 '형식적 법치'에 있다고 말하면서, 드워킨이 제시한 것과 같은 정치도덕적 법관념을 비판하고 있다.[4]

위와 같은 법의 형식과 절차는 법치주의의 엄숙한 요청이자 필요조건이라고 할 수 있다. 그러나 형식과 절차가 법치주의의 전부라고 하기는 어렵다. 형식적 법치주의는 자의적이고 편의적인 법질서, 예컨대 구소련 스탈린 시대의 '전화 법(telephone law)' 같은 권력의 횡포를 막을 수는 있겠지만, 구조화된 차별적 법질서, 예컨대 노예 사회의 억압과 수탈을 막는 데에는 충분하지 않다.

실제 법은 언제나 형식과 내용의 결합이다. 법치주의, 즉 법의 지

---

1 L. Fuller, *Morality of Law*, Revised Edition (Yale University Press, 1969), p. 39.

2 J. Raz, *The Authority of Law: Essays on Law and Morality* (Oxford University Press, 1979; online edition, Oxford Academic, 2012), pp. 217-218.

3 최봉철, 「법치주의의 개념에 관한 서설」, 『성균관법학』 제13권 1호(2001), pp. 83-103. 이러한 기본적 생각은 후의 논문 최봉철, 「법치의 문제에 관한 몇 가지 결론」, 『법철학연구』 제15권 3호(2012), pp. 5-40에서도 이어진다.

4 안준홍, 「법의 제국과 법의 지배」, 『법철학연구』 제19권 1호(2016), pp. 35-58.

배에 대한 사람들의 열망은 법의 올바른 형식에 그치지 않고, 법의 올바른 내용까지 요구한다. 그리하여 법치주의 논의는 종국에는 실질적 법치주의로 향하게 된다.

실질적 법치주의에 대한 논의는 복잡하다. 다양한 가치관과 세계관이 경합한다. 그러한 경합과 논란이 법치주의 개념을 혼란에 빠뜨리고, 형식적 법치주의마저 위태롭게 한다는 의견도 있다. 그러나 실질적 법치주의에 대한 논쟁은 법질서 지속의 과정이고, 그 자체가 법질서의 구성부분이라고 생각한다.

실질적 법치주의의 모색

다양한 체제에 따른 구분

형식적 법치주의는 법의 형식과 절차에 대한 것이므로, 문화권의 차이에도 불구하고 대체로 유사한 형태를 보일 수 있다. 하지만, 실질적 법치주의는 법의 목적과 내용에 대한 것이므로 각 사회가 기초하는 세계관과 가치관에 따라 상당히 다른 모습을 나타낼 수 있다.

중국의 법질서를 연구한 피렌붐(Randall Peerenboom)은 정치, 경제 그리고 인권 등에 대한 상이한 관점들을 조합해 실질적 법치주의의 다양한 행태들을 제시하고 있다: 1. 자유민주주의(liberal democracy) 2. 국가사회주의(statist socialism) 3. 공동체주의(communitarianism) 4. 연성 권위주의(soft authoritarianism).[5] 피렌붐의 법치주의 구분은 동서 문화권

5 R. Peerenboom, *China's Long March toward Rule of Law* (Cambridge University

을 아우르는 포괄적인 분석으로, 법치주의에 대한 우리의 시야를 넓혀 준다.

법치주의의 중층적 구조

실질적 법치주의의 여러 법가치는 역사적 흐름 속에서 표출되고 형성된 것으로, 법치주의는 그러한 장기 지속의 과정에서 축적되어 온 개념이다.

김도균은 서구 헌정사와 법사상을 검토하면서 법치주의의 단계적·중층적 구조를 제시하고 있다. 그에 따르면 법치주의는 제1층위로 권력제한의 가치, 제2층위로 자유와 권리보호의 가치, 그리고 제3층위로 민주주의의 가치를 갖는 누적적 구조를 보인다.[6]

또한, 타마나하(B. Z. Tamanaha) 역시 아래와 같이 법치주의의 진행단계를 말한 바 있다.[7]

	더 악화됨	나아감	더 강화됨
형식적 설명	1. 법에 의한 지배 정부행위의 도구로서의 법	2. 형식적 합법성 일반성, 장래효, 명확성, 명백성	3. 민주주의+합법성 동의가 법의 내용을 결정함
실질적 설명	4. 개인적 권리 재산, 계약, 프라이버시, 자율성	5. 존엄권 및/혹은 정의	6. 사회복지 실질적 평등, 복지, 공동체 유지

Press, 2002), pp. 71-109.

6 김도균·최병조·최종고, 『법치주의의 기초: 역사와 이념』(서울대학교출판부, 2006), pp. 47-120.

7 B. Z. Tamanaha, 『법치주의란 무엇인가: 역사 정치 이론』, 이헌환 옮김(박영사, 2014), p. 179.

이러한 김도균과 타마나하의 법치주의론은 법치주의의 실질적 지향점에 대한 포괄적 해명이며, 법치주의의 시대적 과제를 잘 보여 주고 있다고 생각된다.

실질적 법치주의의 두 모델: 정의 모델과 자유 모델

모든 역사가 그렇듯이, 장구한 법치주의 역사에서도 단선적이지 않은 변증법적 진행을 생각할 수 있다. 즉, 법치주의 이념의 내적 긴장을 생각해 볼 수 있는 것이다. 이 글에서는 정의와 자유의 대립쌍을 제안해 보고자 한다. 정의는 전통적으로 법이념의 핵심으로 인정되어 왔으나, 근대 이후에는 자유가 법이념의 전면에 부상했다. 근대 이전에는 정의 안에 자유가 포함되어 있었다면, 근대 이후에는 자유의 결과가 정의인 것으로 간주되고 있다.

정의를 지향하는 법치주의(정의 모델)와 자유를 지향하는 법치주의(자유 모델)는 특히 국가와 개인(시민사회)의 관계, 사유재산권과 재산의 공공성 문제에서 구별해 볼 수 있다.

정의 모델은 사회관계에서의 부정을 시정하는 국가 역할을 중시한다. 즉, 사회적 폭력들을 제어함으로써 사람 사이의 관계를 공정하게 유지하고자 하는 법치주의라고 할 수 있다. 반면에 자유 모델은 국가 강제력 오남용의 가능성을 더 많이 고려한다. 즉, 국가가 도리어 수탈과 차별의 원천이 될 수 있음을 경계하며 구성원 개인의 자유 보장을 우선적 과제로 삼는 법치주의라고 할 수 있다. 재산권 문제에서 정의 모델은 사유재산권의 배타성보다 재산의 공공성을 중시하여, 재산의 적정한 귀속 및 분배에 초점을 둔다. 반면에 자유 모델은 사유재산권의 배타성을 중시하며, 사소유권과 계약 이행, 시장의 경쟁원리에 따른 자율적 자원 분배를 강조한다.

자유 모델이 개인주의가 확립된 근대 이후 서구에서의 법치주의 형태라면, 정의 모델은 보다 유구하고 광범위한 전통의 법치주의 형태라고 볼 수 있다. 물론 정의 모델의 공동체주의 법체계에서도 개인의 자유에 대한 호소는 언제나 있어 왔으며, 근대 이후 자유 모델의 개인주의 법체계에서도 공동체의 정의에 대한 요청은 언제나 존재한다. 박은정이 얘기했듯이 현대 자유주의 법의 지배 원리에서도 자유와 평등은 내적 긴장 관계를 이루고 있다.[8] 그러한 길항 관계의 상존 속에서 법치주의는 변화를 거듭하며 지속적으로 발전해 온 것이다.

아래에서는 먼저 정의 모델의 원형으로 플라톤의 정의 국가, 자유 모델의 전형으로 하이에크의 자유 국가를 살펴보고, 이어서 이 법치주의 두 모델의 근대 이후 전개 과정을 생각해 본다.

플라톤(Platon)의 정의 국가

정의 모델 법치주의의 연원은 플라톤까지 거슬러 올라간다. 플라톤 헌정철학은 그의 두 주저에 잘 나타나 있다. 『국가(*Republic*)』[9]에서는 이상적 통치자에 의한 이상국가를 제시했고, 『법률(*Laws*)』[10]에서는 훌륭한

8 박은정, 『왜 법의 지배인가』(돌베개, 2010), p. 160.

9 플라톤, 『국가』(개정증보판), 박종현 풀어 옮김(서광사, 1997).

10 플라톤, 『법률』, 박종현 풀어 옮김(서광사, 2009).

법률에 의한 훌륭한 국가를 제시했다. 플라톤의 정치철학은 흔히 인치에서 법치로 이행했다고 생각되지만 이상적 법질서에 대한 그의 관심과 열정은 변함이 없었다. 『국가』의 주요 제도들은 모두 기본적인 입법 사항이며 그에 대한 엄정한 준수가 요청되고 있다. 플라톤의 이상국가론에서도 일종의 입헌주의가 전제되고 있다고 하겠다.[11]

플라톤 『국가』의 핵심 헌정원리는 권력의 공공성이라고 할 수 있다. 플라톤은 이를 위해 권력자들의 사유재산과 사적 영역을 제거하는 극단적 방법을 제시한다. 통치자들은 결코 사익을 추구해서는 안 되며, 그들의 삶을 공동체와 일치시켜야 한다는 것이다. 통치자는 사유재산이 금지되고, 개인적 주거를 가질 수도 없으며, 공동식사와 공동생활을 해야 한다. 금은 등 화폐를 소지할 수도 없다.[12] 나아가 사적인 가족도 금지된다. 아이들은 자기 부모를 알지 못하고, 부모는 자기 아이를 알지 못한다. 성관계도 공동체의 이익을 위해 우생학적으로 실시된다.[13] 다만, 이러한 공산제적 규율은 오직 통치계층(통치자 및 국방·치안 관련 통치보조자)에만 적용되고, 일반 생산계층의 사람들에게는 요구되지 않는다. 생산계층 사람들은 사유재산을 향유하고 개별 가정을 구성할 수 있다. 생산계층은 통치계층의 지도를 받고, 통치계층은 생산계층의 경제적 지원에 의존한다. 플라톤 『국가』의 이상국가에서 지배층과 피지배층은 이러한 상보적 관계 속에서 균형을 이루고 있다.

플라톤의 마지막 대화편 『법률』에서는 보다 현실적인 정의 국가

---

11 플라톤, 『국가』 중 417b, 427b 등.

12 플라톤, 『국가』 중 416d-417a.

13 플라톤, 『국가』 중 458c.

의 상이 제시된다. 『법률』에서는 더 이상 『국가』에서와 같은 재산과 가족의 공유제가 주장되지 않는다. 대신 구성원들 사이의 사회적·경제적 평등이 중요시된다. 『법률』의 정의 국가는 모든 가구에 토지를 동등하게 분배하는 것으로 시작한다. 그렇게 분배된 토지는 양도가 금지되고 대대로 가구의 공동재산으로 유지된다.[14] 부동산뿐만 아니라 동산에 있어서도 가구별로 4배 이상의 재산 차이가 나지 않도록 규정했다. 『법률』에서 플라톤은 『국가』에서와 같은 이상적인 통치자를 말하지 않는다. 대신 훌륭한 법에 의한 법치국가를 제시한다. 플라톤의 법치국가는 '혼합정체'로 알려져 있다. 군주제(철인정치), 귀족제(선출제), 민주제(추첨제)의 다양한 혼합이 제시된다. 가장 중요한 통치기구는 일정 수의 호법관(법률수호자, nomophylax)으로 구성되는 위원회다. 이들은 전 주민의 심사와 투표에 의해 선출된다. 호법관들은 법질서를 수호하고 구성원들을 돌볼 책임을 맡는데, 가장 중요한 일이 바로 토지의 균등 배분과 재산 격차의 적정한 관리다.[15]

플라톤의 이상국가는 개인 간의 자유로운 경쟁보다 우애 있는 공동체를 목적으로 한다. 플라톤은 그러한 정의 국가를 통해 '정의는 강자의 이익'이라는 주장에 맞서고자 했다. 플라톤이 제시한 정의 국가의 요체는 권력과 사적 소유의 분리 그리고 구성원 간의 사회경제적 균등성에 있다. 플라톤은 권력과 재산의 결합 그리고 빈부의 양극화가 공동체의 타락, 국가 몰락의 주범이라고 생각했고, 따라서 그의 이상국가에서는 시민의 자유보다 덕성을 우선시한다.

---

14 플라톤, 『법률』 중 741c.

15 플라톤, 『법률』 중 754d-755b.

하이에크(Hayek)의 자유 국가

하이에크는 경제학자로 시작해 이후 관심을 헌정질서로 확장했다. 하이에크는 경제학과 법철학 모두에서 20세기 자유 모델 법치주의를 대표한다. 하이에크의 헌정이론은 『노예로의 길(*Road to Serfdom*)』[16]에서 시작되어, 『자유헌정론(*The Constitution of Liberty*)』[17]을 거쳐 『법, 입법, 자유(*Law, Legislation and Liberty*)』[18]에서 집대성되었다.

하이에크는 모든 이들의 행위를 보편적으로 규율하는 법치주의의 형식성에서 출발한다. 그러나 법의 궁극적 목적은 자유로 규정된다. 하이에크는 법의 가치를 평화, 자유, 정의로 말하기도 하지만,[19] 여기서의 정의는 보통 말하는 사회정의와 다르다. 이는 모든 이들에게 동일한 의사결정의 자유를 보장하는 규칙을 준수하며 타인에게 해를 끼치지 않는다는 소극적인 의미를 가진다.[20] 법은 오직 각인의 영역을 구획해 네 것과 내 것을 구분해 주는 것에 그쳐야 한다는 것이다. 하이에크는 각인의 고유한 영역, 즉 자유를 보호하는 것 이상의 다른 정의 가치를 승인하지 않는다. 하이에크는 법을 자유의 과학이라고 한다.

하이에크에게 자유, 소유, 법은 삼위일체를 이루는 것이다.[21] 하이에크의 자유는 '강제로부터의 자유', 즉 소극적 자유다. 이 소극적 자유는 곧 자율의 영역을 만들어 주며, 자율의 영역에서 사람들은 시행착

---

16 F. A. 하이에크, 『노예의 길』, 김이석 옮김(자유기업원, 2018).

17 F. A. 하이에크, 『자유헌정론 I/II』, 김균 옮김(자유기업원, 2016).

18 F. A. 하이에크, 『법, 입법 그리고 자유』, 민경국·서병훈·박종운 옮김(자유기업원, 2018).

19 하이에크, 『법, 입법 그리고 자유』, p. 649.

20 하이에크, 『법, 입법 그리고 자유』, pp. 306-307.

21 하이에크, 『법, 입법 그리고 자유』, p. 173.

오를 통해 지식을 발전시킬 수 있고, 사회는 진보할 수 있다. 하이에크는 그러한 과정을 자연적인 인간 질서로 본다. 그러한 자연적 질서는 곧 소유권과 계약자유로 구성되며 헌법의 최우선 규범이 된다.

하이에크는 법과 법률을 구분한다. 사람들의 상호 거래 과정에서 본원적으로 형성되는 것이 법이고, 그러한 거래 과정을 보호하고 지원하는 정부의 업무에 관한 것이 법령이다. 하이에크는 전자야말로 진정한 법이며, 그 법은 발견되는 것이지 제정되는 것이 아니라고 본다. 그리고 정부의 입법은 그에 위배될 수 없다고 본다. 따라서 하이에크는 원리를 관장하는 입법의회와 집행을 맡는 정부(행정)의회를 구분한다.[22]

소유권과 계약자유의 법제는 곧 경쟁 체계인 시장을 구성한다. 하이에크는 시장을 인간 사회의 중추 질서로 본다. 하이에크에게 시장은 사회의 모든 가용 지식을 발견해 내는 과정이며, 그 지식들을 상호 연결시켜 사회의 부를 창출하는 과정이다. 시장은 최적의 상태를 찾아 스스로 조절해 가는 진화 과정이며, 각인의 소득은 그러한 자유 시장 체계에서 자연적으로 형성된다. 하이에크는 사람들의 공적과 가치에 상응하는 어떤 응분의 몫이 있다는 발상을 거부한다. 각 사람의 공적과 가치는 객관적으로 판정될 수 없고, 시장에서의 평가에 의해 측정될 수 있을 뿐이라는 것이다. 그는 시장의 자기조절적 진화 과정 이외에 다른 어떤 '사회 정의' 혹은 '분배적 정의'라는 것은 가능하지 않다고 본다.[23]

---

22 하이에크, 『법, 입법, 그리고 자유』, p. 628.

23 하이에크, 『법, 입법, 그리고 자유』, p. 350.

하이에크는 세계인권선언에서 천명된 사회경제적 인권에도 부정적이다. 그것은 플라톤과 그 추종자들의 '합리주의적 구성주의(rational constructivism)'가 휘몰아친 결과일 따름이라는 것이다.[24] 한 가지 흥미로운 것은 하이에크가 사회적 취약계층에 대한 최소한의 사회적 보장에 찬성하고 있다는 점이다. 그러나 하이에크는 그러한 사회 보장이 '각인의 공정한 몫'이라고 하는 분배적 정의의 차원으로 확장되는 것을 경계한다. 그렇게 되면 결국 사람들의 자의적인 판단이 충돌하고 일정한 부류에 대한 특별대우와 다른 사람들에 대한 희생으로 귀결될 것이라고 보기 때문이다.[25]

하이에크에게 사회주의 계획경제는 파시즘과 같은, 노예로 가는 길이다. 그는 사람의 인지적 한계로 어떤 정부도 전체 사회의 경제를 계획하고 조직할 수 없다고 본다. 정부가 어떤 경제계획을 강제로 수행한다면, 그것은 곧 정부가 특권과 차별의 체제를 만드는 것이며, 그 결과는 자유의 박탈과 경제의 파탄이라고 보는 것이다. 그는 또한 복지국가 역시 사회주의 계획경제의 아류일 뿐이라고 한다. 노동조합, 국가 의료보험, 누진세, 가격제한, 공공주택 정책, 토지 거래 규제, 공교육 체제 등 복지국가 정책들은 부당한 특권과 차별을 제도화하거나 사회의 진보 혹은 인간의 자유를 저해하는 결과를 낳을 것이라고 비판한다. 하이에크의 자유 국가에서는 정부에 의존하는 복지보다 불행할지라도 독립적인 개인의 자유가 더욱 소중하다.

24 하이에크, 『법, 입법, 그리고 자유』, p. 402.

25 하이에크, 『법, 입법, 그리고 자유』, p. 564.

법치주의 두 모델의 전개 과정

근대 법치주의는 시민혁명이 보여 주었듯 국가권력에 대한 제한과 자유의 보장으로 시작되었다. 영국의 에드워드 쿡(Edward Coke) 판사는 국왕도 법을 준수해야 한다며 절대권력에 맞섰다. 존 로크(John Locke)는 국가의 목적이 소유(property), 즉 생명, 자유, 자산의 보호에 있다며 그 책무를 배반하는 정부에 대한 혁명을 옹호했다. 몽테스키외(Montesquieu)는 전제주의에 맞서 권력분립과 권리보장이라는 근대 입헌주의의 원리를 정립했다.

시민혁명기의 법치주의에서 자유와 정의의 이념은 모순되지 않았다. 물론 근대 초에 이미 자유 모델과 정의 모델의 분화가 나타났다. 예컨대 프랑스 혁명기 1793년 산악파(Montagnard)의 인권선언(1793년 헌법의 권리장전)은 1789년 인권선언(1791년 헌법의 권리장전)과 달리 공공 구제에 대한 규정을 담고 있었다.[26] 그러나 시민혁명에서 자유의 구호는 곧 정의에의 호소였다. 절대왕정의 철폐와 입헌주의 도입, 귀족과 성직자의 특권 폐지, 평민, 즉 제3신분의 소유권 보장은 시민의 자유만이 아니라 구체제의 특권과 차별을 타파하라는 정의의 요구였다.

그러나 시민혁명 이후 유산자 시민계층의 지배권이 확립되면서 법치주의는 자유주의와 자본주의 발전의 동반자가 되었다. 즉, 자유 모델 법치주의는 국가권력을 제한함으로써 시민사회를 자유로운 영역으로

---

26 1973년 헌법 권리장전(산악파의 인권 선언) 제21조, "공공의 구제는 신성한 책무이다. 사회는 불행한 시민들에게 노동을 제공해 주거나 노동할 수 있는 상태가 아닌 자들에게는 생존수단을 보장해 줌으로써 생계의 의무를 지닌다." 최갑수, 「1789년의 인권선언과 혁명기의 담론」, 『프랑스사 연구』 제4권(2001), p. 37.

만드는 데 성공했다. 중세 이래 존재한 소유권에 대한 모든 공동체적 제약들은 해소되었으며, 마침내 소유권 절대의 원칙과 사적 자치의 원칙이 확립되었다.

하지만 자유 모델 법치주의는 시민사회의 영역을 공정하게 만드는 데에는 성공하지 못했다. 시간이 흐르며 경제권력이 시민사회를 지배하게 되었고 결국 정부 기구까지 '포획'했다. 경제적 부는 놀라울 정도로 증대했지만, 사회적 비참은 줄어들지 않았다. 빈곤과 사회 양극화, 불공정과 불로소득의 체계는 지속 가능하지 않은 것이었고 다시 정의의 요청이 제기되었다. 자유 모델 법치주의가 수정을 요구받은 것이다.

19세기 후반 영국의 개혁가들은 자유 개념에 대한 재검토에 나섰다. 밀(J. S. Mill)에 이어 홉하우스(L. T. Hobhouse)와 홉슨(J. A. Hobson) 등 혁신 자유주의자들(New Liberals)은 소유권에 대한 재해석과 새로운 입법을 요구했다. 이들은 자유와 방종을 구별하고 재산 축적의 사회성과 공공성을 상기시켰으며 자산계층 불로소득의 공동체 환원을 주장했다. 이렇게 고전적 자유주의는 사회적 자유주의로 바뀌었다.

20세기 전반 독일의 바이마르(Weimar) 공화국에서 사회민주주의자들은 이전의 자유 모델 법치국가를 넘어 '사회적 법치국가(sozialer Rechtsstaat)'를 주창했다.[27] 헤르만 헬러(Hermann Heller)는 법이란 단지 형식적인 규칙이 아니라 윤리적 원칙이어야 한다고 보았다. 또한 시민들의 자유는 형식적인 것에 머물지 않고, 실질적인 역량 증진으

---

27 독일 법치국가 역사와 사회적 법치국가 논쟁에 대해서는 헤르만 헬러 외, 『법치국가의 원리』(재판), 김효전 엮어 옮김(법원사, 2001); 헤르만 헬러의 사회적 법치국가론에 대해서는 헤르만 헬러 외, 『법치국가의 원리』 중 「법치국가냐 독재냐」, pp. 5-26.

로 이어져야 한다고 보았으며, 민주주의는 인민들의 사회경제적 균등을 요구한다고 보았다. 이는 당시 전체주의 법학자인 카를 슈미트(Carl Schmitt)의 민족적 균질성 요구에 대한 비판이기도 했다. 사회적 법치국가 이념은 제2차 세계대전 후 새로운 독일의 본(Bonn) 기본법에 명문화되기에 이르렀다.

미국에서도 자유의 개념은 정의의 요청으로 수정되었다. 20세기 초 우드로 윌슨 대통령이 경제적 방임주의를 제한하는 '새로운 자유(New Freedom)'을 제창했다. 20세기 중반 프랭클린 루스벨트(Franklin Roosevelt) 대통령도 자유 개념을 재해석하고 뉴딜(New Deal) 정책으로 미국 사회를 재구성했다. 미국 사회의 소득 격차는 극적으로 축소되었다. 루스벨트 대통령은 제2차 세계대전 후의 새로운 세계질서를 위한 4개의 자유를 제안하면서 언론의 자유, 신앙의 자유, 공포로부터의 자유에 더해 궁핍으로부터의 자유(freedom from want)를 천명했다. 영부인 엘리너 루스벨트(Eleanor Roosevelt)의 헌신으로 4대 자유는 유엔 헌장 전문 그리고 세계인권선언에 포함되었다.

그러나 20세기 후반 서구 경제의 고도성장이 멈추면서 생산성이 하락하고, 이윤율이 저하하고, 청년층의 실업률 증가가 두드러졌다. 이에 복지국가, 정의 모델 법치주의가 문제로 지목되었으며, 정부의 부당한 특혜와 개입, 시민들의 도덕적 해이가 비판받았다. 그리고 마침내 원래의 자유주의, 즉 시민사회의 자율과 책임, 자유 시장 원리를 회복해야 한다는 신자유주의(Neo-liberalism)가 대두했다. 영국 대처(Margaret Thatcher)의 보수당 정부와 미국 레이건(Ronald Reagan) 공화당 정부가 그러한 흐름을 선도했다. 하이에크는 이러한 신자유주의 철학의 중심 사상가였다.

그 결과 자유 모델 법치가 세계적 표준으로 제시되기도 했다. 1996년부터 실시된 세계은행(World Bank)의 각국 거버넌스 지수(Worldwide Governance Indicators)에서 법의 지배(the rule of law) 항목은 계약의 이행, 재산권, 경찰, 법원 그리고 범죄와 폭력의 빈도 등으로 구성되었다. 사회권 혹은 부의 형평성 관련 지표는 전혀 반영되지 않았다.[28]

그러나 신자유주의의 성취는 의심스러운 것이었다. 규제 완화는 오히려 투기적 거품을 양산했으며, 1997년 아시아 외환위기에 이어 2008년 미국의 금융위기가 발생했다. 경쟁은 더욱 각박해졌고, 사회적 양극화가 다시 심화되었다. 더욱이 코로나19 팬데믹으로 인한 전대미문의 확장적 재정금융 정책은 자산 시장만을 활성화시키며, 부의 격차를 가속화했다.

소위 '제2의 자본론'으로 유명한 토마 피케티(Thomas Piketty)가 분석한 부의 격차 추이(그림 1)는 시사하는 바가 크다.[29] 고전적 자유주의가 발달한 19세기 말 사회 양극화가 절정에 달했고, 20세기 세계대전 후 복지국가 시대로 접어들면서 극적으로 감소했던 격차가 20세기 후반 신자유주의 시대부터 다시 급속도로 확대되고 있음을 알 수 있다. 흥미롭게도 이러한 변화는 법치주의에서 자유 모델과 정의 모델이 전개되는 과정에 상응하는 듯하다.

---

28 세계정의프로젝트(WJP)의 법의 지배 지수는 조금 더 포괄적이지만 여전히 자유 모델에 치우쳐 있다. 구체적 내용은 김대홍, 「세계정의프로젝트(WJP) 법치주의 지수 설문 문항의 분석-텍스트 연결망 분석을 접목하여」, 『숭실대학교 법학논총』 제48권(2020), pp. 97-126.

29 토마 피케티, 『자본과 이데올로기』, 안준범 옮김(문학동네, 2020), p. 49; 인터넷 원자료, http://piketty.pse.ens.fr/files/ideology/pdf/F0.6.pdf(2021. 11. 1 검색)

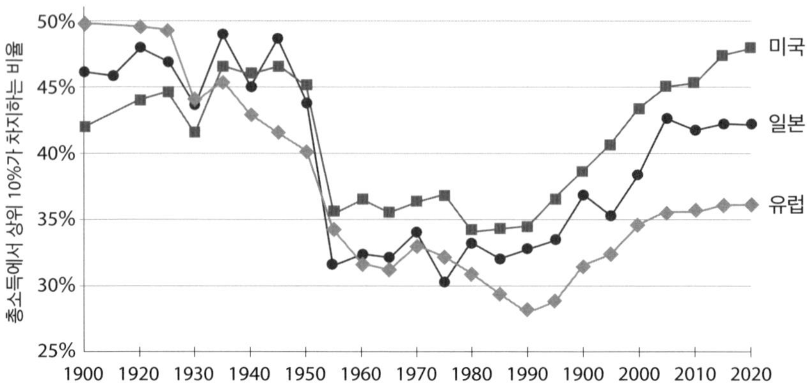

[그림 1] 토마 피케티의 부의 격차 추이

정의 모델 법치주의와 재산권 규율

정의 모델 법치주의의 관건은 역시 재산권 규율 문제일 것이다. 그를 위해 먼저 오해를 불식할 필요가 있다. 정의 모델 법치주의는 재산권을 부정한다는 인식이 있다. 플라톤 『국가』의 이상국가에서는 통치계급에게 사유재산이 불허되었고, 근대 마르크스와 공산주의는 생산수단 사유의 철폐를 주장하기도 했다.

그러나 이미 보았듯이 플라톤 『국가』의 공유제는 통치계급의 자격에 관한 규율일 뿐이었고, 플라톤의 관심은 사유재산 폐지가 아니라 권력과 재산의 결합 금지, 그리고 통치계급의 공적 덕목에 있었다. 『법률』의 법치국가에서는 사유재산을 기본으로 하되, 시민 간 부의 형평성을 말했다. 마르크스도 『공산당 선언』에서 토지와 생산수단의 국유화를 주장했지만, 그의 정의 원칙은 '능력에 따라 성취하고, 필요에 따라 배분한다(『고타강령비판』)'는 것이었다. 필자는 그 정의 원리가 각인의 역량 발휘와 생활 수요를 반영하는 개인적 재산권을 부정할 이유는 없다고 생각한다.

정의 모델 법치주의에서도 재산권의 규율은 분명해야 한다. 월드론(J. Waldron)의 이야기처럼 재산권 확립은 형식적 법치주의의 안정성과 예측 가능성을 위해서도 필요하다.[30] 말하자면, '물권법정주의'의 원칙은 자유 모델이나 정의 모델 어느 경우이든 법치주의의 기본 원칙으로 승인되어야 한다. 사람들의 삶과 거래의 안전을 위해 재산권은 명확해야 한다. 그렇지 않다면, 상호 우선권 혹은 책임 소재를 둘러싼 분쟁이 끊이지 않을 것이다.

문제는 재산권의 폐지가 아니라 재산권의 재규정이다. 재산권은 엄정하게 규정되어야 하지만, 재산권을 반드시 개인적 소유권에 국한시킬 이유는 없다. 월드론도 재산권(property)과 사적 소유권(private ownership)을 구분하며 세입자의 재산권, 담보권자의 재산권, 그리고 집단적 소유권 등 다양한 형식을 얘기한다.[31] 그리고 법치주의의 형식적·절차적 요건만 충족한다면 사회적·경제적 입법을 통한 재산권 재조정도 가능하다고 말한다.[32] 박은정도 복지권, 사회경제적 인권을 법치주의 내의 권리로 포함시키고 있다.[33] 장기적으로 정의 모델 법치주의에서 재산권 체계는 기존의 물권에 더해 생존권, 공동체의 지속, 환

30 J. Waldron, *The Rule of Law and The Measure of Property* (Cambridge University Press, 2012), pp. 51-57.

31 Waldron, *The Rule of Law and The Measure of Property*, p. 58.

32 Waldron, *The Rule of Law and The Measure of Property*, p. 74.

33 박은정, 『왜 법의 지배인가』, p. 202.

경과의 조화, 사회적 형평성, 학문·문화·도덕의 함양 등 여러 가치를 감안하는 새로운 방향으로 나아가야 한다고 생각해 볼 수 있다.

이러한 흐름은 새로운 것이 아니다. 예컨대, 주택 및 상가 임대차 보호법이 세입자의 채권에 대항력과 우선변제권을 부여한 것은 기존 민법의 물권 우선성 논리를 수정한 것이다. 즉, 세입자의 생존권을 반영해 채권을 물권화시킨 것이다. 근로자 퇴직금 채권의 일정 부분에 있어 사용자의 책임재산에 대한 최우선변제권을 인정한 것도 마찬가지다. 이러한 사회적 입법들은 기존의 소유권을 약화시키는 부분이 있지만, 입법의 일반적 원칙에 따라 규율되는 한, 재산권 체계의 예측 가능성, 즉 시장의 안정성을 깨트리지 않는다. 시장에서의 게임의 규칙이 조정된 것뿐이다. 사실 하이에크 자신도 상린(相隣)관계를 언급하며 재산권의 범위와 내용을 정하는 문제에는 어떤 획일적인 정답이 없다고 했다. 이처럼 재산권의 종류, 내용, 범위는 선험적으로 정해지는 것이 아니다.

정의 모델 법치주의를 더욱 밀고 나간다면, 사회 구성원 간 재산의 형평성을 포괄적으로 규율하는 입법도 생각할 수 있다. 그 급진적 예로 플라톤 법치국가와 같은 재산 격차의 상한 설정 등을 들 수 있을 것이다. 그러나 필자는 '공동체의 것은 공동체 구성원들이 공동으로 향유한다'는 원칙을 제안하고 싶다. 정의의 원칙은 보통 '각자에게 그의 것을'이라는 명제로 이해된다. 하이에크의 자유 모델 법치주의는 '네 것과 내 것의 경계를 획정하는 것'을 법의 요체로 하고 있다. 필자는 그에 앞서 '모든 이들의 것은 모든 이들에게'라는 원리를 재산권 규율의 기본으로 삼을 수 있어야 한다고 생각하는 것이다.

주지하듯이, 한 사회의 부의 상당 부분은 특정인의 업적으로 돌리기 어려운 경우가 많다. 부의 원천은 일차적으로 자연물이다. 대표적으로 토지가 그렇다. 토지는 사람들이 만들어 낸 산물이 아니다. 그로티우스, 푸펜도르프, 로크 등 근대 초기 사상가들도 토지 소유의 원초적 형태를 공유로 상정했다. 부의 또 하나의 원천은 인간의 지식이다. 지식은 누적적이다. 현재의 지식 수준은 과거 인류의 지적 성취의 총합이다. 모든 새로운 발명과 기술혁신은 인류 공동의 지적 성취에 의존하고 있는 것이다. 이렇게 토지와 지식이 공동체의 유산이라고 할 때, 그로부터 나오는 이로움은 공동체 구성원 모두에게 고루 돌아갈 필요가 있을 것이다.

그런 의미에서 헨리 조지(Henry George)가 토지 지대(地代)를 전부 세금으로 환수해 공공의 이익으로 환원하고자 한 것은 정의 모델 법치주의에 따른 혁신적인 재산권 규율이었다고 생각한다. 롤스의 정의론은 그러한 논리를 사회 전체의 부로 확장시킨 것이라고 볼 수 있다. 롤스가 구상한바, 유리한 처지에 있는 이들이 그들의 자원을 활용해 성취를 이루는 것이 동시에 불리한 처지에 있는 이들에게도 이롭도록 하는 법질서는 훌륭하고 아름답다.

롤스는 그의 정의론에 부합하는 체제로서 재산소유적 민주주의(property owning democracy)를 이야기한다. 이는 사유재산과 시장원리를 전제하지만, 사회적 경제와 조세 제도를 통해 재산권을 사회화한 것이다. 롤스는 재산소유적 민주주의를 복지국가적 자본주의와 구분한다. 재산소유적 민주주의는 복지국가같이 소득을 재분배하는 것이 아니라 사회경제를 근본적으로 재구성하는 것이다. 롤스는 생산적 자원 및 인적 자본(human capital)이 구성원 사이에 고루 분포되어 있는 체제를 추구한다. 말하자면, 재분배가 아니라 '사전 분배(predistribution)'인 셈이다.

흥미로운 것은 말년에 롤스의 저서를 접한 하이에크가 '사회정의'라는 용어에는 찬성하지 않았지만, 롤스의 기본 입장을 딱히 반박하지 않았으며, 나아가 롤스 정의론의 절차주의적 성격에 대해 자신의 입장과 별 차이가 없다는 견해를 피력했다는 점이다.[34]

정의의 입법: 법치주의의 도약

하이에크는 인간의 진보는 원래 불균등하고 그로 인한 사람들의 희생이 불가피하다고 본다. 그러나 장기적으로는 사유재산의 경쟁체제가 모든 이들의 삶을 더욱 풍요롭게 할 수 있다고 보았다. 오늘의 사치품이 내일의 일용품이 된다는 것이다.[35] 하이에크는 더 나아가 미래를 위한 현재의 희생은 오직 시장의 자생적 질서에서만 가능한 것으로, 다수결의 정치질서에서는 기대할 수 없다고 지적한다.[36]

그러나 자연적 시장질서에서 현재의 희생이 항상 보답을 받는 것은 아니다. 더욱이 선두와 후미의 격차는 점점 벌어지는 경향이 있다. 물론 지위 상승에 성공하는 소수가 있을 수는 있지만, 지위 상승의 구조적 가능성은 점점 떨어진다. 이는 앞서 언급한 토마 피케티의 그래프가 보여 주는 바처럼 현재 세계가 당면한 문제이기도 하다.

기존 사회 질서의 결함을 보완·시정하는 일은 결국 정의로운 입

34 하이에크, 『법, 입법 그리고 자유』, p. 23 및 p. 396.

35 하이에크, 『자유헌정론 I』, p. 83.

36 하이에크, 『자유헌정론 I』, p. 94.

법의 임무가 될 것이다. 사실상 근대 자유 모델 법질서도 자연적 과정의 산물이 아닌 법적 혁명의 산물이라고 할 수 있다. 프랑스 혁명기 토지에 대한 봉건적 부담의 철폐, 영국과 프랑스 수도원 및 교회 토지(전 국토의 약 3할)의 몰수와 재분배 등이 근대 법질서의 토대를 이루었다는 점을 상기할 필요가 있다.

대한민국의 성공적인 자유주의 경제발전도 해방 후 지주-소작제를 혁파한 농지개혁이 있었기에 가능했다는 점을 지적할 수 있다. 이러한 경자유전(耕者有田)의 소작제 금지 조항은 제헌 헌법부터 현행 헌법에 이르기까지 유지되고 있다(헌법 제121조).

물론 보다 광범위한 토지 개혁을 실시하고 결국 모든 토지의 국유화까지 강행한 북한 공산주의 체제의 실패 사례도 같이 기억되어야 한다. 하이에크의 우려처럼 정의의 법치가 자유의 죽음이라는 파국으로 귀결될 수도 있는 것이다.

자유 모델 법치주의의 역사적 성취를 계승하는 정의 모델의 법치주의, 입헌민주주의 원리에 기초하는 공공성의 사회경제, '법치의 틀 속에서 가능한 복지국가'[37]와 같은 법치주의의 변증법적 도약은 이 시대 법률가들에게 최고의 용기와 지혜를 요구하는 일이라고 생각한다.

37 박은정, 『왜 법의 지배인가』, p. 201.

2

법의 지배에서 법이란 무엇인가*

엄순영

왜 법의 지배인가

2021년 현재 지구상에 존재하는 국가의 수는 200여 개다. 그중 법의 지배를 채택하고 있는 국가의 수가 얼마나 되는지는 알 수 없지만, 나름대로 민주주의와 시장경제를 확립한 나라들이 가입하고 있는 경제협력개발기구(OECD)의 회원국을 중심으로 법의 지배를 채택하고 있는 나라를 생각해 보자. 경제협력개발기구(OECD)의 회원국은 38여 개다. 우리가 잘 알고 있는 캐나다, 미국, 영국, 유럽 여러 나라, 일본, 한국, 남미의 일부 국가 등이 이에 해당한다. 남아공, 브라질, 인도, 인도네시아, 중국은 회원국이 아니라 핵심 파트너이며, 아프리카, 중동 지

* 이 글은 엄순영, 「권력의 정당화와 법의 관계에 관한 법철학적 연구」(이화여자대학교 박사학위논문, 2005); 엄순영, 『법학입문』 중 제3장 「법치국가와 법의 일반성」(경상대학교출판부, 2020)의 내용을 수정 보완한 것이다.

역, 동남아시아의 여러 나라는 회원국도 파트너도 아니다. 대략 생각해 보면, 법의 지배는 지구상에 존재하는 모든 국가에서 채택되고 있는 것 같지는 않고, 민주주의와 시장경제를 안착시킨 나라에서 주로 이를 채택하고 있다.

우리나라의 경우, 해방 이후 독일과 프랑스법의 영향을 받은 일본법과 서구의 법을 계수해 우리나라의 법체계를 수립했지만, 법이 우리 생활에서 실현되고 중요한 역할을 하기 시작한 것은 사회가 민주화된 이후다. 민주화 이전의 사회는 법보다는 사회가 인정하는 권위에 따라 움직였다. 물론 지금도 사람들은 현실이 법대로 운영되지 않는 것을 힘들어하기도 하고, 법의 미비함으로 불편해하면서 법대로 운영하는 것이 오히려 사람을 힘들게 한다고 생각하기도 한다. 법은 이처럼 우리의 현실과 밀접해 있다. 법이 이렇게 생활의 중심에 자리 잡은 것은 우리가 법의 지배를 받아들이고 있기 때문이기도 하다.

특히 시장경제 질서와 법의 지배의 관계에 주목할 필요가 있다. 자유로운 시장경제 질서를 유지하기 위해서는 약속의 실현과 공정한 시장경제 질서를 보장하는 법이 필수적이다. 공산당의 통치를 주장하는 나라도 시장경제 질서를 수용하면서 세계 시장경제 질서에 편입하고, 법의 지배를 필요에 따라 일부 수용하고 있는 듯하다. 이처럼 법의 지배가 시장경제 질서와 밀접한 관련이 있는 것은 법의 지배의 태동과도 관련이 있다.

법의 지배는 먼저 귀족이 왕으로부터 자신의 재산과 신체를 지키기 위해, 이후 시민이 왕과 귀족으로부터 자신의 재산 소유권과 생명과 신체에 대한 자유권을 지키기 위해 수립되었고, 근대 시민혁명 이후 더욱 본격적으로 자리 잡았다. 이런 필요에서 시작된 법의 지배가 확장되고 발전하면서 그것이 보장하는 권리는 소유권과 자유권에서 사회권까지 확장되었으며, 현재에도 계속 새로운 권리가 생성되고 있다.

그렇다면 왜 근대 시민혁명은 법의 지배를 원했는가? 근대 시민혁명과 법의 지배의 연관성에 대해, 그 당시 시민의 자유로운 경제활동을 위해서는 국가권력의 행사를 예측할 수 있어야 했고, 이때 법의 지배가 필요했다고 설명한다. 국가권력이 미리 공포된 법에 따라 행사된다면 시민은 국가권력이 자신의 활동과 재산을 언제 어떻게 위협할지 모른다는 불안에서 벗어나 자신의 행위를 계산하고 예측하면서 자유롭게 경제활동을 하고, 그 과정에서 부를 축적할 수 있다. 따라서 시민은 자신의 자유로운 경제활동과 재산권 보장을 위해 법에 따른 정치권력의 행사를 요구했다. 이것이 바로 법의 지배가 국가권력 행사시스템의 작동원리가 된 주된 이유다. 법은 고대부터 인간과 함께했지만 법의 지배가 본격적으로 수립된 것은 근대 이후다. 근대 이전까지 법은 사회와 국가에서 지금처럼 중요하지 않았다. 사회나 국가의 중요한 행위 기준이 아니었던 것이다.

법의 지배는 자본주의 전개 과정과 밀접한 관련이 있다. 14세기와 15세기에 걸쳐 서구의 봉건제는 위기를 맞았다. 봉건적 농업이 대규모로 붕괴하고, 매뉴팩처(공장제 수공업) 기업이 출현했으며, 국제 상법이 발달하고 인구가 격감했다. 결국 14세기 중엽에서 17세기 중엽에 봉건적 생산관계가 총체적 위기를 맞았고, 이를 계기로 자본주의 시대가 시작되었다.

막스 베버는 자본주의 시대라고 불리기 위해 충족해야 하는 특징을 설명하는데, 우리 삶에서 필요한 기본 수요가 자본주의 방식으로 충족되고, 자본주의 방식이 없으면 삶에 필요한 수요가 충족될 수 없어야 한다는 것이다. 서구에서 일상생활의 수요를 자본주의 방식으로 충족하게 된 것은 19세기 후반이다. 물론 다른 시기에도 자본주의가 있었지만, 그 당시의 자본주의는 선택할 수 있는 것이었다. 자본주의 방식은 소수였고, 이것이 제거되어도 경제사회의 근본적 변화가 일어나지 않을 수 있었다. 막스 베버는 근대 자본주의 성립을 위한 일반적 전제 조건으로 합리적인 자본계산을 들고 있다. 합리적인 자본계산의 전제 조건은 구체적으로 다음과 같다. ① 모든 물질획득 수단(토지, 시설, 기계, 도구)은 자유로운 사유재산으로, 자율적이고 사적인 영리기업의 소유다. ② 자유로운 시장이 있고, 화물과 운송은 신분 같은 비합리적인 구속에서 해방되어 있다. ③ 합리적인 기술이 있다. 계산이 가능하고 기계화된 기술이 생산되고 유통되며, 계산의 합리화가 재화의 생산 및 운반 비용에도 적용된다. ④ 합리적으로 계산 가능한 법률이 존재한다. 자본주의 경제경영은 재판 및 행정이 계산 가능하게 시행될 경우에만 합리적으로 이루어질 수 있다. ⑤ 자유로운 노동이 있다. 자기의 노동력을 시장에서 자유로이 매각하는 것이 법률적으로 허용되어 있을 뿐 아니라, 경제적으로 그렇게 하지 않을 수 없도록 강요되는 사람이 존재해야 한다. 그러한 사회계층을 무산자라고 한다. 자유노동의 기반 위에서만 합리적인 자본계산이 가능한데, 형식상으로는 자유의사에 의한 것이나, 실제로는 굶주림의 채찍에 의해 강제로 자기의 노동력을 매각하는 노동자가 존재함으로써 생산 비용을 정액 노임에 따라 미리 계산할 수 있다. ⑥ 경제의 상업화가 이루어져야 한다. 기업에서는 배당권 및 재산권에 대해 유가증권의 형태가 일반적으로 사용된다.[1]

막스 베버는 근대 자본주의 사회의 최고 가치로 정확한 계산을 꼽았다. 고도로 발달한 회계와 부기 형식, 상업과 가사 활동의 분리, 형식적으로 자유로운 노동, 자연 세계에 대한 최대한의 통제는 근대 자본주의의 예견 가능한 경제활동을 위한 것이다. 근대 자본가들은 경제적 업무에서 최대한의 예견 가능성을 성취하기 위해 법의 지배를 요구했다. 법으로 작동하는 사회는 정확하게 예견할 수 있고, 계산할 수 있는 사회의 실현을 의미했다. 베버는 행정가와 판사의 이상적 모습으로 "성문화된 문장에서 기계적으로 이유를 읽으며 평결을 바닥에 떨어뜨리면서, 법서류들과 요금들로 꾹대기까지 채워지는 자동인형"[2]을 제시했다.

자본가는 경제 관계에서 분명한 실행을 선호한다. 그 때문에 자본가는 자신의 기대를 최대한 충족시킬 수 있는 평등이 전제된 법적 환경을 선호하고, 확실한 예견이 가능하기를 열망한다. 따라서 자본가는 경제적 불확실성을 감소시키는 법적 형식을 통한 명확하고, 계산 가능하고, 실행 가능한 계약을 원했다. 영국의 보통법 체계와 프랑스와 독일의 법체계는 근대 자본주의에서 필요한 법적 계산 가능성을 보장하기 위한 기능을 충실하게 이행했다. 이후 자본주의가 전개되면서 법적 형식주의는 완화되었다.

법의 지배는 근대 자본가들을 보호하는 기능을 했다. 초기 자유주의 이론가인 로크, 몽테스키외, 베카리아, 볼테르, 칸트 등은 법의 지배

---

1 막스 베버, 『사회경제사』, 조기준 옮김(삼성출판사, 1990), pp. 284-286.

2 M. Weber, *Economy and Society*, G. Roth and C. Wittich (eds.), Vol. II (University of California Press, 1979), p. 979.

를 정치적 전제주의와 경제적 간섭주의에 대항하는 무기로 여겼다. 이들은 정부가 합법적으로 규제되지 않으면 자의적인 정부가 되어 모든 개인의 자유를 억압한다고 보았다. 그들은 주로 개인을 소유자로 인정하는 초기 자유주의적 경향이 있었으며, 상업적 생활에 대한 정치적·경제적 전제주의의 위험을 특히 강조했다. 정치적 전횡은 근대의 경제운영과 맞지 않았다. 국가 활동을 예견할 수 없으면 경제 이익을 잃을 위험이 발생할 수 있기 때문이다. 계약자들이 국가 행정을 신뢰할 수 없다면 그 밖의 제도는 거의 존재할 수 없고, 경제거래조차 곤란해질 것이다.

자본가인 시민계급의 부상으로 귀족 중심 사회가 붕괴하고 절대왕정을 거쳐 입헌군주제 혹은 공화국이라는 형태의 근대국가가 출현했다. 이 경우 근대국가는 폭력을 조직적으로 강력하게 독점하기 때문에 국가의 관료기구가 시민에게 가장 큰 위협이 될 수 있다. 그런 이유로 자본주의를 실행하는 사람들은 법의 지배를 강조했다. 이때 법은 명확하게 공포되어 기업가가 언제 어떻게 정부 기관이 간섭하는지를 알 수 있도록 해야 했다. 법은 불소급적이어야 하고, 모두에게 같은 법이 적용된다는 일반성과 법적 안정성이 보장되어야 한다. 그렇다면 경제행위자는 적어도 권력자가 자신의 행위에 대해 일관된 방식으로 행위할 것이라는 확신을 가질 수 있을 것이다. 그래서 법의 지배는 정부의 모든 행위가 자신이 이전에 확정해 발표한 법규범에 구속받는다는 것을 의미한다. 사람들은 그런 법규범을 통해 권력자가 권력을 언제 어떻게 행사할 것인지 확신하고 예견함으로써 자신의 행위를 계획할 수 있다.

근대 자본주의 역사에서 경제활동이란 종종 시간과 소비가 상대적으로 위험하게 교환되는 것이라고 설명된다. 증기선, 철도, 자동차, 비행기가 발명되기 전에 상품들을 장거리 수송할 때의 어려움을 생각해 보자. 초기 자본주의에서 경제적 불확실성을 경감시키는 한 가지 방법은, 자신의 사업에 영향을 미치는 법이 고단한 여정을 마치고 오지에서부터 집으로 돌아올 때까지 변경되지 않는다는 것을 확실하게 해 두는 것이다. 여정 중에 변하지 않는 세법, 안정된 계약 체계, 예견 가능한 법규범과 판례는 경제적으로 중요하다. 세금이 빠르고 갑작스럽게 변하면 경제적 불확실성이 높아져 상인이 자신의 행위를 합리적으로 계획하기 힘들다. 법에서의 명확성과 투명성이 자신의 경제적 이익을 증진하고 경제적 불안정성을 감소시킨다는 법의 지배의 특징은 경제적 거래의 거리와 존속기간에 의해 발생하는 불확실성을 낮추는 도구로 작용한다. 자유주의 법체계는 사유재산과 계약자유 체제를 보장할 뿐 아니라 상인이 처한 경제 환경의 시간과 공간 차이로 생기는 불안정성을 감소시키면서 자본주의 거래를 할 수 있게 한다. 근대 유럽에서 사람들은 도덕이나 종교에서 벗어나 법을 형성했으며, 이를 추상적·형식적·일반적인 것으로 인식했다. 근대법의 개혁자들은 합리적인 질서가 잡혀 있고, 통일적이며, 추상적인 개념과 규범으로 구성된, 상보적인 법적 통일체를 상상했다. 근대에는 지도와 시계 제작이 발전했는데, 근대법의 개혁자들은 이런 근대의 시계처럼 예견할 수 있고, 좋은 지도처럼 믿을 수 있는 형식적인 재판 방식을 상상했다. 예컨대 볼테르는 합리적인 도시계획의 가능성에 매혹되면서 법에서도 투명하고, 추상적이고, 보편적인 전제들에 기초하는 법을 통한 근대화를 꾀했다.[3]

---

3 W. E. Scheuerman, "Globalization and the Fate of Law," in D. Dyzenhaus(ed.), *Recrafting the Rule of Law: The Limits of Legal Order* (Hart Publishing, 1999),

이처럼 법의 지배는 자본주의 출현과 밀접한 관계가 있으며, 근대 자본주의를 발전시키기 위한 정치·경제·사회 시스템으로 채택되었다.

법의 지배에서 법이란 무엇인가

법의 일반성

법의 지배에서 법의 특징은 모든 국민에게 같은 내용의 법이 효력을 가진다는 것이다. 이는 평등, 즉 신분질서와 특권의 파괴를 의미한다. 물론 근대국가에서 국민의 의미는 현대국가에서 이해하는 국민의 의미와 달랐다. 근대국가에서 무산자와 여성은 국민에서 배제되었고, 이후에야 국민이라는 일반적 개념에 포함되었다.

모든 국민에게 같은 내용의 법이 효력을 가진다는 법의 일반성은 달리 말하면 모든 사례에 대해 모든 사람에게 추상적인 규칙이 내려져 있음을 의미한다. 이러한 법의 일반성에 대한 이해는 법의 지배에서 법이란 무엇인지를 이해하는 데 중요한 개념이다. 현재의 법학이나 사회에서는 대체로 법의 형식성과 법의 실질성이 상호대립적인 긴장 관계에 있다고 이해한다. 하지만 법의 형식성과 실질성은 법의 지배에서 법의 특징인 법의 일반성을 통해 상호공존한다.

법의 일반성은 법의 형식적 구조이고, 소급효 금지라는 실질적 요소를 동시에 포함한다.[4] 프랑스, 독일, 영국에서는 소급효를 금지한다

pp. 248-252.

4 소급효 금지의 원칙을 법의 형식적 요소로 보는 견해도 있다. 윤이레, 「법의 지배에 대

는 규정을 18세기 자유주의 법체계의 특징으로 지니고 있었다. 그러나 소급효 금지는 판사에게 요구한 것이며, 입법부에 요구한 것은 아니었다. 따라서 입법부는 예외적인 경우에 소급효를 갖는 법을 제정·공포할 수 있다. 소급효 금지는 윤리적 기능을 한다. 법의 일반성과 소급효 금지를 통해 사람들은 법에 대한 확실성과 계산 가능성을 가질 수 있었다.

법의 지배와 법의 일반성 가치는 자본주의 경제질서의 필요에 의해 생성되었지만, 이후 자본주의 경제질서에서 벗어나 독립적인 가치로 발전했다. 법의 일반성은 법의 형식적 구조라고 할 수 있지만, 이러한 형식적 구조에서 실질적 내용을 추론할 수 있다. 우리는 법의 일반성이라는 형식적 구조에서 법의 소급효 금지라는 실질적 내용을 추론했다. 형식적 구조가 실질적 내용과 연결된다는 태도는 몽테스키외의 권력분립론에서도 나타난다. 몽테스키외의 권력분립은 실질적인 국가 기능 구분이 가능하다고 가정한다. 따라서 그의 이론은 입법, 사법, 행정을 국가의 세 가지 다른 기관에 의해 세 가지 다른 기능을 수행하는 것으로 구분한다. 그는 이러한 형식적 구조에서 세 가지 기능 자체의 실질적 차이를 가정한다. 더 나아가 몽테스키외는 국가권력을 포함한 그 누구도 제한할 수 없는 개인의 자유영역의 존재를 인정한다. 따라서 모든 국가의 간섭은 일반법에 의해 이뤄져야 하고, 이는 독립적인 판사가 통제해야 한다고 했다. 그리고 판사는 법을 창조하지 않고 선언할 뿐이라고 했다. 그는 국민의 재판관은 법조문을 선언하는 입의 역할밖에 하지 못한다고 하면서, 재판관은 자신의 힘을 조절하지 못하

한 공화주의적 접근」, 『법철학연구』 제24권 1호(2021), p. 14.

는 무생물과 같다고 했다. 그러면서 몽테스키외는 재판관을 아테네처럼 시민단체에서 선출해야 하며, 재판소가 고정되어서는 안 된다고 주장했다.[5]

또 법의 일반성이라는 형식을 실질적 가치와 연결 지은 사람으로 루소가 있다. 루소는 일반법을 사회정의와 연결하면서 사회정의는 소유권이 평등하게 분배된 곳에서 일반법을 통해 실현된다고 주장했다. "사회상태가 인간에게 유익한 것은, 이들 모두가 무엇인가를 소유하고 또 그중 누구도 지나치게 많이 소유하지 않는 한에 있어서이다."[6] "법이 적용되는 대상도 법을 제정하는 의사와 마찬가지로 전체적이다."[7] 루소에서 일반법의 의미는 다음과 같다. 인민의 전체 의사가 법이며, 그 법은 인민 전체를 대상으로 한다. 또한 특권적 내용이 아닌 일반적 내용을 갖고 모든 인민에게 같은 내용의 법이 적용된다. 이때 적용되는 법은 미리 인민에게 공포되어 있는 것이다.[8] 루소의 일반법에서는 재판에서의 불소급 원칙, 판사의 법률 구속성, 행정입법 부정, 특권을 인정하는 개별법 부정, 특권을 폐지하는 개별법 긍정을 추론할 수 있다. 이처럼 루소의 일반법은 법의 내용과 분리되지 않으며 윤리적 의미를 담고 있고, 평등을 그 내용으로 한다.

하지만 법의 일반성을 법의 내용으로 주장해 온 견해를 프랑스 헌법에서 승인하고 있다는 증거는 없다. 헌법에서는 단지 입법부가 법을 제정할 수 있다고만 하고 있을 뿐이며, 실정 헌법은 법의 내용보다는

5 몽테스키외, 『법의 정신 I』, 권미영 옮김(일신서적, 1991), p. 189 및 p. 195.

6 장 자크 루소, 『사회계약론』, 이환 옮김(서울대학교출판부, 2004), p. 31.

7 루소, 『사회계약론』, p. 51.

8 루소, 『사회계약론』, pp. 50-53.

법의 성립 절차를 규정하고 있다. 독일 헌법도 마찬가지다. 법의 일반성을 법의 본질로 주장하고, 이를 법의 실질적 내용과 연결한 이론은 프랑스와 독일의 실정 헌법에 반영되지 않았다. 이후 독일과 프랑스법의 영향을 받은 우리나라 헌법도 마찬가지다.

법의 일반성이 법의 지배에서 법의 본질로 주장되었지만 이후 법의 일반성보다는 다른 개념이 강조되었는데, 독일의 경우 형식법과 실질법의 개념을 만들어 이를 사용했다. 독일은 헌법에 따라 제정된 법은 법의 내용과 상관없이 형식법으로 인정했으며, 헌법에 따라 제정된 법이 아니더라도 그 내용에 개인의 권리를 창조하는 내용을 담고 있으면 실질법으로 인정했다. 예컨대 행정명령은 헌법 규정에 따른 법 제정이 아니지만, 그 내용이 개인의 권리에 대한 것이라면 실질법이라고 했다. 영국의 경우 일반법은 입법권에 대한 권고일 뿐 법의 본질은 아니라고 보면서 의회의 입법권의 권위와 의회주권을 강조했다. 그래서 영국에서 법은 의회가 제정한 것이고, 그것만이 법의 본질이다. 이처럼 법의 지배에서 법을 형식법과 실질법의 대립으로 이해하는 것은 법의 지배에 법의 본질인 법의 일반성을 제도적으로 반영하지 않았기 때문이다.

판사의 법에 대한 종속과 이탈

한편 법의 지배가 수립되던 시기에 법의 지배를 위해 판사에게 법해석을 금지하는 제도가 있었다. 1790년 8월 16일과 24일 프랑스의 헌법위원회 선언은 몽테스키외의 이론을 수용하고 권력분립 원칙 실현을 위해 판사가 법을 해석하는 것을 금지했다. 판사는 제정법이 어떻게 해석되는지 의심이 들면, 입법권의 도움을 받아 적용해야 했다. 이후 법령해석에 관한 조회는 파기법원이 수행했다. 파기법원은 판결이 법문언의 명백한 위반행위가 되는지 여부를 판단하고, 모든 판결을 통제하는 임무를 담당했다. 이후 법령해석에 관한 조회는 1828년 8월 30일과 1837년 4월 1일의 법에 의해 공식적으로 폐지되었다. 오늘날에는 이 제도가 우스워 보이지만 그 당시에는 몽테스키외의 이론이 수정되지 않고 유지되었다. 그것은 프랑스 혁명기간 동안의 판사권력 부패라는 역사적 이유로 필요한 제도였다. 이러한 경향은 독일에서도 있었다. 1780년 3월 8일 일반란트법의 서문 제4항은 판사의 법해석을 금지했고 독일 형법학의 기초자인 포이어바흐는 교과서에서 형법을 해석하는 것은 어리석다고 했다. 그의 영향을 받아 1813년 10월 19일 바바리아의 명령(Bavarian Instruction)은 1813년 바바리아의 형법 조문에 관한 코멘타르를 쓰는 것을 금지했다.[9]

그러나 판사의 법에 대한 종속은 사법 심사권으로 인해 무너졌다. 이는 독일에서 1849년 판사들이 정부의 과세명령을 무효라고 선언하면서 발생했다. 19세기 말에 독일의 법원들은 행정명령에 대한 사법 심사권만을 승인했다. 20세기에 들어 영국을 제외한 미국과 독일에서는 사법 심사권이 행정명령뿐만 아니라 의회가 제정한 일반법에까지 확장되었다.[10] 법을 해석하고 의회가 제정한 법을 심사할 수 있는 권한이 판사에게 주어진 것은 대륙법계에 속하는 프랑스와 독일의 법의 지배 역사에서 19세기 말부터 20세기에나 가능했던 최근의 일이다. 영미법계의 경우 의회가 제정한 법에 대한 사법 심사가 미국에서는 가능하

9 F. Neumann, *The Rule of Law* (BERG Publishers, 1986), pp. 227-228.

10 알버트 다이시, 『헌법학입문』, 안경환·김종철 옮김(경세원, 1993), 제3장 및 제13장.

지만, 영국에서는 여전히 불가능하다.

영미법에서는 판례가 곧 법이고 선례구속의 원칙에 따라 법의 일관성이 유지된다. 선례구속의 원칙은 법원의 이전 판결이 이후의 사건에 대해 법원을 구속하는 효력을 갖는다는 것이다. 선례구속의 원칙은 영미권 법의 지배의 특징이다. 영국에서는 13세기 말경부터 법원의 판결에서 선례를 인용하는 관행이 생겼다. 15, 16세기에 들어서는 어떤 법적 문제에 관해 같은 취지의 선례가 있으면 법원이 이를 따르는 관례가 성립했다.[11] 이런 관례가 법으로 구속된 것은 법의 지배의 성립과 연관이 있다. 법의 지배가 의회에서 제정한 법의 우월성으로 표현되면서, 보통법은 고정된 규칙의 조직체로 격감될 수밖에 없었다. 따라서 선례구속의 원칙은 의회주권과 관련해서 18세기 말에 확립되었다. 그렇지만 그 이론의 정점은 보통 법원뿐만 아니라 귀족원(the House of Lords)까지도 선례구속의 원칙에 구속되는 것이라고 할 수 있으며, 따라서 선례구속의 원칙의 정점은 19세기 후반이라고 주장된다. 이 시기는 영국뿐만 아니라 프랑스와 독일에서도 각각 해석교육과 도그마 학파가 우세하던 시기다. 또한 경제적으로 경쟁 자본주의가 완전하게 발전한 기간이기도 했다.[12]

법의 형식성에 대한 오해

이렇게 자본주의의 필요에 의해 수립된 법의 지배는 자본주의를 초월해 모든 계층의 사람을 위한 법의 지배로 발전하며, 인격의 자유와 가

---

11 이상윤, 『영미법』(박영사, 2003), p. 66.

12 Neumann, *The Rule of Law*, p. 247.

난한 사람에 대한 법적 안정 및 복지를 보장하는 틀로 발전했다.

법의 지배는 더 이상 부르주아의 지배를 의미하지 않고, 법의 지배에서의 법도 자본가의 법을 의미하지 않는다. 의회도 부르주아를 대표하는 곳이 아닌 다양한 사회계층의 대립 세력이 타협하는 무대가 되었다. 재산권의 자유를 중심으로 돌고 있던 자유주의는 정치적 자유로 확장되고 더 나아가 사회주의 원리까지로 확장되었다. 자본주의 시장의 경제 원리뿐 아니라 이제 경제민주주의, 노동조합의 권리, 사회국가 원리가 도입되었으며, 의회에 대한 행정부의 권한이 강화되었다. 그리고 법의 지배에서 모두에게 같은 내용을 평등하게 적용한다는 법의 일반성, 명확성, 형식성, 합리성 등 법의 특징은 약자를 보호하는 기능을 했다.

그 때문에 법을 통해 더 많은 이익을 획득하고 싶어 한 독점 자본가는 법의 일반성이나 법의 명확성보다 일반조항을 선호했다. 일반조항은 판사의 해석으로 구체화될 수 있었으며, 이는 법의 지배가 판사의 지배로 전환되는 것을 의미했다. 판사들이 이 조항을 어떻게 해석하느냐에 따라 독점 자본가에게 이익을 줄 수도 있고 그 반대편에 이익을 줄 수도 있다. 그러나 역사적으로 판사는 진보적이기보다는 보수적인 역할을 해왔다. 일반조항의 해석은 사회 환경의 영향을 많이 받는다. 민주적인 사회 환경인지 권위주의적인 사회 환경인지에 따라 그 의미가 다르게 해석된다. 법의 지배에서 명확한 법이 더 나은지 일반조항이 더 나은지는 판단할 수 있다. 사회 환경이나 판사 개인에 의해 법의 내용이 유동적으로 변하는 일반조항보다, 법을 가능한 한 명확하게 하는 것이 더 합리적이다. 따라서 법의 지배에서 일반조항보다 명확한 법의 가치를 중요하게 여겨야 할 필요가 있다.

베버는 법에서 일반조항이 확산되고 20세기 법과 행정의 구분이 희미해질 것이라고 하면서, 복지국가 형태의 발생으로 형식법보다는 실질법에 기초하게 될 것이라고 예견했다. 그래서 새롭게 대두하는 사회법은 자본주의 경제, 형식적 합리성, 현대 관료주의의 합리화와 양립하기 힘들다고 했다. 베버는 복지국가법은 아래로부터의 요구이며, 대중 정치행동과 비합리성을 공유하는 법적 형태라고 비판했다. 그리고 기본적으로 법의 탈형식화를 걱정했으며, 그것이 자본주의 발전을 저해하는 비합리적인 것이라고 보았다.[13]

그러나 현실은 베버의 예상과 다르게 전개되었다. 오히려 실질법은 자본주의와 모순되지 않고 자본주의 경제와 선택적으로 친화 관계를 갖는다. 실질법을 강조하면서 법 안으로 들어온 일반조항이 독점자본주의에 봉사할 수 있으며, 오히려 합리적인 법이 베버의 주장과 달리 독점 자본가에게 불필요한, 독점 자본의 힘을 완전히 전개하는 데 족쇄가 되는 것일 수 있다. 프란츠 노이만의 주장대로 게임의 규칙이 불명확하고 불완전한 곳에서 이익을 보는 사람은 일반적으로 그곳에서 가장 힘이 센 사람이다. 사회와 경제적 법 영역에서도 마찬가지다. 탈형식화된 법이 처음으로 생겨나고 우세하게 되는 곳에서 경제적으로 핵심에 있거나 독점적 지위에 있는 자들은 이러한 유연한 규정을 이용할 수 있다. 프란츠 노이만의 주장대로 하위의 사회계층은 고전적 양식의 형식법에 매달리는 것이 나을 수 있다.

형식법과 실질법의 관계에서 우린 너무 쉽게 실질법을 통해 경제적 약자의 평등이 실현되고, 실질적 정의가 실현되리라 생각한다. 그러

---

13 Weber, *Economy and Society*, pp. 880-895.

나 형식법에서 실질법이 중요하게 된 사회 배경에는 법의 지배에서 형식법을 옹호했던 자본주의의 변화가 있다. 경쟁 자본주의가 독점 자본주의로 변화하면서 모든 사람에게 같은 내용의 법이 같은 효력을 갖는 법의 일반성과 그 일반성을 통해 실질적 정의 내용이 추론되는 것이 이제 독점 자본가에게 장애가 되었다. 경쟁 자본주의에서 발전해 정치적·경제적으로 강한 힘을 갖게 된 독점 자본주의는 이제 명확하게 공포되는 추상적이고 형식적인 법보다 일반조항으로 구성된 법을 통해 자본가의 이익을 실현하는 것을 더 선호했다. 이제 독점 자본가의 재산을 보장하는 것은 계약이 아니라 행정행위나 개별기준이다. 자본주의 경제가 거대한 독점에 지배되면서 특별한 문제가 발생했을 때는 구조적으로 효율적이고 개별적인 법에 의한 규제가 필요해졌다. 형식적인 일반법이 붕괴되었고, 현대사회는 비규제적인 행정명령에 의존하면서 더 이상 형식적인 법의 지배에 의존하지 않게 되었다.[14] 그래서 프란츠 노이만은 자신의 책 『베헤모스』에서 현대의 탈형식화된 법의 본질을 파악하고, 이런 법은 독점 자본주의적 성격을 갖고 있기 때문에 위험하다고 예증했다. 그는 나치 독일에서 자본주의가 고도로 독점화되고 관리하면서 법의 실질성이 강화되었다는 것에 주목했다. 즉, 그는 정치적 독재와 독점 자본주의가 법의 실질성과 연관되었다는 것에 주목했다.

우리는 법의 형식성과 실질성을 대립시키고, 실질적 정의를 위해 법의 형식성 가치를 소홀하게 생각한다. 법의 형식성, 즉 모든 사람의 법 앞에서의 평등, 모두에게 같은 내용의 법이 효력을 지닌다는 법의

14 Neumann, *The Rule of Law*, pp. 277-285 및 p. 446.

일반성, 법의 명확성은 자유와 평등의 실질적 가치를 실현하기 위해 포기되어서는 안 되는 기본 가치다. 법의 형식성의 의미를 법의 성립 절차와 똑같이 생각하면서, 법의 형식성이 법의 내용과 상관없이 법 성립 절차를 따르기만 한다면 법이 되는 것을 의미한다는 오해가 많이 있다. 그리고 그렇게 법이 되면, 그 법의 내용이 부정의하고 부도덕해도 법의 효력을 인정하고, 우리는 그저 그것을 지켜야 한다는 입장이 법의 형식성이라는 오해도 있다.

이는 법의 형식성과 법의 절차적 조건을 오해한 것이다. 법의 형식성은 그러한 의미가 아니다. 법이 되기 위한 조건으로 법의 일반성, 명확성, 추상성을 주장하는 것이 법의 형식성이다. 법의 형식성은 법이 되기 위한 기본 조건, 최소한의 조건을 의미한다. 법의 형식성과 실질성은 대립적이고 선택적인 것이 아니라, 겉과 속의 관계처럼 함께 공존하는 관계이며 어느 하나가 없으면 다른 하나도 존재하기 힘들다. 그래서 프란츠 노이만은 전체주의적 나치 정권을 국가가 아닌 무법과 무정부의 지배로 보고, 애매한 법기준과 일반조항으로 광범위하게 무자비한 권력을 행사한 것이라고 진단한다. 그는 또한 이러한 애매한 법기준과 일반조항이 나치 정권과 함께 없어지지 않고 이후의 법질서에서 중요한 원칙으로 작동하고 있다고 진단한다. 이제 법질서는 일반적이고 명확한 법의 지배가 아니라 애매하고 해석을 기다리는 일반원칙과 일반조항으로 구성되었다. 엘리트의 구체적 결정이 있어야 비로소 법질서가 구체적인 모습을 나타내게 되며, 이러한 권력 엘리트의 결정을 정당한 것으로 여기고 있다.

현대사회에서는 국가권력만이 강제권을 행사할 수 있는 유일한 기구가 아니다. 자본가는 공장을 폐쇄해 수천 명의 노동자의 일자리를 박탈할 수 있다. 군대는 종종 다른 사회제도에 관해 상대적인 자율성을 갖고 있다. 정치적 정당은 자신의 조직력으로 공중의 지원을 재빨리 받아 자신의 신념을 지지하는 대중 쇼를 동원할 수 있다. 규범적으로 비규제적인 구체적 타당성이 보장되면, 권력 불평등이 팽배할 수 있다. 형식적이고 엄격한 규칙 없이 구체적 타당성과 형평이 강조될 경우 의지가 이성을 완전히 벗어날 수 있다.

물론 법의 형식화만이 법의 합리화인 것은 아니다. 법의 비형식화도 나치 시대와 다르지만, 여전히 법의 합리화의 결과다. 법의 일반조항 증가는 과학기술의 발달과 위험사회에 직면한 현대사회에서 피할 수 없다. 그러나 자의적 권력을 길들이고 전제주의를 방지하려면 법은 명확하고, 일반적이어야 한다. 법은 정합적이며, 예견할 수 있는 공공의 규범이어야 한다. 현대의 많은 헌법 교과서에서 현대국가를 복지국가, 행정국가, 헌법국가로 설명한다. 그리고 법의 형식성은 현실의 인간이 실제로 불평등한데도 마치 모두 평등한 것처럼 전제하고, 인간을 추상적으로 이해하며 구체적 현실의 인간 불평등을 반영하지 못하고 있다고 비판한다. 따라서 이러한 것을 실질적으로 반영하기 위해 법의 비형식화와 행정행위의 증가는 불가피하다고 설명한다.

그러나 이러한 견해는 법의 형식성의 중요성을 간과하고 있다. 법의 비형식화로 인해 증가하는 재량적 행정행위는 민주정치를 어렵게 하고 있다. 민주주의가 확정적인 법만으로 이루어지는 것은 아니지만, 법의미의 명확성은 적어도 국가 조직체의 활동을 일정한 방향으로 이끄는 방법을 제공한다. 복지국가를 반대하는 하이에크 같은 우파도 실질화된 법의 위험성을 지적한다. 하지만 많은 진보주의자들은 무모하게 법의 탈형식화, 실질화를 무조건 옹호하는 경향이 있다. 분명하게 형식화된 규칙은 게임에서 가장 큰 선수에게 더 약한 선수들이 지배받지 않도록 하는 것을 확실하게 돕는다. 법의 의미가 모호해 덜 규제받는 공권력은 잘 조직된 특권적 사회집단들로 구성되어 민주적 정치 결정을 무력화할 수 있다. 또한 특권적 사회집단에 의해 입법부가 공허하게 되고, 입법 과정이 왜곡될 수 있다. 따라서 진보적이고 공익적인 정책에서는 실질적 의미의 법보다 엄격한 형식적 의미의 법이 필요하다. 실질화된 법은 그 사회에서 가장 힘 있는 사회경제의 이해를 옹호하는 재량행위를 발생시킬 수 있다. 일례로 환경법의 일반조항을 통해 대기업은 생태학적으로 유해한 행동의 중단 요구를 방해하거나 회피할 수단을 얻는다.

법의 형식성에 대한 요구는 불법적이고 자의적인 기본권 침해의 위험을 방어하는 한 방식이며 법의 형식성은 정치적 권리가 보장될 수 있게 하는 가장 강한 도구다. 만약 국가 조직체들이 비형식화된 법규범 덕분에 재량행위로 권리를 규제할 수 있다면, 국가 행위는 무엇이든 할 수 있는 특권이 될 위험이 있다. 물론 법의 비형식화에는 경제적 강자와 약자 모두를 옹호할 수 있는 양면성이 존재한다. 따라서 법의 형식성 혹은 법의 실질성으로만 우리가 원하는 사회를 만들 수는 없다. 더 중요한 것은 사회의 민주화이고, 그래서 민주주의와 법의 지배가 결합되어야 한다.

법에 대한 기대

법의 지배는 자본주의의 발달 과정에서 자본주의의 필요에 따라 채택된 정치·경제·사회 시스템이지만, 이제 법의 지배는 자본주의 경제 시스템뿐 아니라 자본주의 경제 시스템의 수정원리와도 함께하는 인류의 보편적 삶의 한 방식으로 확대되고 있다. 법의 지배에서 법의 의미는 경쟁 자본주의에서 법의 형식성이 강조되다가 독점 자본주의와 복지국가에 와서 법의 실질성이 강조되는 변천을 겪고 있다. 또한 법의 형식성을 법의 성립 절차와 같은 의미로 오해하면서 법의 실질성을 더욱 강조하게 되었다.

법의 지배는 법의 실질성에 대한 강조와 함께 형식적 법의 지배에서 실질적 법의 지배로 변천하면서 헌법국가와 결합했다. 의회에서 제정한 법률에 대한 위헌심판 제도의 도입은 헌법국가의 등장을 의미한다. 독점 자본주의의 불평등이라는 사회 문제로 인해 사람들은 이제 자본주의의 수정으로서 복지국가, 사회국가의 역할을 강조한다. 이러한 국가에서 사람은 자본가이든 노동자이든 실업자이든 그 어디에도 속하지 않든 법을 떠나서는 살기 어렵게 되었다.

이렇게 우리 삶의 중심에 놓이게 된 법을 어떻게 이해할 것인지에 대해 많은 견해가 있다. 많은 대립 견해에도 불구하고 어쨌든 법질서는 정치 갈등이 격화되는 것을 자제시키는 기능을 한다. 헌법질서는 무엇이 비정치적인지를 결정할 수 있으며, 정치적 적대 관계를 조절한다. 민주적인 법질서를 통해 우리는 법질서를 정치투쟁의 효과적인 도구로 사용할 수 있고, 실질적인 사회개혁을 폭력 없이 성취할 수도 있다.

또한 법의 형식성과 실질성은 상호분리되고, 대립적으로만 있는 것이 아니다. 형식성과 실질성이 대립하고 긴장하는 듯하지만, 법의 목적, 즉 정의는 이 둘이 긴장하면서도 공존해야 가능하다. 우리는 법의 형식성에서 진정한 실질적 내용을 추론하고, 이 실질적 내용을 법의 형식으로 더 잘 실현할 수 있다. 법을 매개로 서로 다른 사회계급이 협상과 타협을 하면서 피의 투쟁이 아닌 방식으로 사회질서를 만들어 가기 위해서는 법의 형식성 가치와 법의 실질성 가치를 대립적으로 바라보고 둘 중 법의 실질성에 무게를 두는 것보다 이 둘의 공존을 모색하는 것이 더 필요하다. 법은 유용하기도 하고 위협적이기도 하다. 칼이 누가 무엇을 위해 사용하는지에 따라 멋진 요리를 만드는 도구가 될 수도, 생명을 앗아가는 도구가 될 수도 있듯이 법은 그것에 누가 어떤 내용을 어떤 모습으로 담아서 어떻게 사용하는지에 따라 상호대립적인 세력의 목적에 각각 봉사할 수 있다.

하지만 법은 경제 시스템에서 강한 권력을 가진 자본가와 정치·사회 시스템의 엘리트가 가진 권력에서 독립되어, 법 자체의 자율적 가치를 지니고 있기도 하다. 법의 지배에서 법의 형식성과 그것에서 추론되는 윤리적인 실질성, 즉 의회주의, 권력분립, 법적 안정성은 귀중한 정치적 유산이다. 현재 법의 지배에서 법은 의회주의와 헌법국가, 권력분립과 행정국가, 법적 안정성과 일반조항이라는 상호대립하는 가치의 긴장 속에서 어렵게 줄타기를 하며, 이 둘을 공존시키고 있다. 즉, 법은 의회주의, 권력분립, 법적 안정성의 가치를 지키면서도 이와 대립하는 제도를 함께 허용하고 있다. 헌법국가, 행정국가, 일반조항이 의회주의, 권력분립, 법적 안정성을 해치지 않으면서 자신의 임무인 정의 실현을 실제로 할 수 있도록 하는 것이 중요하다. 이를 위해서는 하버마스의 말대로 왜곡되지 않은 공론장에서의 의사소통의 권력이 활성화되어야 할 것이다. 또한 경제적·정치적 특권이 법으로 실현되지 않도록 하는 것이 필요하다. 사적 권력도 국가권력만큼 독재적일 수 있다. 그러므로 경제특권과 자본주의의 비인간적인 본질을 공격하는 투쟁이 사회에서 활발하게 일어나야 한다. 그래야 우파와 좌파 권위주의가 법의 지배의 본래 가치인 법의 일반성, 명확성, 추상성이라는 법의 형식성 가치를 해산하는 것을 막을 수 있다.

3

영미법과 법의 지배*

김재원

왜 법의 지배인가

오늘날 대다수 국가들은 국가운영의 기본 원리로 '법의 지배(the rule of law)'를 내세운다. 그러나 이때의 '법의 지배'는 단지 정치적 수사(rhetoric)에 불과하며 이념적으로 오용되어 이제 무의미한 개념이 되었다는 부정적 견해가 있다. 반면에 법의 지배가 21세기 인류에게 자유와 정의를 가져다줄 최고의 희망이라는 긍정적인 입장도 있다. 박은정은 '법이 말한다'는 법물신주의를 경계하면서, "사람이 법에 대해서 말하는 것"임을 강조하는 인문학적 법이론에 근거해 법의 지배의 함의와 실현 방법을 설명한다.[1]

---

* 이 글은 김재원, 「영미법의 형성과 판사의 권한에 관한 고찰」, 『법학연구』 제32권 1호(2021), pp. 59-86의 내용 일부를 축약하고 수정한 것이다.

1 박은정, 『왜 법의 지배인가』(돌베개, 2010), p. 28.

법의 지배는 주관적이고 예측하기 어려운 권력자의 통치나 지배가 아니라, 객관적이고 합리적인 원칙과 기준에 따른 국가운영(governance)을 의미한다. 하지만 법규범의 추상성(abstractness)과 언어의 모호성(ambiguity) 때문에 법의 지배는 법관의 법이해와 해석을 통해 실현될 수밖에 없다. 따라서 법의 지배를 강화할수록 법관에게 더 많은 권한과 힘이 주어지고 사법부의 위상이 높아진다.

법의 지배 원칙은 그리스 아테네에서 뿌리를 찾을 수 있지만, 근대적 형태는 중세 영국에서 발달해 '자유주의(liberalism)'와 결합되면서[2] 미국에서 널리 활용되었다. 영미법계 국가에서 법의 지배 원칙이 발전해 온 과정은 '판례법'의 발전과 밀접한 관련이 있다. 판례법은 '판사가 만든 법(judge-made-law)', 즉 '법관법'이다. 판사가 법을 해석하고 적용하는 것을 넘어서 법을 만들 수 있는 것은 판사의 권위가 높고 권한이 크기 때문이다. 물론 이는 영미법계 국가의 시민 대다수가 이러한 권위와 권한을 용인하기 때문에 가능하다.

오늘날 '법의 지배'는 내용적인 측면과 절차적인 측면을 모두 포함하는 것으로 이해된다.[3] 최고 권력자와 모든 공권력이 법에 따라 통제되고 그 누구도 법 위에 군림할 수 없다. 법의 내용은 공정하고 기본권을 보장해야 한다. 법은 적정한 절차에 따라 만들어지고 개정되어야 한다. 그리고 법은 같은 상황에 있는 모든 이들에게 차별 없이 적용되어야 한다. 이상의 사항 등이 법의 지배의 핵심이며, 이 밖에도 법의 지배

---

2 B. Z. Tamanaha, *On the Rule of Law: History, Politics, Theory* (Cambridge University Press, 2004), pp. 25-33.

3 Tamanaha, *On the Rule of Law*, pp. 114-126.

가 가능하기 위해서는 독립적이고 공정한 사법부가 존재해야만 한다.[4]

'법의 지배'가 남용되지 않고 제대로 실현되기 위해서는 첫째로 다수의 시민이 법의 지배를 정확히 이해해야 한다. 그리고 법의 지배를 '법관의 지배(the rule by judges)'로 오용하지 않는 다수의 법관이 존재해야 한다. 이 글은 이러한 시각에서 판례법과 법의 지배를 발전시켜 온 영미법의 역사를 고찰한다. 또한 영미법계 판사들의 강력한 권한을 구체적인 사례를 통해 살펴보면서 그것이 우리나라의 사법개혁에 주는 시사점을 기술한다.

영미 판례법의 형성과 발전

노르만 침공과 순회재판

영미법의 탄생은 하나의 역사적 사건에서 비롯되었다. 1066년에 앵글로 색슨계 '참회왕 에드워드(Edward the Confessor)'가 자식 없이 사망하자, 당시 잉글랜드에서 가장 강력했던 귀족 가문의 해럴드 백작(Earl Harold Godwineson)이 왕위를 차지했다. 생전에 에드워드는 친인척인 주변국 왕과 몇몇 귀족에게 왕위를 물려주겠다는 약속을 했다. 이런 약속을 근거로 프랑스 노르망디 공작 윌리엄(Duke William II of Normandy)은 자신의 잉글랜드 왕위계승을 주장했고, 해럴드로부터 왕위를 빼앗기 위해 전쟁을 벌였다. 해럴드는 1066년 10월에 잉글랜드를

---

4 R. A. Stein and R. J. Goldstone, *The Rule of Law in the 21st Century* (Globe Law and Business, 2015), p. 13.

침략한 윌리엄의 군대와 싸우다가 영국 남부 헤이스팅스에서 피살되었다.[5]

정복왕 윌리엄(William the Conqueror)은 1066년에 잉글랜드 왕위를 차지한 후, 지방 영주의 권한이 강했던 당시 잉글랜드에 중앙집권적 통치체제를 도입해 잉글랜드 왕국을 효율적으로 통치하려 했다. 윌리엄과 프랑스에서 그를 따라온 신하들은 탁월한 행정가들이었지만, 법제도 개혁에는 관심이 적었다. 윌리엄은 대관식에서 앵글로 색슨 법률과 관례를 존중하겠다고 선서했고, 사형과 노예제를 폐지했다.[6]

1154년에 즉위한 헨리 2세(Henry II)는 정치권력의 중앙집권화를 더욱 공고히 하면서, 사법개혁에 착수했다. 먼저 가톨릭교회의 종교재판권 일부를 빼앗았고, 자신이 임명한 '국왕 판사(royal justice)'들이 영국 각지를 돌며 재판을 진행하는 '순회재판(circuit court)' 제도를 만들었다. 이들은 재판 과정에서 각 지방의 관습을 합리적으로 해석하고 왕국 전체에 공통적으로 적용될 수 있는 법원칙들을 만들어 갔다.[7] 그 결과, 국왕 판사들의 순회재판에서 왕국 공통 판례법인 '코먼로(Common Law)'가 탄생했다. 이를 일본학자들의 번역에 따라 '보통법'이라고 부르는 이들이 있지만 이 번역은 부정확하고 오해를 일으킬 수 있으므로[8] 이 글에서는 의도적으로 사용하지 않는다.

---

5 앙드레 모루아, 『영국사』, 신용석 옮김(김영사, 2013), p. 91.

6 F. G. Kempin Jr, *Historical Introduction to Anglo-American Law*, 3rd edition (West Publishing, 1990), pp. 11-12.

7 M. A. Glendon, P. G. Carozza, and C. B. Picker, *Comparative Legal Traditions*, 3rd edition (Thompson-West, 2008), p. 157.

8 '코먼로'의 정확한 의미는 '왕국 공통 판례법'이라는 점에서 이 번역은 부정확하며, '특별법'에 대응하는 개념으로서의 보통법으로 오인될 수 있다는 점에서도 문제가 있다.

1178년에 헨리 2세는 5명의 국왕 판사에게 지방을 순회하며 "왕국의 모든 불만을 듣고 올바로 처리할 것(to hear all the complaints of the realm and to do right)"을 명했다. 런던에서 마차를 타고 내려와 일시적으로 한 지역에 머물다 또 다른 지역으로 떠나는 순회재판소는 지방 영지의 소송 당사자에 대한 강제적 관할권이 없었다. 그 당시에는 종교재판소가 교회법 사건뿐 아니라 절도, 간통 등의 부도덕성(moral turpitude)과 관련된 범죄, 이혼이나 유산 등에 관한 사건도 재판했다.[9] 많은 이들이 런던에서 온 외지인 판사의 재판보다 익숙한 자기 지역의 종교재판소나 영주가 임명한 사법관리의 재판을 받았다.

그러나 어느 시점부터 순회재판이 기존 재판보다 더 많이 선택되기 시작했는데, 그 중요한 이유 하나는 국왕과 영주의 분쟁에서 영주에게 승소 판결을 내릴 때도 있었기 때문이다. 일부 순회재판에서 국왕이 임명한 판사들이 "국왕도 법 아래 있다."라고 "겁없이(fearlessly)" 선언한 것이다.[10] 1235년경에 출판된 『영국 법과 관습(*On the Laws and Customs of England*)』에서 국왕 판사 겸 성직자였던 브랙턴(Henry de Bracton)은 국왕에 대한 법의 우위를 주장했고, 그 후에도 국왕 판사들의 여러 판결 속에서 이러한 원칙이 재확인되었다. 이런 판결들은 '왕의 지배가 아닌 법의 지배' 원칙을 만들었다. 또한, 국왕과 의회의 대립에서 국왕에게 패소 판결을 내린 사건들이 등장하면서 판례법 전통이 영미법의 가장 큰 특징 중 하나인 '법의 지배' 원칙을 형성하게 되었다.

---

9 S. F. Pollock and F. W. Maitland, *The History of English Law: Before the Time of Edward I*, Vol. I, 2nd edition (Cambridge University Press, 1968), p. 127.

10 Pollock and Maitland, *The History of English Law*, pp. 179-180.

처음에 미미하게 출발한 순회재판소는 시간이 지날수록 명성이 커지고 존중받게 되면서 더 많은 사건을 맡았다. 국왕이 임명한 판사들은 지방 영지의 사법관보다 외관상 더 권위 있어 보였고, 법지식과 식견에 있어 훨씬 '전문가'다웠다. 국왕 판사들은 왕의 대리인으로서 왕의 신임을 받는 동시에 왕의 직접적인 통제하에 있었기에 지방관리들보다 덜 부패했다. 지방 순회재판을 마치고 런던에 돌아온 판사들은 지방별 관습법의 차이점을 서로 토론했고, 재판 내용과 판결을 기록해 판례법이 형성되도록 했다. 이렇게 형성된 높은 권위와 강력한 권한은 "판사가 만든 법(judge-made-law)"[11]이라고 불리는 영미법을 탄생시켰다. 영국 의회가 주기적인 의원 선출과 입법 활동을 시작한 것은 1700년대부터였고 몽테스키외가 삼권분립은 주장한 것은 1748년이었으나, 영국 판사들은 이보다 약 500년 앞선 시점부터 판례법을 만들어왔다.

미국의 영국법 수용

북아메리카 식민지에 영국인들이 이주하면서 자연스럽게 영국 판례법이 식민지에 전수되었다.[12] 교통과 통신이 발달하지 않았던 상황에서는 영국이 식민지에 상당한 자치권을 부여했으나, 점점 영국의 간섭이 심해지자 13개 식민지 주민들의 불만이 커졌다. 결국 식민지 주민들은 1776년에 독립을 선언하고 1782년까지 전쟁(the Revolutionary War)을

---

11 A. V. Dicey, *Lectures on the Relation between Law & Public Opinion in England during the Nineteenth Century* (Macmillan & Co., 1914), p. 483.

12 W. B. Stoebuck, "Reception of English Common Law in the American Colonies," *William & Mary Law Review* 10, no. 2 (1968), p. 395.

치렀다. 전쟁으로 독립을 쟁취한 미국인들은 영국에 우호적인 사람들을 응징했다. 영국에서 변호사 자격을 취득한 이들 중 상당수는 영국으로 돌아갔고, 영국인으로 남으려는 약 3만 5천에서 4만 명은 토지와 재산을 버리고 캐나다로 도주했다. 일부 주에서는 영국에서 취득한 변호사 자격뿐만 아니라 식민지 시대에 취득한 모든 변호사 자격을 무효화했다. 영국에 대한 반감이 최고조에 달했던 당시에는 영국으로부터의 정치적 독립과 함께 법적인 독립도 요구하는 여론이 드높았다. 미국 건국의 지도자들은 영국법을 계속 유지할지, 이와 단절하고 새로운 법제도를 수립할지 고민했다.[13]

미국이 독립 후에도 영국법과 결별하지 않고 결국 영미법계 국가로 남게 된 데에는 블랙스톤(Sir William Blackstone)의 영향력이 작용했다. 1759년 옥스퍼드 대학 영국법 담당 교수에 취임한 블랙스톤은 1765년부터 5년간 4권으로 된 『영국법 주석(*Commentaries on the Law of England*)』을 출판했다.[14] 과거 판결을 선별해 영국법 전반을 해설한 이 책은 학문적으로 대륙보다 낙후된 성과를 보였던 영국 법학의 수준을 크게 향상시켰고 여러 차례 재판되었다.[15] 이 책은 북미 식민지에서도 널리 읽혔고, 해밀턴(Alexander Hamilton), 제이(John Jay), 애덤스(John Adams) 등 미국 건국 지도자들과 사법 제도의 기초를 다진 마셜

---

13 A. T. Von Mehren, *Law in the United States: A General and Comparative View* (Kluwer, 1988), p. 7.

14 P. Cane and J. Conaghan (eds.), *The New Oxford Companion to Law* (Oxford University Press, 2008), p. 80.

15 K. L. Hall (ed.), *The Oxford Companion to American Law* (Oxford University Press, 2002), pp. 67-68.

(John Marshall) 연방대법원장 모두 이 책을 통해 법을 배웠다. 로스쿨 같은 정규 법학 교육 제도와 변호사시험이 확립되기 전인 18세기 후반까지 미국에서 법률가가 되려는 이들 대다수는 변호사 사무실에서 법률사무를 거들면서 이 주석서로 독학을 했다. 링컨 대통령도 그중 하나다. 이에 미국에서는 독학으로 변호사가 된 사람을 '블랙스톤 변호사(Blackstone lawyer)'라고 부른다.

옥스퍼드 대학의 법학 교수인 홀즈워스(William Searle Holdsworth)는 블랙스톤의 주석서 덕분에 미국이 영미법계 국가로 남았다고 주장했다.[16] 영국에 대한 반감에도 불구하고, 당시 미국 지도자들과 법률가들은 영국 판례법이 자유주의에 바탕을 두고 생명·자유·재산을 보호하는 합리적이고 유용한 법이라는 블랙스톤의 주장을 수용했다. 1776년 독립선언서(the Declaration of Independence)에 서명한 56명 중 25명이 영국 판례법을 배운 법률가들이었다. 이들은 식민지 주민의 자유와 권리를 쟁취하는 데 앞장섬으로써 법률가에 대한 부정적 이미지를 희석시키고 법률가들의 지위를 향상시켰다.

마버리 판결과 직무집행영장

미국 연방대법원의 1803년 마버리 대 매디슨(Marbury v. Madison) 판결은 한국을 비롯한 여러 나라의 법학 교과서에 실릴 정도로 유명한 판결이다. 재선에 실패한 제2대 대통령 애덤스는 퇴임 직전에 연방주의자들을 대거 연방 판사직에 임명했다. 하지만 새로 취임한 3대 대통

16 P. L. Sayre, "The Historians of Anglo-American Law, by William Searle Holdsworth," *Indiana Law Journal* 3, no. 8 (1928), p. 681.

령 제퍼슨(Thomas Jefferson)은 국무장관 매디슨(James Madison)에게 마버리(William Marbury)를 포함한 17명에게 판사 임명장을 전달하지 않도록 명했다. 마버리는 판사가 되기 위해 임명장 전달을 요구하며 이 소송을 시작했다. 당시에 마버리는 승소를 낙관했지만, 절차적인 문제로 패소 판결을 받았다. 마셜 연방대법원장은 이 사건에서 당시 재판소법(the Judiciary Act of 1789)이 연방대법원의 시심관할권(original jurisdiction)을 제한적으로 명시한 연방헌법 제3조 2항에 위배된다고 판결했다. 그는 이 판결로 연방헌법에 명문의 규정이 없는 사법심사 권한을 창설하고 미국이 사법부 우위 국가가 되도록 하는 초석을 놓았다.[17]

연방헌법의 비준을 촉구하는 논설 중 해밀턴은 사법부는 행정부가 가진 '칼(sword)'도 없고 입법부가 가진 '돈지갑(purse)'도 없어서 가장 미약하고 "가장 덜 위험한(the least dangerous)"[18] 부서라고 기술했다. 연방헌법 초안자들의 이러한 인식에서 건국 초기 연방 사법부의 낮은 위상을 짐작할 수 있다. 마셜 대법원장이 당시 걸음마 단계에 있던 연방법원과 연방판사의 권위를 마버리 판결을 통해 강화할 수 있었던 것은 브랙턴(Henry de Bracton)과 콕(Edward Coke) 같은 영국 판사들이 확립해온 판사의 높은 권위 덕분이었다.[19] 즉, 판사가 성문법률을 무효라고 선언할 수 있는 권한은 무(無)에서 나온 것이 아니라, 판사의 높은 권위

17 A. H. Caplan, *An Integrated Approach to Constitutional Law* (Foundation Press, 2015), p. 82.

18 A. Hamilton, J. Madison and J. Jay, *The Federalist Papers* no. 78 (New American Library, 1961), p. 465.

19 J. R. Stoner, *Common Law and Liberal Theory: Coke, Hobbes, and the Origin of American Constitutionalism* (University of Kansas Press, 1992), p. 7.

를 인정해 온 영국 판례법의 오랜 전통에 힘입어 가능한 것이었다.

마버리 판결에 관한 설명과 논의가 대부분 사법심사와 헌법해석 권한에 초점을 두기 때문에 이 사건 원고들이 청구한 '직무집행영장(writ of mandamus)'은 종종 간과된다. 직무집행영장은 영미법에서 발달한 여러 종류의 영장 중 하나로, 대륙법계 판사나 법률가들에게는 생소한 제도다. 'mandamus'는 라틴어로 "우리가 명령한다(we command.)." 라는 의미다. 이 영장을 통해 법원은 행정부의 공무원 또는 부서에 특정한 행위를 하도록 직접 명령한다. 이보다 드물긴 하지만, 하급법원이나 의회에 대해서도 직무집행영장이 발부될 수 있다.[20] 다만 어떤 공무원이나 부서에 직무집행을 명하기 위해서는 문제가 된 부작위가 재량행위에 속하는 것이 아니어야 하며(non-discretionary), 법률에 작위의 근거가 있어야 한다.[21]

마버리 사건에서 직무집행영장이 발부되었다면, 그 내용은 행정부 고위 관리인 국무장관에게 그가 원치 않음에도 판사 임명장을 원고들에게 전달하라는 명령이었을 것이다. 마셜 대법원장은 판결문 중 상당한 부분을 직무집행영장에 관해 적었다. 블랙스톤과 영국 판결을 인용하며, 마버리를 포함한 원고들은 직무집행영장을 법원에 청구할 정당한 권리가 있다고 했다.[22] 즉, 연방헌법의 시심관할권에 위배된 재판소법의 절차적 규정 때문에 원고 패소 판결을 내리긴 했지만, 영미법 전

20 West Group, *West's Encyclopedia of American Law*, Vol. 10 (West Publishing Company, 1998), p. 385.

21 J. K. Lieberman, *A Practical Companion to the Constitution* (University of California Press, 1999), p. 296.

22 *Marbury v. Madison*, 5 U.S. 137 (1803), pp. 168-169.

통이 판사에게 인정해 온 직무집행영장의 발부 권한을 재확인한 것이다. 한국 판사들은 행정소송에서 의무이행소송을 인정하는 것에 소극적이고, 법률에 구체적 규정이 있어도 '적극적 구제조치'를 명하길 주저하며 금전배상을 명하는 판결을 주로 내린다. 반면에 적극적·소극적 구제명령(injunction)은 물론 직무집행영장까지 발부하는 영미법계 판사들은 한국 등 대륙법계 판사들과는 상당히 다른 위상을 가진다.

판례법의 내용과 특성

판례는 어떻게 법이 되는가

판결문에는 많은 정보가 담겨 있다. 시작 부분에는 사건명, 인용 정보, 법원명, 당사자와 변호인들의 이름, 구두심리 일자, 판결선고 일자 등이 적혀 있다. 판결문의 본문은 그것을 작성한 판사의 이름이 있는 곳에서 시작되며, 하급심에서 어떤 결론이 났는지(procedural history)가 요약되어 있고, 사건의 사실 관계(key facts)와 법적 쟁점(legal issues)이 정리되어 있다. 재판의 결론은 판결 주문(disposition)에 나와 있다. 재판 당사자에게는 이 많은 정보 중에서 결론에 해당하는 주문이 가장 중요하다. 하지만 법률가와 일반 시민들에게 판결문 중 가장 중요한 부분은 소위 '홀딩(holding)'이다. 홀딩은 판결 이유의 일부인데, 법적 쟁점에 대한 판사의 의견이 집약된 것이다. 법적 쟁점은 소송 당사자가 법원에 제기한 법적 분쟁에 관한 질문이고, 이 질문에 대한 법원의 공식적 답변이 바로 홀딩이다. 홀딩은 재판의 결론을 설명하고 정당화하는 판결 이유의 핵심 부분이다.[23]

영미법계 국가에서는 오랜 역사적 전통을 통해 판사가 판결에서 제시한 법원칙을 입법부가 만든 제정법과 같이 '제1차적 법원(the primary source of law)'으로 인정한다. 또한 '선례구속의 원칙(the doctrine of stare decisis)'도 확립되어 있어, 모든 판사는 상위 법원이나 동급 법원에서 이전에 내린 판결문의 홀딩을 법원칙으로 존중하고 따라야 할 법적 의무를 진다. 사실 관계가 유사하고 법적 쟁점이 동일한 사건은 앞선 사건에서 내린 홀딩과 동일한 법원칙이 적용되어야 한다는 것이 '판례법주의'다.

판례법의 형성 과정을 이렇게 이해하더라도, 판례법을 입법부가 제정한 법률처럼 1차적 법원으로 인정하는 것은 법이론적으로 정당화되기 어렵다. 그래서 "비슷한 사건은 비슷하게 처리되어야" 한다는 정의(justice)의 요청 때문에 선례구속의 원칙이 존재하며, 이 원칙이 판례를 '법'으로 격상시킨다는 설명도 있다.[24] 하지만 다음에서 보듯이, 어떤 사건이 이전에 다루어졌던 수많은 사건 중 어떤 것과 비슷한지 아닌지는 판사가 판단한다.[25] 결국 이는 판사의 높은 지위와 강력한 권한을 인정해 온 역사와 전통이 선례구속의 원칙과 판례법주의를 정당화한다는 순환논법적 설명이 된다.

---

23 K. J. Vandevelde, *Thinking Like a Lawyer: An Introduction to Legal Reasoning* (Westview Press, 1996), pp. 27-32 참조.

24 Stoner, *Common Law and Liberal Theory*, p. 6.

25 A. B. Morrison (ed.), *Fundamentals of American Law* (Oxford University Press, 1996), p. 10.

판례법의 유연성과 보수성

선례구속의 원칙을 따르는 영미법계 판사는 재량권이 적어 보이지만 실제로는 그렇지 않다. 수많은 사건 중 사실 관계가 정확히 일치하는 사건은 없다. 판사가 현재 맡은 사건의 사실 관계를 어떻게 이해하고 무엇을 핵심 사실(key facts)로 보느냐에 따라 법적 쟁점(legal issues)이 정해진다. 이처럼 현재 사건의 담당 판사가 핵심 사실과 법적 쟁점을 어떻게 구성(construct)하느냐에 따라 서로 다른 홀딩과 법원칙을 가진 예전의 사건들 중 하나가 선례로 결정된다. 따라서 선례구속에 따른 판례법의 적용은 기계적이고 자동적인 과정이 아니고 현재 사건의 담당 판사가 '취사선택'하는 과정이다.[26] 또한 상급 법원이나 최고법원은 종종 시대 변화에 대응하는 "정책적 고려(policy argument)"[27]를 하고, 이에 따라 과거 판결의 홀딩과 법원칙을 변경하는 유연성을 보이기도 한다.[28]

하지만 판례법은 과거의 판결에서 판단 기준을 구한다는 점에서 태생적으로 보수적이며 경직성을 갖는다. 그러한 경직성을 보여 주는 예로 19세기 초 영국의 애시퍼드(Ashford) 사건을 들 수 있다. 1817년 5월에 당시 20세였던 메리 애시퍼드(Mary Ashford)는 파티에서 손턴(Abraham Thornton)을 만났는데, 다음날 인근 웅덩이에서 사체로 발견되었다. 유력한 용의자 손턴은 메리를 살해 및 강간한 혐의로 재판을

---

26 Vandevelde, *Thinking Like a Lawyer*, pp. 13-14 참조.

27 D. Kennedy, *A Critique of Adjudication* (Harvard University Press, 1997), pp. 97-104 참조.

28 R. David and J. E. Brierley, *Major Legal Systems in the World Today: An Introduction to the Comparative Study of Law* (Stevens & Sons, 1968), p. 332.

받았으나 무죄 판결을 받았다. 메리의 오빠 윌리엄(William Ashford)이 이 판결에 재심을 요구하자, 손턴은 판례법상의 '결투권(the right to trial by battle)'을 주장하며 윌리엄에게 결투를 신청했다. 결투에서 이길 자신이 없었던 윌리엄은 법원에 결투권의 무효를 확인하는 소송을 제기했다. 영국 국왕법원(the Court of King's Bench)은 개인들이 결투로 법적 분쟁을 해결하는 방식은 수 세기 동안 그 유효성이 판결로 확인되었고, 그런 과거 판결이 아직 파기되지 않았다는 이유로 결투권의 합법성을 인정했다. 윌리엄이 결투를 거절하자, 손턴은 구금에서 풀려났다. 윌리엄은 우호적인 여론의 지지를 받아 의회에 입법 청원을 했고, 다음 해인 1819년에 영국 의회는 판례법이 인정해 온 결투권을 폐지하는 법률을 통과시켰다.[29] 만약 의회가 이런 법률을 제정하지 않았다면, 판례법에 따라 윌리엄은 결투를 정당하게 회피할 수 없었을 것이다.

법정모독에 대한 징계

형사모독과 민사모독

영미법계 판사의 높은 지위와 강력한 권한을 잘 보여 주는 예는 '법정모독(contempt of court)'이다. 법률사전에 의하면, 법정모독은 "소송 당사자 일방의 이익을 위해 내려진 법원의 명령에 상대방 당사자가 복종하지 않은 것"으로 정의된다.[30] 이것은 좁은 의미의 법정모독으로 '민

29 J. J. Marke, "The Last Trial by Battle," *Litigation* 5, no. 2 (1979), p. 39 참조.

30 B. A. Garner, *Black's Law Dictionary*, 11th edition (Thomson Reuters, 2019).

사모독(civil contempt)'이라 지칭하며 '형사모독(criminal contempt)'과 구별된다. 민사모독은 민사재판에서 당사자의 권리나 구제수단을 실현하기 위해 법원이 명한 행위를 이행하지 않는 경우에 발생한다. 예를 들어 자녀 양육비 청구 소송에서 법원이 명한 양육비를 지급하지 않는 것은 민사모독이 될 수 있다. 형사모독은 재판의 당사자 이외의 여러 대상에게 다양한 이유로 인정되는데, 법원의 권위를 훼손하거나 업무 진행을 방해하는 행위로 이해된다. 답변을 거부하는 증인, 판사의 지시를 어기는 배심원, 법정에서 소란을 피우는 방청객은 물론이고, 법원 밖에서 시위하는 이들에게도 형사모독이 적용될 수 있다. 민사모독은 당사자가 법원의 명령에 따르도록 강제하는 수단인 데 반해, 형사모독은 법원의 기능을 저해하거나 권위를 훼손시키는 행위자에 대한 형벌이다. 또한 민사모독의 처벌은 기간을 명시하지 않는다는 점에서 형사모독과 다르다. 민사모독의 경우, 당사자가 법원의 명령이나 결정을 따를 때까지 구금상태가 지속된다.

법정모독의 법적 성격에 관한 논란과 함께 이러한 행위를 저지하거나 처벌하는 판사의 권한, 그리고 그 절차에 대한 비판은 영미법 역사에서 아주 오랫동안 이어졌다. 마그나카르타(Magna Carta)에서부터 미국 연방헌법에 이르기까지 형사처벌은 배심재판을 요구한다. 그런데 판사의 면전에서 발생한 법정모독의 경우에는 배심재판 없이 판사의 독자적 판단에 따른 약식절차에 의해 처벌이 결정된다. 개인의 신체적 자유를 신성시하는 자유주의적 법전통[31]을 가진 영미법계에서 이러한 처벌 방식은 매우 이례적이다. 실무상 문제 행위가 법정 내에

---

31 Stoner, *Common Law and Liberal Theory*, pp. 166-167 참조.

서 발생한 경우와 법정 밖에서 일어난 경우를 구별한다. 전자의 경우를 '직접 형사모독(direct criminal contempt)'이라고 하며, 이런 행위를 직접 목격한 판사에게 신속한 제재권한을 주기 위해 약식절차를 허용하는 관례가 확립되었다.[32] 미국 연방대법원은 법원이 제 기능을 수행하려면 판사의 이런 권한이 "반드시 필요(absolutely essential)"하며, 사법권한이 "무력화(impotent)"되고 "조롱거리(mockery)"[33]가 되지 않도록 법정모독을 처벌해야 한다는 입장을 일찍부터 견지해 오고 있다.

엘리자베스 모건 사건

법정모독에 관한 판사의 권한을 미국에서 크게 공론화한 사건은 1980년대 워싱턴 D.C.에서 있었던 엘리자베스 모건(Elizabeth Morgan) 사건이다. 의사 부부인 엘리자베스와 남편 에릭(Eric A. Foretich)은 이혼하면서 당시 5세인 딸 힐러리(Hillary)의 양육권을 두고 재판을 했다. 판사는 딸의 어머니를 양육권자로 지정하면서, 아버지에게는 딸을 자기 집에 데려가 하룻밤을 함께 보낼 수 있는 면접교섭권(overnight visitation right)을 주었다. 엘리자베스는 에릭이 딸을 성적으로 학대한 정황을 거론하며 면접교섭권을 허용하지 말 것을 요구했지만, 판사는 증거부족을 이유로 이런 주장을 받아들이지 않았다. 결국 엘리자베스가 힐러리를 감추고 에릭의 면접교섭권 행사를 방해하자, 판사는 법정모독으로 엘리자베스를 감옥에 보냈다. 판사는 엘리자베스가 힐러리를 숨긴 장

32 J. H. Beale Jr, "Contempt of Court, Criminal and Civil," *Harvard Law Review* 21, no. 3 (1908), pp. 171-172.

33 *Gompers v. Bucks Stove & Range Co.*, 221 U.S. 418 (1911), p. 450.

소를 밝히고 에릭에게 면접교섭을 허용할 때까지 감옥에 가두겠다고 했다.

이 사건이 매스컴을 통해 알려지자 엘리자베스의 석방을 요구하는 시위와 법률개정 운동이 전개되었다. TV에 나온 전문가들이 법정모독 처벌 권한은 판사의 고유 권한으로 항소할 수 없고, 형벌이 아니기 때문에 대통령과 주지사의 사면 대상도 아니라고 설명하자, 여론은 더욱 악화되었다. 많은 미국 시민이 이 같은 비민주적 독재 권한의 존재에 분개하고 이 권한의 폐지를 요구했다. 그러나 오랜 역사를 가진 판사의 이 권한을 폐지 또는 제한하는 것은 득보다 실이 많다는 반론이 제기되었다. 격렬한 논란 끝에 연방의회는 1989년에 '워싱턴 D.C. 민사모독 수감 제한 법률'을 간신히 통과시켰다. 이 법률은 양육권 분쟁에서 법정모독을 한 사람에게 판사가 12개월 이내의 감금만 명할 수 있게 했다.[34] 이 법률은 양육권 분쟁에 관한 민사모독에만 적용되고, 형사모독이 함께 발생한 경우에는 적용되지 않는다는 매우 한정적인 내용을 가졌다. 수년간의 논란과 비등한 여론에도 불구하고, 영미법 전통이 인정해 온 판사의 법정모독 처벌권한에 일반적 제한을 가하지는 못한 것이다. 엘리자베스는 수감 25개월 만에 석방되었는데, 그 이유는 딸 힐러리가 외조부모와 함께 뉴질랜드로 도피한 사실이 드러났기 때문이다. 엘리자베스를 계속 감금해도 판사의 명령이 실현될 수 없었기 때문에 연방의회의 새 법률과 관계없이 그녀는 석방되었다.

34 District of Columbia Civil Contempt Imprisonment Limitation Act of 1989, H.R. 2136 (101th), https://www.govtrack.us/congress/bills/101/hr2136/summary (2021. 6. 30 검색) 참조.

법정모독과 감치

여러 대륙법계 국가[35]와 마찬가지로 한국에도 '감치' 제도가 있다. 미국의 법정모독을 우리나라의 감치 제도와 비교해 보는 것은 미국과 한국 판사의 권한 차이를 비교하는 데 도움이 된다.[36] 우리나라 법원조직법은 제61조에서 감치에 관한 규정을 두고 있다. 재판장은 "법원의 존엄과 질서"를 위해 감치명령을 내릴 수 있다. 감치는 경찰서 유치장, 교도소 또는 구치소에 20일 이내로 유치하거나 100만 원 이하의 과태료를 부과할 수 있고, 구금과 과태료를 병과할 수도 있다. 형사소송법과 민사소송법에도 감치에 관한 규정이 있다.[37] 한국의 감치 제도는 최대 구금기간이 20일 이내로 짧은 점, 구속한 때부터 24시간 이내에 "감치에 처하는 재판"[38]을 별도로 해야 하는 점, 감치재판에 대한 즉시항고를 인정하고 있는 점 등에서 영미법계의 법정모독과 차이가 크다. 이러한 비교에서 한국 판사는 판사의 명령에 불복하는 행위에 대해, 영미법계 판사처럼 폭넓은 재량권과 독립적이고 강력한 권한을 가지고 있지 않음을 알 수 있다.

---

35 C. V. Giabardo, "Disobeying Courts' Orders: A Comparative Analysis of the Civil Contempt of Court Doctrine and of the Image of the Common Law Judge," *Journal of Civil Law Studies* 10, no. 1 (2017), pp. 40-41 참조.

36 최민용, 「법정모독에 관한 검토: 그 도입을 위한 제도적 모색을 중심으로」, 『법제연구』 제49권(2015), pp. 105-134 참조.

37 형사소송법 제102조 제3항; 민사소송법 제311조 제1항 및 제2항.

38 법원조직법 제61조 제2항 및 제5항.

법관의 지배가 아닌 법의 지배를 위해

노르만 정복 이후 잉글랜드의 판사는 왕의 최측근 대리인으로서 강력한 권한을 행사했다. 이러한 권한이 순회재판 제도라는 독특한 역사적 상황과 만나 판례법(case law)을 생성했다. 판례법은 '판사가 만든 법(judge-made-law)'으로, 선례구속의 원칙이 인정되고 판사에게 법형성 권한까지 부여하는 풍토에서 발전해 왔다. 그리고 영국 사회는 삼권분립 제도가 확립된 이후에도 판사의 높은 권위와 강력한 권한을 계속 인정해 왔다. 영미법계 판사들은 국가 최고 권력자를 포함한 그 누구도 법 위에 있지 않다는 점을 '법의 지배'의 핵심으로 삼았다.

사법부는 '선출되지 않은 권력'이다. 민주사회에서 선출되지 않은 권력이 막강한 힘을 행사하는 것은 충분히 우려할 만하다. 판사가 법을 만들고, 삼권분립 원칙과 적법절차에 어긋나는 막강한 권한을 행사하는 영미법계, 특히 미국 판사들을 보면서 '법의 지배(the rule of law)' 원칙이 '법관의 지배(the rule by judges)'로 대체되었다는 우려가 제기되기도 한다.[39] 판례를 법으로 인정하는지의 여부, 판사에게 강력한 권한을 허용하는지의 여부, 권력분립 원칙을 철저히 유지하는지의 여부는 옳고 그름의 문제도, 더 좋고 나쁨의 문제도 아니다. 모든 법제도는 주권자인 국민의 자유와 권리를 보호하고 행복을 증진한다는 목표를 달성하는 데 유용한지에 따라 평가되어야 한다. 영국과 미국의 법률가와 시민 다수는 논리보다 경험에 근거해, 판사에게 강력한 권한을 부여하는 것이 시민의 자유와 권익을 보호하는 데 도움이 된다고 믿는 듯

39 Tamanaha, *On the Rule of Law*, pp. 133-135.

하다.

박은정은 많은 문제점에도 불구하고 '법'에 대한 희망을 놓지 않는다. 오로지 법만이 개별의지가 아닌 '일반의지'를 담아낼 수 있다는 이유로, 종교나 도덕 또는 경제가 아닌 '법'에 다시 주목할 것을 요청한다.[40] 그런데 지금 우리 사회에서는 법과 사법부에 대한 불신이 그 어느 때보다 심각하다. 대한민국 헌법 제103조가 "법관은 헌법과 법률에 의하여 그 양심에 따라 독립하여 심판한다."라고 규정한 이유는 판사가 사법부 내외의 부당한 압력에서 벗어나 공정한 판단을 내리도록 하기 위함이다. 그런데 이 헌법 규정이 판사의 불공정한 판결과 무책임한 처신의 "과도한 보호막"[41]으로 악용되는 경우가 있다. 판사들에게서 공정하고 정의로운 판결을 기대할 수 없다고 시민 다수가 생각하면, 판사에게 넓은 재량권과 강력한 권한이 허용되지 않을 것이다. 우리 사회가 더 나은 사회로 가기 위해 판사의 권한은 어떠해야 하는지를 논의하는 데 영미법계의 역사적 경험이 타산지석으로 쓰이길 바란다. 권력의 분산과 권한의 강약 정도를 결정하는 것은 기계적으로 이루어져서는 안 되며, 주권자인 국민의 자유와 권익을 증진하기 위해 국가기관들 간 "국민을 위한 충성 경쟁"[42]이 더 활발히 이루어지도록 설계되고 운영되어야 한다.

---

40 박은정, 『왜 법의 지배인가』, p. 338.

41 이재룡, 「조선시대 법제도에서의 공감과 소통적 구조」, 『사회사상과 문화』 제21권 2호 (2018), p. 157.

42 박은정, 『왜 법의 지배인가』, pp. 256-258.

4

우리가 바라던 법의 지배인가

장원경

법의 지배 아래 살고 있다

얼마 전 서울에 있는 한 대학의 공공시설에 방문해 화장실을 사용하던 중 칸막이 문에 붙어 있는 [그림 1]의 주의사항을 보게 되었다. 최근 2-3년 사이에 공중화장실 휴지통을 없애기 시작하면서 유사한 문구를 자주 보아 왔던 터라 익숙한 내용이겠거니 하고 읽기 시작했는데, 마지막 줄의 '관련 법령' 부분이 몹시 충격적이었다. 그리고 곧 공중화장실 안에서 이루어지는 인간의 가장 기초적이고 사적인 행위까지 특정

화장실에 **휴지통**이 없습니다

- 화장지만 변기에 버려 주시기 바랍니다.
- 위생용품, 물티슈는 전용 수거함에 버려 주시기 바랍니다.
- 일반쓰레기는 외부 쓰레기통에 버려 주시기 바랍니다.

※ 관련 법령: 「공중화장실 등에 관한 법률」

[그림 1]
화장실 칸 안에 게시된 주의사항

한 법령의 적용을 받고 있었다는 것에 대한 놀라움과 당혹감, 정말「공중화장실 등에 관한 법률」에 화장실 내에서 화장지 등의 쓰레기를 어떻게 버려야 하는지에 관한 내용이 상세히 규정되어 있을까 하는 의문, 관련 법령을 강조 표시까지 해서 명시해야만 사람들이 화장실 칸 안에서 쓰레기를 버리는 방법에 관한 주의사항에 따르는 것일까 하는 생각에 따른 회의감 등 복합적인 감정을 느끼게 되었다.

박은정은 그의 저서『왜 법의 지배인가』의 첫 부분을 다음과 같이 시작한다.

> "법은 일상으로 입는 옷, 법은 아침 저녁 인사……"라는 구절의 시가 있다. 우리는 정말이지 말 그대로 법과 더불어 살아가고 있다. 누구 말대로 법을 때로는 방패로, 때로는 창으로 삼으면서. '법 없이 사는 사람'이라는 표현은 선량한 도덕 군자를 일컬을 때 쓰던 말이었다. 그러나 요즘 세상에 젊은이들에게 '법 없이 사는 사람'이라는 말은 주먹으로 사는 사람을 떠올리는 말이 되었다.[1]

공중화장실 칸 안에서 당황한 채 서 있던 필자는 '하물며 화장실에서조차 법 없이 사는 것은 불가능한 세상이 되었음'을 절감하게 되었다.

1 박은정,『왜 법의 지배인가』(돌베개, 2010), p. 13.

법의 지배란 무엇인가

> 법의 지배는 단순히 법이 존재하여 법에 의한 통치가 이루진다는 것을 뜻하지는 않는다. (…) 법의 지배 이념을 권력 제한에 무게를 두고 고찰하면, 이 이념의 탄생 시점은 근대 이전으로 거슬러 올라간다. 반면 개인의 권리보호를 중심으로 고찰하면 이것은 근대 자유주의와 함께 탄생한 개념이다. 즉 개인(자유, 권리)의 지위를 강화하는 쪽으로 법과 정치권력(힘, 국가, 주권, 군주)의 관계를 역사적으로 발전시켜 나간 것이다.[2]

> 이러한 과정을 돌이켜보면 법치주의는 위정자들이 시민들에게 요구하는 사항이 아니라 이와는 정반대로 시민들이 위정자에게 요구하는 사항임을 알게 된다. 시민의 준법의식을 강요하기 위한 위정자의 구호가 아니라, 권력의 일탈을 경고하기 위한 시민들의 구호였음이 분명해지는 것이다.[3]

법의 지배는 정치권력을 지니고 있는 특정인에 의한 자의적 지배가 아닌, 법에 기속해 정치권력을 제한하고 시민의 자유와 권리를 보장하려는 이념이다. 법의 지배의 실질적인 의미에 대해서는 다양한 견해가 있는데, 근대 자유주의 원리에 따라 개인의 자유와 권리 보호를 핵심적인 내용으로 보는 견해도 있고, 법의 지배 원리가 복지국가와

---

2 박은정, 『왜 법의 지배인가』, pp. 153-154.

3 박은정, 『왜 법의 지배인가』, p. 164.

결합 가능하다고 보는 견해도 있다. 또한 법의 지배가 민주주의의 정당성을 약화시킨다는 관점에서 법의 지배와 민주주의를 대립적으로 파악하는 견해도 있으며, 반대로 자유로운 시민이 스스로 입법에 참여함으로써 법의 지배와 민주주의가 완전히 일치하는 상태를 제시한 견해도 있다. 법의 지배에서 자의성을 배제하기 위해 법의 제정 및 공포 과정에서 법의 형식적인 특성을 강조하는 견해도 있으며, 이러한 형식적인 특성에 더해 법의 실질적인 내용이 정의나 도덕원리에 합치할 것을 요청하는 견해도 있다.

법의 지배의 구체적인 내용에 대해 어떠한 견해를 지니고 있든지 간에, 법의 지배가 특정한 현상에 대한 실증적·분석적 접근으로는 온전히 파악하기 어려운, 역사적인 동시에 가치를 포함하고 있는 이념이라는 점에는 모두가 동의할 것이다. 그러나 이 글에서는 이러한 '법의 지배'라는 단어를 빌려 지금 우리가 목도하고 있는 '법이 지배하고 있는 현상'에 대해 이야기하고자 한다. 법이 우리의 사회생활 전반을 규율하고 있는 현재의 상황이 결과적으로 '법의 지배'를 위태롭게 할 것이라는 위기의식이 있기 때문이다.

학교폭력 사안처리 절차에서의 법의 지배

1990년대 초반까지만 하더라도 학교폭력은 학생들 사이에 발생하는 일시적이고 우발적인 사고 또는 불건전한 소수 학생들의 비행 행위와 연관된 사고로 이해되었다.[4] 그러나 1990년대 중반부터 학생들 사이의 폭력이 조직적이며 집단적인 양상을 보이기 시작하면서 학교폭력이

사회적인 쟁점으로 인식되기 시작했다. 정부는 학교폭력을 정책 의제로 설정하고 1995년에 '학교폭력 예방 및 근절 종합대책'을 수립·발표했다. 또한 국회에서는 학교폭력 예방 및 대책을 위한 제도적인 틀을 마련하기 위해 2004년에 「학교폭력예방및대책에관한법률」을 제정했고, 2008년에 피해학생에 대한 보호와 치료 및 가해학생에 대한 선도를 강화하기 위해 「학교폭력 예방 및 대책에 관한 법률」(이하 학교폭력예방법)로 전부 개정했다.

그 이후, 2011년 하반기와 2012년 상반기에 학교폭력 피해학생이 자살하는 사건이 잇따라 발생하면서, 다시금 학교폭력에 사회적 관심이 집중되었다. 이러한 사회적 관심에 대응하여, 정부는 2012년 2월 6일에 가해학생에 대한 조치를 학교생활기록부에 기재하도록 하는 '학교폭력근절 종합대책'을 발표했고, 국회에서는 학교폭력의 정의에 따돌림 및 강제적인 심부름을 추가하고 학교폭력 사안이 발생한 경우 학교 내에 설치된 학교폭력대책자치위원회(이하 자치위원회)를 중심으로 피해학생의 보호 및 가해학생에 대한 조치가 조속히 이루어질 수 있도록 「학교폭력예방법」을 개정했다. 또한 교육부와 각 시·도교육청은 개정된 「학교폭력예방법」에 따라 학교 내에서 학교폭력 사안처리가 적절히 이루어질 수 있도록 사안조사 단계부터 피해학생 및 가해학생에 대한 조치의 결정 및 이행, 이러한 조치에 대한 불복 및 재심 절차까지의 전체 과정에 대한 상세한 매뉴얼을 제작·배포했다.

「학교폭력예방법」에 따른 학교폭력 사안처리 절차는 [그림 2]와

4 학교폭력에 관한 법률 및 정책의 요약은 장원경, 「학교폭력 사건의 분쟁해결체제 연구」, 『저스티스』 통권 175호(2019), pp. 226-256 참조.

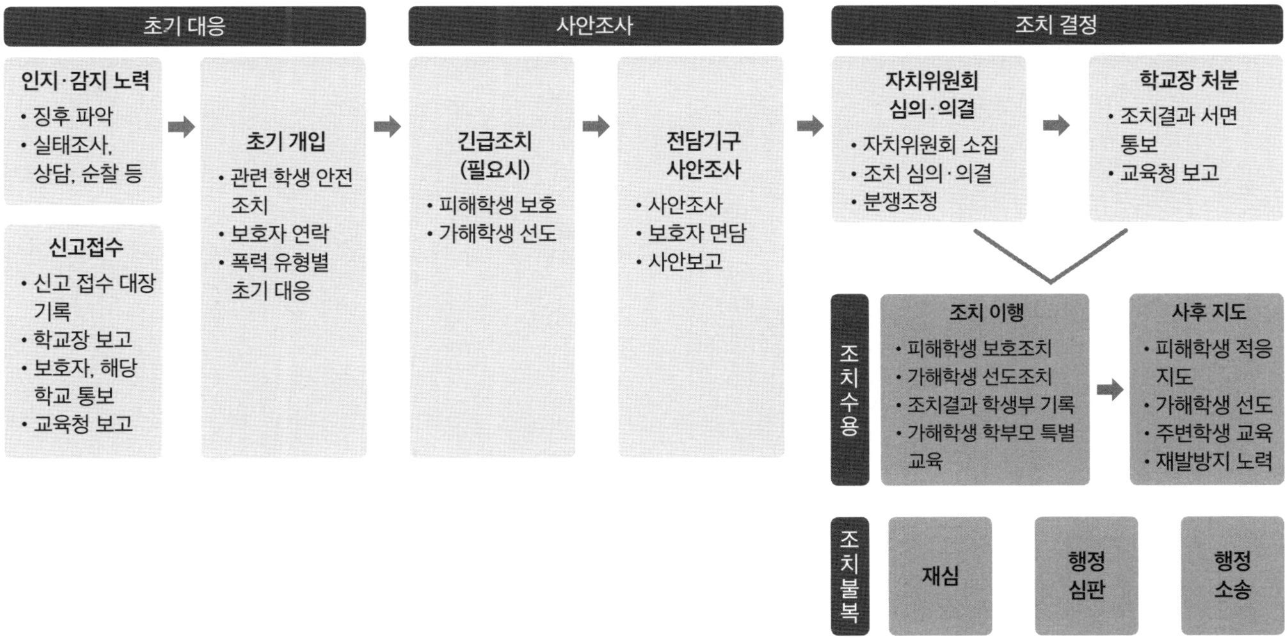

[그림 2] 학교폭력 사안처리 절차 (2020. 3. 1 개정 이전)

자치위원회 심의 건수 증가로 학교현장의 업무 부담이 가중되자, 학교에 설치하도록 한 자치위원회를 전면 폐지하고 그 기능을 교육지원청에 설치된 학교폭력대책심의위원회로 이관하도록 「학교폭력예방법」이 개정되어(2020. 3. 1), 현재는 학교폭력 사안처리 과정에서 위와 같은 절차를 따르고 있지 않다. 그러나 학교폭력 사안처리 절차를 학교 내에 제도적으로 정착시키는 데 있어 위의 절차가 핵심적인 역할을 했다.

같은데, 학교폭력 현장을 보거나 그 사실을 알게 된 자는 학교 등 관계 기관에 이를 즉시 신고해야 하며(제20조 제1항), 교원이 학교폭력의 예비·음모 등을 알게 된 경우 이를 학교의 장에게 보고하고 해당 학부모에게 알리도록 하고 있다(제20조 제4항). 그리고 학교 내에 학교폭력 문제를 담당하는 전담기구를 구성하고, 학교폭력 사태를 인지한 경우 지체 없이 전담기구 또는 소속 교원이 가해 및 피해 사실 여부를 확인하도록 하고 있다(제14조 제3항). 조사가 끝난 사안은 자치위원회에서 피해학생의 보호, 가해학생에 대한 선도 및 징계, 피해학생과 가해학생 간의 분쟁조정 등의 사항을 심의하도록 하고 있는데(제12조 제2항), 자치위원회는 대통령령으로 정하는 바에 따라 전체 위원의 과반수를 학부모전체회의에서 직접 선출된 학부모대표로 위촉해 구성하도록 했다(제13조 제1항).

또한 학교폭력 사안처리 절차의 실효성을 높이고, 학교 현장에서 학교폭력을 문제시하지 않는 관행을 개선하기 위해 학교폭력을 축소·은폐한 학교의 장 및 교원을 징계할 수 있는 명확한 법적 근거를 마련했다(제11조 제10항). 이러한 「학교폭력예방법」 규정에 기초해 마련된 학교폭력 사안처리 매뉴얼에 따르면, "학교폭력은 아무리 가벼운 사건이라 하더라도 학교에 설치된 자치위원회에서 담당하도록 법으로 정해져" 있고,[5] "학교폭력신고 접수대상은 학교장, 교원의 학교폭력 은폐 여부를 판단하는 중요한 기초자료로 활용되므로, 사소한 폭력이라도 신고한 것은 접수"하도록 하고 있다.[6] 또한 담임교사가 자체적으로 해

---

5 교육과학기술부 외, 『학교폭력 사안처리 가이드북』(2012), p. 46.

6 교육과학기술부 외, 『학교폭력 사안처리 가이드북』, p. 89.

판단의 기준	• 가해행위로 인해 피해학생에게 신체, 정신 또는 재산상의 피해가 있었다고 볼 객관적인 증거가 없는 경우 • 가해학생이 즉시 잘못을 인정하여 피해학생에게 화해를 요청하고, 이에 대해 피해학생이 화해에 응하는 경우
조치 방안	• 담임교사가 또래상담, 또래중재, 학생자치법정, 학급총회 등 학생들이 스스로 문제를 해결할 수 있는 또래 프로그램을 활용할 수 있도록 여건을 마련한다. • 학교실정에 맞는 또래프로그램을 도입하고, 이를 운영할 수 있도록 담임교사의 전문성 향상을 위한 연수를 지원한다. • 담임교사가 사안 인지 후 3일 이내에 해결을 하지 못하는 경우, 일반적인 절차를 거쳐야 하는 사안으로 처리한다.

[그림 3] 학교폭력 사안처리 매뉴얼상의 '담임교사가 자체 해결할 수 있는 사안'
출처: 교육과학기술부 외, 『학교폭력 사안처리 가이드북』, p. 59.

결할 수 있는 사안의 기준을 [그림 3]과 같이 제시하고, 이러한 기준에 해당하지 않는 학교폭력 사안은 모두 전담기구의 사안조사와 자치위원회의 심의를 받도록 했다.

학교 현장에서 학교폭력이 「학교폭력예방법」 및 사안처리 매뉴얼에 따라 엄중하게 다루어지기 시작하면서, 학교폭력은 아이들이 자라면서 서로 치고받고 싸울 수 있는 문제가 아니게 되었다. 아무리 사소한 싸움이라도 상대방에게 신체적·정신적 피해가 있다면 폭력이라는 인식이 분명해지고, 가해학생에게는 반드시 잘못된 행동에 상응하는 일정한 조치가 적절한 절차에 따라 이루어져야 한다는 합의가 형성된 것이다. 또한 실제로 학교 현장에서 학교폭력이 감소하는 효과가 나타나기도 했다.[7] 그러나 과연 이러한 순기능만 나타나고 있는 것일까?

7 W. K. Chang, "Combatting School Violence in South Korea: An Introduction to the

2016년에 학교폭력 사안처리를 경험한 교사들을 상대로 면접조사를 실시한 한 연구는 학교폭력 사안처리 매뉴얼이 보급되면서 교사들이 경험하고 있는 일종의 '학교폭력 사안처리 매뉴얼을 통한 「학교폭력예방법」의 지배' 현상을 보고하고 있다.[8] 매뉴얼이 상세해질수록 매뉴얼의 내용을 정확히 파악하는 데 많은 시간이 소요되며, 학교폭력 사안처리에 전문성을 지닌 교사들에게 관련 내용을 질의해야 하는 등의 수고가 요구된다. 하지만 일단 매뉴얼을 숙지한 후에는 큰 고민 없이 일사천리로 학교폭력 사안을 처리할 수 있고, 추후에 사안처리 과정이나 결과에 이의가 제기되어도 큰 문제없이 해결된다는 편리함을 경험하면서, 교사들의 매뉴얼에 대한 의존도는 점점 높아지고 있다. 그러나 이러한 편리함의 대가로 교사 개개인의 교육철학과 경험에 바탕을 둔 학생과의 상호작용, 교사들 사이의 성찰과 협의에 기초해 이루어지는 학생 지도의 실천 등 바람직한 해결방안을 모색하는 데 있어 교사 자율의 영역은 점점 줄어들고 있다.

최근 학교폭력과 학교장 통고제에 관한 연구를 진행하면서, 필자는 학교폭력 관련 업무를 하는 전국의 여러 교사들과 자주 다음과 같은 대화를 나누게 되었다.

"학교장 통고제를 학교에서 활용하지 못하고 있는 이유는 법에 규정이 없기 때문이에요."

School Violence Act," *Current Legal Issues in South Korea* (Korea Legislation Research Institute, 2017), pp. 177-195.

8 김용, 「법화사회의 진전과 학교 생활세계의 변용」, 『교육행정학연구』 제35권 1호(2017), pp. 87-112.

“「소년법」 제4조에 명문의 규정이 있습니다.”

“아니, 「소년법」 말고 학교 관련 법률에요!”

지식과 기술 등을 가르치며 학생 개개인의 인격을 길러 주는 것을 목표로 하는 교육의 영역에서 학생들 사이에 폭력이 발생한 경우에, 이제는 「학교폭력예방법」 및 사안처리 매뉴얼에 따르는 것 이외에는 그 무엇도 할 수 없는 상황에 놓여 버린 것이다.

형사사법의 회복적 정의 절차에서의 법의 지배

회복적 정의(restorative justice)[9]는 범죄의 실질적인 당사자이지만 기존의 형사사법에서 소외되었던 피해자를 향하도록 절차를 재정립할 필요가 있다는 고찰 하에, 처벌과 응보를 중심으로 한 기존의 형사사법에 치료와 화해의 개념을 도입하자는 주장이다.[10] 기존의 형사사법은 범죄를 형법으로 상징되는 국가 질서에 대한 위반으로 보고 범죄자에게 그 행위에 상응하는 형벌을 부과하고, 필요한 경우 범죄자의 개선이나 교화를 목표로 부가적인 조치를 취하도록 하고 있다. 그러나 이러한 형사사법 체제에서 범죄의 실질적인 당사자인 피해자와 지역사회는 철저히 배제되었고, 피해자는 자신의 갈등을 국가에 빼앗겼다는 기분이

9 ‘restorative justice’는 ‘회복적 정의’ 또는 ‘회복적 사법’으로 번역되고 있다.

10 하워드 제어, 『회복적 정의란 무엇인가?: 범죄와 정의에 대한 새로운 접근』, 손진 옮김 (Korea Anabaptist Press, 2010).

들 지경에 이르렀다.[11] 회복적 정의는 이러한 형사사법으로는 정의 구현과 범죄 예방이 어렵다고 보고, 범죄를 특정한 '사람'에게 피해를 입힌 행위로 이해하고 범죄로 인해 발생한 피해와 깨어진 '관계'를 회복하고자 한다.

1970년대에 캐나다와 미국에서 피해자가 형사사법 절차 내에서 가해자와 조정을 한 사례가 알려지면서 회복적 정의라는 용어가 주목받기 시작했으나, 회복적 정의에 대한 통일된 개념이 존재하는 것은 아니다. 일반적으로 회복적 정의는 범죄로 인해 피해를 입은 직접적인 당사자, 즉 피해자와 범죄의 영향을 받은 주변 사람들을 적극적으로 절차에 포함시켜 잘못을 바로잡으려는 것으로, [그림 4]와 같은 과정을 통해 범죄로 인한 피해를 확인하고 가해자의 책임을 규명하며 피해를 최대한 치유할 수 있는 방안을 찾아 가는 일련의 절차를 의미한다.[12] 유엔 마약 범죄국(UN Office on Drugs and Crime)은 2006년에 "회복적 절차(restorative process)란 범죄로 영향을 받은 피해자와 가해자, 그리고 (만약 적절하다면) 연관된 사람들과 공동체가 함께 모여 전문 진행자의 도움을 받아 범죄로 야기된 문제들의 해결책을 적극적으로 만들어 가는 과정이다."라고 정의했다.[13]

회복적 정의는 범죄를 둘러싼 분쟁을 피해자와 가해자가 함께 해결하는 과정이라는 핵심적인 개념만 구현한다면 매우 다양한 방식으로 실천 가능하나, 절차의 진행 과정과 참여자의 범위에 따라 조정 모

---

11 N. Christie, "Conflicts as Property," *British Journal of Criminology* 17, no. 1 (1977), pp. 1-15.

12 이재영, 『회복적 정의, 세상을 치유하다』(피스빌딩, 2020), p. 77.

13 이재영, 『회복적 정의, 세상을 치유하다』, p. 78.

[그림 4] 회복적 정의의 토대와 과정
출처: 이재영, 『회복적 정의, 세상을 치유하다』, p. 426.

델과 협의 모델, 서클 모델로 분류되고 있다.[14] 피해자-가해자 화해(victim-offender reconciliation)를 중심으로 한 조정 모델은 훈련을 받은 중립적인 제3자의 도움을 받아 피해자와 가해자가 안전한 장소에서 서로 대면해 분쟁을 해결하는 방식이다. 협의 모델은 피해자와 가해자뿐만 아니라, 피해자와 가해자의 가족과 친구 등이 참여해 범죄로 야기된 문제의 해결방안을 함께 모색하는 것으로, 가족집단회의(family group conference)가 대표적이다. 서클 모델은 참여자의 범위를 더 넓혀 피해자와 가해자, 그들의 가족과 친구, 사법기관과 해당 사건에 관심 있는 지역사회 구성원의 참여를 허용하며, 범죄로 인해 깨어진 관계의

14 박상식·이창호, 『범죄피해자와 회복적 사법』(한국학술정보, 2008), pp. 122-127; 조균석 외, 『형사조정의 이론과 실제』(대검찰청, 2010), pp. 28-31.

회복을 위한 치유 서클(healing circle)과 가해자의 양형을 제안하는 양형 서클(sentencing circle)이 있다.

우리나라에는 2000년대에 이르러 형법학과 형사정책학 분야에서 회복적 정의 이념이 이론적으로 소개되었고, 2000년대 중반 이후에 회복적 정의 원칙을 형사사법 실무에 적용하기 위한 노력이 시작되었다. 예를 들어, 검찰에서는 2006년부터 내부 지침에 따라 형사조정을 실시했는데, 2010년에 「범죄피해자 보호법」이 개정되면서 형사조정에 관한 규정이 마련되어 현재까지 전국 검찰청에 설치된 형사조정위원회에서 형사조정을 시행하고 있다(제41조~제46조). 또한 2007년 「소년법」 개정으로 소년 보호사건에서 판사가 소년에게 피해 변상 등 피해자와의 화해를 권고할 수 있게 하는 화해권고도 도입되었다(제25조의3). 회복적 정의 이념이 조정 모델에 따라 법제화된 이러한 사례 외에도 경찰, 소년보호기관, 보호관찰기관, 교정기관 등에서 가해자가 피해자에게 사죄하는 등의 방식으로 회복적 정의 원칙을 반영한 여러 프로그램을 도입했다.[15] 그러나 일반적인 형사사건의 재판 과정에는 회복적 정의의 적용이 쉽게 시도되지 못했는데, 2013년에 인천지방법원 부천지원이 형사재판 절차에 대한 회복적 정의의 도입 가능성을 제도적으로 모색하기 위한 프로그램을 시범적으로 실시한 바 있다.[16]

---

15 이화여자대학교 법학연구소에서 발간하는 『법학논집』 제14권 2호(2009)는 회복적 사법 특집으로, 2000년대 중후반 여러 형사사법기관에서 시도한 회복적 정의 프로그램을 보고하고 있다.

16 W. K. Chang, "Old Wine in New Wineskins? A Trial of Restorative Justice in a Korean Criminal Court," *Asian Journal of Law and Society* 5, no. 2 (2018), pp. 391-411.

인천지방법원 부천지원의 '형사재판 회복적 사법 시범실시' 프로그램은 2013년 8월부터 12월까지 진행되었고, 6개의 회복적 정의 관련 기관이 예산 등의 지원 없이 자발적으로 참여했다.[17] 시범실시 기간 동안 총 10건의 형사사건이 회복적 정의 절차에 회부되었고, 각 기관은 사건의 특성 및 기관의 역량에 따라 조정 모델, 협의 모델, 서클 모델 중 하나를 시도했다. 시범실시 대상은 ① 자백 등 사실 관계가 확정된 사건, ② 피해 회복이 필요하고 가능한 사건, ③ 피해 회복에 있어 갈등 조정 전문가의 도움이 필요한 사건으로, 담당 판사가 법정에서 피고인과 피해자에게 피해 회복 및 화해 의사가 있는지를 묻는 방식으로 회복적 정의 절차에의 회부가 이루어졌다. 회복적 정의 절차는 회복적 정의의 이념 및 절차에 대한 충분한 설명으로 시작되었고, 피고인과 피해자를 곧바로 대면시키지 않고 반드시 분리해 각각 회복적 정의 전문가들과 사전 절차를 거치도록 했다. 또한 회복적 정의 절차의 참여자를 피고인과 피해자로 제한하지 않고, 분쟁에 관여한 사람들과 법률조력인, 그리고 필요한 경우에는 지역사회의 사회복지사 또는 상담사 등도 참여할 수 있도록 했다.

회복적 정의 이념을 최대한 구현할 수 있는 방식으로 마련된 시범실시 프로그램에서, 6개 사건의 피해자와 피고인이 피해 금액 등에 대한 합의에 도달했다. 그러나 시범실시 과정에서 드러난 형사재판 절차에서의 회복적 정의 제도화의 핵심은 회복적 정의 절차를 통해 피해자와 피고인이 합의에 도달할 수 있는지의 문제가 아니었다. 오히려 피

17 인천지방법원 부천지원, 『부천지원 형사재판 회복적 사법 시범실시 종합평가 합동포럼: 형사재판 절차에의 회복적 사법 도입에 관한 논의』(2014).

해자와 피고인이 '기존 형사재판의 지배'에서 벗어날 수 있는지의 문제였다. 즉, 피해자가 피고인의 처벌을 바라는 탄원서를 재판부에 제출하고 민사소송을 통해 피해에 대한 배상을 받는 방식이 아니라, 피고인과 대면해 범죄로 인한 피해를 함께 논의하고 금전 또는 금전이 아닌 형태로 피해의 회복을 구체화하는 방안을 받아들일 수 있는지에 관한 것이다. 시범실시 프로그램을 담당했던 판사는 결과에 대한 종합평가에서 이러한 어려움을 다음과 같이 기술했다.

> (…) 시범실시를 주관한 재판장으로서 느끼기에, 종래의 처벌적 사법 시스템에 익숙한 당사자들에게 회복적 사법의 이념 내지 관점을 제시하여 공판 절차에서 회복적 사법적인 대화 절차로 이행을 시키는 것은, 마치 당사자들을 다른 차원의 시공간으로 순간 이동시키는 것과 같은 일종의 차원 이동(Shift)처럼 여겨졌다.[18]

필자 역시 시범실시 프로그램에 회부된 사건 중 하나에 조정인으로 참여하면서, 피해자 가족과의 대화에서 여러 차례 다음과 같은 질문을 듣게 되었다.

"여기에서 합의하면, 민사소송 하는 것보다 나아요?"
"민사소송 하게 되면, 얼마나 더 받을 수 있어요?"

---

18 임수희, 「2013 부천지원 형사재판 회복적 사법 시범실시 결과보고 - 형사재판에의 회복적 사법 도입과 제도화를 위하여」, 『부천지원 형사재판 회복적 사법 시범실시 종합평가 합동포럼』, p. 24.

시범실시 프로그램에 대한 종합평가에서, 여러 회복적 정의 전문가들은 절차를 시작할 때 진행자(또는 조정인)는 당사자들에게 법적 조언을 하지 않는다고 밝혔음에도, 피해자 또는 피고인이 반복해서 기존의 법률적 지식이 요구되는 질문을 했다고 언급했다. 이미 국가 대 피고인의 대립 구조에 익숙한 피해자와 피고인에게 범죄를 둘러싼 갈등을 되돌려 주는 것은 어쩌면 매우 어려운 일이 되어 버린 것이다.

우리가 바라던 법의 지배인가

위의 두 가지 사례에 나타난 '법의 지배'는 분명히 정치적이고 도덕적인 지도 이념으로, 정치권력을 제한하고 시민의 자유와 권리를 보장하려는 본래 의미와는 상당한 차이가 있다. 복지국가에서 국가는 시민의 자유와 권리의 '실질적인' 보장, 즉 사회복리의 증진을 위해 시민의 삶에 적극적으로 개입하면서 그 수단으로 '법'을 활용했다.[19] 그러나 복지국가가 시민의 삶에 개입했던 처음의 의도와는 달리, 법률의 수 자체가 많아지고 그 기능이 확대되면서 지금 우리는 거의 모든 사회생활이 '법의 지배' 아래에 놓이는 현상을 경험하고 있다. '법률의 홍수'라고 표현되는 이러한 현상은 '법화(法化, Legalization, Verrechtlichung)' 또는 '생활세계의 식민지화' 등의 개념으로 설명되고 있는데, 법이 우리의 사회생활 전반에 침투하게 되면서 사회생활이 변용되고 법률 이외에 도덕

19 홍성수, 「복지국가에서 법에 의한 자유의 보장과 박탈: 하버마스의 비판과 대안」, 『법철학연구』 제18권 1호(2015), pp. 157-186.

이나 양심, 윤리의식 등 다른 기준이나 질서, 해결방안은 모두 사라져 간다는 문제점이 나타나고 있다.

> 이들 법규범은 관련영역에서 개인들이 자율적인 통찰에 의해 규범을 학습하고 내면화하는 가능성을 오히려 파괴하는 경우가 많다. 다시 말해, 법이 생활세계의 자율적 구조를 왜곡시킨다. 이를 법에 의한 「생활세계의 식민지화」라고 부를 수 있다.[20]

이러한 '법의 지배 현상' 속에서, 사람들은 특정한 문제에 부딪혔을 때 이제 더 이상 관련 당사자들을 조금 더 만족시킬 수 있는 창의적인 대안을 고민하지 않는다. 그저 법이 정해 둔 '평균인'의 판단 기준을 따르는 평균인이 되어, 평균인의 관점에서 문제를 바라보고, 평균인의 입장에서 생각하고, 평균인에게 기대하는 해결방안을 선택할 뿐이다. 결국 이러한 '법의 지배 현상'이 지속된다면, 우리의 사회생활에서 발생하는 모든 문제에 대해 법만이 유일한 기준으로 남아 역설적으로 '법의 지배'에 위기를 초래할 것이다.

---

20 이상돈, 『법학입문』(제3판)(법문사, 2007), p. 72.

5

사법의 독립과 책무

최유경

사법의 독립과 법관의 양심에 관해, 박은정은 민주화 이후 우리 사법부의 독립은 외부로부터의 독립보다 인사권자 등 사법부 내부로부터 오는, 그리고 법관 자신의 경험과 선입견, 이해관계 등에서 비롯되는 독립성 훼손의 위험 앞에 위기를 맞았다고 분석했다. 법관은 궁극적으로 법관의 자기 이해라는 성찰적 과제를 받아 들게 되었으며, 국회나 행정부 같은 다른 국가기관으로부터 자유로워야 하는 동시에 법원, 동료법관, 여론으로부터 영향이나 압력을 받지 않으면서 사법 활동이 정치와 분리되도록 하고, 법관 자신의 주관적 선호가 재판에 영향을 미치지 않도록 해야 한다는 것이다.[1]

헌정사상 사법(司法)은 여러 차례 '개혁'의 대상으로 인식되었으며, 1994년을 기점으로 우리 사회에서 본격화되기 시작한 이른바 사법개

1 박은정, 「법해석방법에서 본 헌법 제103조 법관의 독립과 양심」, 『서울대학교 법학』 제57권 2호(2016), p. 67.

혁 논의는 시민사회의 뜨거운 관심과 요구 속에 세 정부(김영삼, 김대중, 노무현)를 거쳐 진행된 바 있다.[2] 2007년 7월 사법개혁 법안들이 국회에서 극적으로 통과됨에 따라 사법시험 및 사법연수원 제도를 폐지하고 법학전문대학원(소위 '로스쿨') 제도를 도입하게 되었으며, 미국식 '법조일원화'를 통해 법관의 임용에 일정 기간 이상의 법 실무 경력을 요구하기 시작했다. 이로써 사법고시와 2년의 사법연수원 과정을 통한 법률가 양성 시대가 막을 내리고, 관료(官僚)로서의 법관상(像)으로부터 주권자인 시민에게 법률서비스를 제공하는 사람으로의 근본적인 역할 전환이 기대되는 새 시대를 맞이하는 듯했다. 한국의 사법개혁은 전관예우, 무전유죄·유전무죄로 요약되는 한국 근대 사법사의 환부를 도려 내고자 감행한 대대적인 수술이었으며, 3~5%를 밑도는 사법시험 합격률에도 불구하고 대학 교육이 사실상 형해화될 정도로 유능한 미래 인력들이 시험에만 매달리는 기현상을 극복하기 위한 대안이었다. 2000년대에 들어서면서 사법시험 합격 정원이 1,000명으로 증원되었음에도, 법률전문가에 대한 시장 수요의 급격한 증가와 더불어 사법연수원을 중심으로 한 거대한 법조 카르텔이 형성되기 시작했다. 2015년 전후로 드러난 사법농단의 전모는 법관과 사법부가 애초에 독립 자체가 가능한지에 대한 박은정의 회의적인 질문에 우회적으로 답하고 있는 것처럼 보이기까지 한다.[3]

---

2 김두식, 『법률가들』(창비, 2018).

3 박은정, 「법해석방법에서 본 헌법 제103조 법관의 독립과 양심」, p. 68.

골든타임이 지나가고 있다!

사법은 입헌민주주의 국가의 핵심기관으로서 민주정치 발전이나 사회변화에 적극적인 영향을 받는다. 사법부의 내적 변화와 외적 독립성 강화, 헌법재판 등의 증가에 따른 사법의 정치적 위상 고취 등은 우리 사회에서 사법이 가지는 위치와 역할이 더 중요해지고 있음을 뜻한다.[4] 그럼에도 2007년에 사법개혁 법안들이 국회에서 통과된 후 약 15년이라는 시간이 지난 지금, 법학전문대학원에서의 교육은 변호사시험 합격을 위한 수험 법학으로 변질되고 말았다. 법철학을 비롯한 기초법학은 물론, 학문후속세대 양성의 명맥은 사실상 끊어진 것이나 다름없다. 학문으로서의 법학은 천천히 괴사의 지경에 이르고 있으며, 변호사협회와 대학 등을 중심으로 이루어져야 할 법조윤리 의식과 원칙의 확립과 견제는 좌표와 경계선을 잃었다. 법률시장에서는 거대 로펌의 막대한 자본에 힘입어 전관예우를 넘어 후관예우, 나아가 그들이 다시 현관 또는 후관으로 복귀하는 회전문(revolving the doors)식 전천후 법조 카르텔이 형성되는 듯한 징후마저 보이면서 법의 지배와 권력분립의 가장 기본적인 원칙조차 잊히고 있다.

2017년 전후로 드러난 사법농단 사태는, 민주주의와 법치주의는 물론 권력분립에 입각한 사법의 독립이 허구적 환상(fantasy)에 지나지 않는 것은 아닌지 본질적인 의문마저 들게 했다.[5] 하지만 그 누구도 이 사태에 대한 명확한 책임을 지지 않은 채, 주권자에 대한 충분한 설명

4 박은정, 『왜 법의 지배인가』(돌베개, 2010), p. 228.

5 권석천, 『대법원, 이의있습니다』(창비, 2017).

이나 자료와 증거에 대한 투명한 공개 없이 법관 징계를 최소화하고, 시간이 흐르기만을 기다리고 있다는 인상을 지울 수 없다. 이렇게 사법개혁의 골든타임은 지나가고 있다.

사법(司法)의 민주적 정당성과 책무성 사이

우리 역사상 사법부가 외부로부터의 독립을 지켜 내기 위해 외롭고 처절한 노력을 기울여 온 것은 사실이다. 다만, 그러는 사이에 주권자이자 헌법상 사법권의 위임권자인 국민의 접근까지도 어렵게 만들면서 역설적으로 법원 내부로부터의 독립에 철저히 실패했음을 자인하지 않을 수 없게 되었다. 고도의 법전문가(legal profession) 직역인 법관들이 스스로의 '책무(accountability)'를 외면함으로써 헌법적 직무를 유기했다는 자성(自省)이 그 어느 때보다 필요하다. 외부로부터의 독립을 지켜 내기 위한 지나친 관료제적 사법 운영이, 그 누구도 아닌 사법부 내부에서 법관 자신들을 향해 칼을 겨누고 있었음을 인지한 법관들은 누구보다도 큰 충격을 받았을 것이다. 하지만, 사법농단 관여자들에 대한 일련의 재판 과정을 통해 이 모든 문제의 최종적인 판단권한을 가진 것 또한 이들 '사법부'이자 한 태(胎)에서 자란 동문수학들이라는 점은 헌법상 권력분립을 통해 지켜지고 있다고 '믿은' 견제와 균형의 원리에 대한 맹신에 좌절감을 안겼다.

통상 사법의 독립은, "사법작용이 갖는 본질과 기능 때문에 사법권에 대해서는 정치권력으로부터 중립적일 것이 요청"되고, 이 같은 원리가 재판은 물론 사법권의 구성이나 운영에서도 관철되어야 한다는 당위를 의미해 왔다. 한편 우리 사회에서도 '정치의 사법화' 또는 '사법의 정치화' 현상이 관찰됨에 따라, 민주화 이후의 사법개혁 논의에서 사법의 대표성과 책임성을 강화하려는 목적에서 사법의 민주화라는 수사가 빈번히 동원되기도 했다. 좀 더 구체적으로는 (상대적으로) 민주적 정당성에 취약한 구조를 갖는 사법권의 구성 원리에서 법관의 임명을 비롯해 사법부를 구성할 때 국민의 참여를 (일부) 보장한다거나, 최소한 사법부를 구성함에 있어 다양성이 확보되어야 하며, 나아가 재판과 사법행정의 투명성이 보장되어야 한다는 논의를 쉽게 떠올려 볼 수 있다.

한편, 사법의 책무성이란, 그 개념이 헌법적으로는 물론 일반적인 논의에 있어서도 제대로 확립되지 못한 채 최근 일부 연구에서 사용되고 있다. 다만 필자는, 사법의 책무를 '국민으로부터 법권을 위임받아 이를 이행하는 사법 권력의 주체가 그 책임이나 의무를 수행하고 그 과정과 이유, 결과에 대해 책무요구자인 국민에게 보고·설명·해명하는 의무'로 정의하고, 이하에서는 이러한 개념으로 사용하고자 한다.[6]

그동안 우리의 사법개혁 논의가 '민주적 정당성' 확보의 관점에서 이루어졌던 것은 1970-80년대 한국의 치열한 민주화 과정에 대한 표상이기도 하다. 하지만, 최소한 사법의 독립과 대비되는 개념으로는 '사법의 책무성'을 논하는 것이 더 자연스럽다. 사법부가 입법부나 행정부와 달리 '선출되지 않은' 권력으로 이루어지는 것이 그렇게 생소한 것은 아니며, 반드시 모든 민주성이 직접적인 선출을 통해서만 확보되어야 하는 것도 아니기 때문이다. 미국은 다소 이례적으로 주(州) 법원의 경우 법관을 의회나 주지사가 임명하고, 주기적인 선거의 형식으로

---

6 최유경, 「헌법철학적 가치로서의 사법의 책무성」, 『법철학연구』 제18권 2호(2015), p. 81.

법관의 연임 여부를 주민에게 묻도록 하고 있지만, 비교법적으로 드문 사례에 해당한다.[7] 오히려 대부분의 국가는 누구를, 어떤 방식으로 법관으로 선발할 것인지를 고민하며, 이 과정에서 사법의 독립과 책무가 적절한 균형을 찾아 가도록 사법행정 분야의 제도를 설계하고 있다.

우리의 경우, 근대사적으로 일제강점기와 미군행정, 군사독재의 긴 세월 속에서 사법부의 독립을 확보하는 논의는 주로 '외부'로부터의 독립을 확보하는 방향에서 논의되어 올 수밖에 없었고, 사법행정의 권한을 독립시켜 사법행정권을 대법원이 보유하도록 함으로써 오히려 광범위한 법관독립·재판독립의 침해를 야기한 점이나 사법관료화 현상을 강화시켜 왔다. 따라서 헌법상 사법의 독립성과 책무성의 조화 방안을 논의함에 있어 한국적 특수성을 반영하되 사법의 독립성, 책무성, 민주적 정당성의 개념을 보다 정치하게 분리하고, 이에 대한 헌법적 이론을 구성해야 한다.

전관(全官)예우와 현관(現官)의 도리?

사법의 독립성과 책무성은 광범위한 영역에서 논의될 수 있어야 한다. 다만, 제왕적 대법원장의 옹립을 가능하게 한 기형적인 사법행정권의 집중을 분산시키려고 한 「법원조직법」 개정안은 수년 째 국회를 표류하고 있다. 사법개혁 전후로 법률시장에서의 전관예우를 넘어 후관예

7 최유경, 「법조일원주의 법관임용 방식으로서의 법관선거제도: 미국 주(州) 법관선거제도의 현황과 문제점을 중심으로」, 『홍익법학』 제15권 1호(2014), pp. 421-424.

우의 불길한 전조를 경고한 바 있음에도, 이미 전방위적인 전·후관이 법률시장의 상품이 되어 버리고 말았다.

전관예우의 원인과 현상, 근절방안과 향후 대책에 관해서는 그동안 수많은 선행연구가 이루어졌다. 흥미로운 것은 이러한 현상이 미국이나 영국을 비롯해 독일, 프랑스, 하다못해 일본까지 근대 사법 제도를 운영하고 있는 어느 나라에서도 찾아보기 힘든 'K-법조'의 심각한 병증이라는 점이다. '전관예우'의 사전적 의미는 "예전의 관리를 예로써 정중히 대우함"이지만, 한국의 법조계에서는 대체로 "전직 판사 또는 검사가 퇴직한 뒤 변호사 일을 하는 경우 현직 판사나 검사가 재판이나 수사 과정에서 일종의 특혜를 주는 것"을 의미해 왔다. 특히 이러한 개념은 ① 법조계 집단 내부의 관점에서 사법시험이라는 관문을 통과하고 연수원에서 동문수학하며 내부 엘리트 집단을 구성해 온 집단이 공직 근무를 끝내고 이른바 변호사로 개업해 '돌아온' 동료에 대해 적당한 경제적 보상을 해주는 것이 응당 전관에 대한 예의로 인식된다. 또한 ② 법조계의 직업윤리나 법치주의 관점에서 법에 의해서만 공정한 판단을 내려야 할 헌법 기구로서의 사법부가 개인적 인연을 바탕으로 재판 결과나 내용에 영향을 주는, '부정한' 특혜로도 이해할 수 있다. 끝으로, ③ 인간의 이익추구 관점에서 판사 또는 검사로 근무한 '전관'의 지위를 이용해 의뢰인이 원하는 재판 결과를 얻게 해주고, 그 대가로 높은 수임료를 받는 것을 정당화해 온 것으로도 이해된다.

전형적인 전관예우 현상은 1990년대 말부터 대형 로펌들이 급속히 성장하는 과정에서 퇴직한 고위직 판검사뿐만 아니라 국세청, 공정거래위원회, 금융감독원 등 주요 행정기관을 넘나드는 '전관'을 포함한 광대역 네트워킹을 시도하고, 국내 자본과 글로벌 자본을 연결해 줄 수 있는 법적 매개로 적극 동원되면서 더욱 심각한 양상을 나타냈다. 대형 로펌들은 이내 법률서비스 시장의 최강자로 등극했고, 입법, 행정, 사법을 망라하는 종적-횡적 연결 시도를 서슴지 않았다. 이러한 맥락에서 '전관예우'는 권력분립과 법치주의의 근간을 소리 없이 무너뜨림으로써 시민의 사법불신이 회복하기 어려울 정도로 뿌리 깊은 문제로 남도록 했다.

'전관'에 대한 '예우' 문제는 비단 법률가 직역뿐만 아니라 입법부나 행정부 등 모든 공직에 해당하는 문제일 수 있다. 그럼에도 '법조계'의 전관예우 문제는, 재판의 공정성과 사법의 독립성을 심각하게 훼손하는 재판과 절차에 대한 공공연한 거래(去來)이자 비교법적으로 전례를 찾아볼 수 없는 심각한 이익충돌 의무 위반 행위의 구조적 양산 현상이다. 법조계에서의 전관예우는 탐욕에 빠진 소수 퇴직 판검사들의 개인적 일탈행위만으로 치부하기에는 구조적이며, 이익충돌 방지에 관한 법조윤리 의식의 부재 등에서 비롯된 현상으로 해석된다.

전관예우의 문제를 논함에 있어 종종 간과되는 것은 이 문제의 본질이 전관을 어떤 식으로든 '예우'한 현관(現官)에 있다는 점이다. 이들은 '잠재적 전관(前官)'이기도 하며, 경우에 따라 학연과 혈연, 지연 등의 연고를 중심으로 한 유·무형의 공동체의 일원일 것이다. 물론 인간이 일정한 '관계' 속에서 행동하고 서로 영향을 미치고자 하는 본성을 부정할 수는 없을 것이다. 다만, 법치주의 근간 속에서 사법(司法)과 그 종사자인 법률전문가 집단이 사법의 독립성과 책무성(accountability)에 정면으로 반하는 온정주의적 시혜(施惠)를 베푸는 것은 어떠한 경우라도 정당화되기 어려워 보인다.

근대 사법의 형성 과정 측면에서 살펴보면, 법원과 검찰을 손쉽게 장악하려던 군사정권의 의도와 이에 대항하려는 판검사집단의 필요가 판검사의 인사권한을 사법 관료제의 정점에 자리한 1인(즉, 대법원장)에게 집중시켰다. 이러한 과정에서 내부적으로 약 10여 단계에 이르는 피라미드식 승진 구조, 이를 유지·운영하기 위한 인사평정 시스템, 막강한 사법행정기구 및 엘리트 사법관료 집단의 형성이 이루어진 것으로 분석된다. 다만, 이 과정에서 주기적으로 승진에서 탈락한 전관 변호사들이 양산됐으며, 사건배당이나 인사평정 등을 이용해 상급자의 지도나 압력을 하급자에게 관철시킬 수 있는 위계적 구조로 인해 법조계 전관예우가 일반화되었다. 그런 의미에서 전관예우 문제는 비단 극소수의 '최고위직' 법관, 검사 등의 변호사 개업 제한 여부를 논의하는 것에 그쳐서는 안 된다. 우리 사법사(司法史) 속 망령과 같이, 어쩌다 보니 끌어안고 와 버린 관행으로 치부되기 일쑤였던 한국 근대 사법의 슬픈 자화상을 법률가 집단 스스로 규명하고 해결해야 할 것이다.

후관예우를 예고하는 불길한 전조

우리 사회에서의 사법개혁은 종국에 '사법권'을 누구에게 얼마나 위임할 것인지에 관한, 쉽게 말하면 "주권자인 국민이 누구를 법관으로 인정할 것이냐?"에 관한 요구를 담은 결과물로 요약된다. 한 사회의 법관에게는 무엇보다 전문가로서의 풍부한 경험과 경력뿐만 아니라 인간과 사회, 삶에 대한 연륜과 통찰, 깊이 있는 이해와 성품을 두루 갖춤으로써 법전(法典) 속 문언에만 매몰되지 않은, 보다 정의롭고 공정하며 정당한 판결을 내릴 수 있을 것이라는 기대가 내재되어 있다. 박은정의 경험적 연구 결과는 법관 스스로 생각하는 이상적인 법관이 갖추어야 할 자질로 공정성, 근면성/성실성, 균형감각(형평/중용), 통찰력(지혜/날카로움/명석한 판단), 경청, 전문성, 열린 마음(포용력/이해심/관용), 용기(소신/결단력), 겸손(오판 가능성에 대한 인식) 등을 들고 있다.[8]

애석하게도 2000년대 사법개혁을 통해 제도화한 여러 장치들은 그 제도적 취지와 의의가 분명하고 중요했음에도 불구하고, 우리 사회에 생착하는 데 실패했다. 무엇보다 일정한 경력을 갖춘 법률가만이 법관이 될 수 있도록 설계한 법조일원화는 최소한 전관예우의 고질적인 병폐 하나라도 치유할 것이라는 기대를 모았지만, 오히려 사법부의 법관 선발과 인사정책을 더욱 은밀하고 불투명하게 진행시키고 있다.

보다 냉정하게 분석하자면, 우리 사법부는 사법개혁을 통해 도출한 법관 선발과 양성에 관한 제도적 합의에 근거해 법조일원주의 방식의 법관 임용을 본격적으로 시행한 적이 없다고 해도 과언이 아니다. 최악의 시나리오는, 전관예우를 근절하고자 도입한 이 제도로 말미암아 어설픈 경력의 변호사(법률가)가 법관을 거쳐 다시 전관이 되어 시장으로 귀환하게 되는 것이며, 한 걸음 더 나아가 이를 염두에 두고 후관(後官)으로서의 잠재적인 젊은 변호사들을 입도선매하는 기괴한 현상이 나타나는 것이다. 스펙이 과도하게 강조되는 우리 사회의 비극 속에서, 이처럼 '화려한' 스펙 쌓기가 엘리트 법률가 또는 법률가 지망생 사이에서 창조적인 직업상(像)으로 자리하는 순간, 우리 근대 사법 제도는 외부로부터의 독립마저도 태생적으로 지켜낼 수 없는, 예상

8 박은정·강태경, 「법관의 자기이해에 관한 경험적 연구」, 『법과사회』 제53권(2016), p. 216.

치 못한 나락으로 떨어지게 될 것이며, 법률소비자인 시민들 또한 법률 시장의 오작동과 불가역적인 교란 상태에 직면하게 될 것이다. 그때 우리 사법부의 권위는 치명적으로 훼손될 것이며, 법률전문가 집단 전체에 대한 불신과 반목이 팽배해져 법치주의의 최대 위기를 자초할 것이라는 우려마저 제기해 볼 수 있다. 현재의 제도가 진가를 발휘하려면, 제도의 원래 취지와 목적을 어떻게 우리 현실에 맞게 성취해 갈 수 있을 것인지에 대해 보다 다양한 주체와 이해관계자들이 함께 공론의 장에 모여 논의해야 한다. 가령, 경력이 풍부하고 법관의 자질을 갖춘 법률가를 어떻게 법원으로 유인할 것인지, 이들을 선별하는 기준과 방법은 어떤 것일지, 또한 법관 임용 이후 이들을 어떻게 법관으로 교육·양성할 것인지, 그리고 어떻게 하면 이들이 가급적 법원을 떠나지 않고 정년까지 명예로운 자리를 지킬 수 있도록 할 것인지와 같은 문제들 말이다.

감시자를 감시할 수 있는 사람은 누구인가

법의 지배는, 인치(人治)를 거부하고 법치(法治)의 원칙을 선언한 근대 시민 권력의 선택이다. 사람이 아니라 법과 원칙에 따른 지배의 원칙(rule)을 미리 정하고, 그 누구도 법과 절차의 적용에 있어 예외가 되지 않는다는 대원칙에 따르는 것이 정의와 공정, 자유와 평등을 실현하는 더 나은 선택이라는 믿음이다. 굳이 '정치의 사법화'나 '사법의 정치화' 문제로 담론을 옮겨 가지 않더라도 우리는 이미 사법부와 그 구성원인 법관에게 영역을 불문한 다양한 정치·사회 공간의 문제를 해석하도록 종용하고 있다. 정치의 공간에서 충분히 다투어 해소할 수 있는 문제까지도 결국 사법의 영역으로 넘어온 지 오래다. 법의 지배의 측면에서 이는 분명 새로운 긴장과 갈등을 야기할 것으로 예측되지만, 사법부는 당장 입법, 행정, 사법에 이르는 모든 공간에 대한 해석의 주체이자 권력자로 재탄생하고 말았다.

법조계 전관예우 현상을 측정하고 분석하기 위한 2018년 '전관예우 실태조사 및 근절방안을 위한 연구'에 따르면, 일반 국민의 41.9%, 법조계 종사자(판사, 검사, 변호사, 변호사 사무원)의 55.1%가 "전관예우가 실제로 존재한다."라고 응답했으며, 전관예우의 심각성에 대해 일반 국민의 64%, 법조인 전체 중 69.7%가 '심각하다'고 답변했다. 대한변호사협회가 수행한 바 있는 '대법관 출신변호사의 2016년도 수임 사건 전수 조사 분석' 결과에 따르면, 대법관 출신 변호사 중 상위 10인이 약 70% 이상의 대법원 사건을 독점해 대리한 것으로 집계되었다. 대한변호사협회는 향후에도 꾸준히 전체 변호사 수임 사건 대비 전관 변호사의 사건 수임 현황이나 그 효과를 체계적으로 조사, 입증, 분석하려는 노력을 학계와 더불어 지속해 나가야 할 것이다. 그 대상은 최고위직 퇴직 대법관이나 헌법재판소장, 검찰총장 등에 그치지 않고, 보다 광범위한 전관 변호사에 대한 현황을 객관적 지표에 따라 파악해 나갈 필요가 있을 것이다.

결국 전관예우 근절과 관련된 몇 가지 제도는 법률전문가 집단의 법조윤리(legal ethics)에 대한 근본적인 재성찰의 계기 속에서 '이익충돌 방지'에 관한 철저하고 엄중한 원칙의 확립과 그에 대한 법률전문가 집단 스스로의 사법적 책무 확립이라는 전환적 관점에서 접근해야만 그나마 문제의 본질에 한 걸음 다가설 수 있을 것이다. 그동안 우리 국민은 사법의 민주적 정당성에 보다 직접적으로 권한을 부여할 수 있는 방안을 고안하거나 형식적으로 견제의 원리를 강화하도록 하는 '당위적인' 방안들을 제시해 왔다. 그러나 사법농단을 법적으로 처리하는 일련의 과정에서, 이러한 요청에 대해 사법부가 미동(微動)조차 하지 않는다면 주권자인 국민은 사실상 그 무엇도 어찌하지 못하는 상황이 초래된다는 비참을 경험하고 있다. 우리 사법의 역사는 불행하게도 이러한 역사를 반복해 왔다. 사법부의 헌법 및 법률 위반을 종국적으로 심판하는 심판자의 기능마저도 법원이 할 수밖에 없는 뫼비우스의 띠와 같은 구조적 모순에 빠져들 수 있다는 점에서 법철학적 이론 정립을 위한 공론화가 필요한 시점이 아닌가 한다.

그 어느 때보다 선출되지 않은 권력인 사법의 (민주적) 정당성 확립에 대한 치열한 제도적 수정이 요구된다. 사법의 민주적 정당성은 반드시 국민에 의한 법관의 선출로 이루어지는 것은 아니며, 반드시 선출 과정이 포함되어야 하는 것은 더더욱 아니다. 선출된 사법 권력이라 하더라도 사법의 책무성을 강화하기 위해서는 투명성과 공개성에 기반해 시민의 문책(問責)에 적극적으로 응(應)해야 하고, 그에 대한 최소한의 책임을 부담해야 한다는 것이 사법의 독립이 가지는 법철학적 기반이라 할 수 있다. 박은정은 이 문제에 대한 학문적 해결책을 법관의 자기 이해와 덕(德, virtue)에서 찾고 있는 것으로 보인다.[9] 그의 후기 법철학 연구에서 동원된 이 같은 경험적 연구 방법론은 법관의 행태와 의식에 관한 법철학 후속 연구의 지평을 한 차원 확장하는 데 기여하고 있다.

---

9 박은정·강태경, 「법관의 자기이해에 관한 경험적 연구」, pp. 211-213.

6

법관에 대한 법철학, 법관을 위한 법철학

공두현

법관을 향한 따듯한 시선

법실무와 법철학 사이의 긴장과 공존은 상당히 오랜 과제였다. 특히 신속하고 효율적인 재판 진행이 강조되는 상황에서, 법관들이 긴 호흡의 법철학적 고민을 하는 것은 환영받기 어려웠다. 그럼에도 실정법률의 단순한 적용만으로는 해결할 수 없는 수많은 문제가 있기에 법관들은 언제나 법철학에 갈증을 느낀다.

법원에 밀려드는 사건들 중 누구나 자명한 결론을 내릴 수 있는 '판결하기 쉬운 사건'은 그리 많지 않다. 당사자들이 승패를 어느 정도 명확히 알 수 있는 경우에는 법원에 오기 전에 대부분의 분쟁이 해결된다. 물론 항소와 상고를 거듭하고 대법원 전원합의체에서 다수의견과 소수의견의 대립이 드러나는 사건들처럼 '판결하기 어려운 사건'도 수적으로 많다고 하기는 어렵다.

하지만 법정에서 다루어지는 대부분의 사건은 나름의 쟁점을 내포하고 있다. 표면적으로는 사실 관계와 법해석의 문제이지만, 그 근원에는 법과 정의, 법과 현실의 간극에서 발생하는 복잡함이 존재한다. 법관들은 쉬운 사건과 어려운 사건 사이에 다양하게 펼쳐진 '보통의 사건'[1] 속에서 판결을 하고 그 올바름을 논증해야 한다.

이때 법관들에게 필요한 것이 무엇인지, 어떠한 법관이 좋은 법관인지를 고민하는 법철학, 즉 '법관론'이 시작되었다. 법관론을 살핌에 있어, 우리나라에서 지난 20여 년 동안 법관론 연구를 이끌어 온 박은정의 연구를 다시 조명하지 않을 수 없다.

박은정의 법관론에는 무엇인가 독특한 향취가 있다. 우표처럼 단순하게 어디에나 붙일 수 있는 이론을 내세워 법관을 얽매려 하지 않는다. 법관의 자의를 통제해야 한다는 법치주의와 민주주의의 당위를 포기하지 않으면서도 목소리를 높여 강변하지 않는다. 오히려 법관이 놓인 상황의 복잡미묘함을 이해하고 그들의 진솔한 고민을 차분히 매만지며, 따뜻한 시선과 깊은 철학적 사유를 통해 법관 내면의 덕을 탐구하려 한다.

변화하는 시대, 법과 법관의 역할

사법적 법실천과 법관을 위한 법개념

박은정은 2000년의 논문 「사법적 법실천과 법개념」에서 법실무가들

1 공두현, 「판결하기 어려운 사건, 쉬운 사건, 보통의 사건: 법적 추론과 법적 논증의 영역들」, 『저스티스』 통권 제192호(2022), pp. 373-420.

에게 법철학이 긴요해진 상황을 상세히 묘사한다. 그중 한 장면은 우리나라에서 권위주의 군사정권이 물러나면서 과거의 역사적 부정의를 시정하기 위한 재판이 시작되는 때로, 실정법률 중심의 법실증주의적 태도를 넘어서기 위해 자연법적 관점에 대한 호응이 커졌던 시기다. 서울고등법원 1996. 12. 16. 선고 96노1892 판결은 헌법과 법률의 정당성의 근거로 자연법을 소환하면서 "성공한 쿠데타는 처벌할 수 없다."라는 피고인들의 주장을 엄중히 배척했다.

이러한 사건에서 실정법 지상주의는 한계를 드러내고 참다운 '사법적 법실천'이란 무엇인가라는 근본적인 질문이 제기되었다. 또한 확고하고 명료한 전통적인 법관념을 고수하는 태도만으로는 따라잡기 어려운, 시대의 급속한 변화가 진행되었다. 특히 불과 한 세대만에 농경사회에서 전지구적 교류가 진행되는 첨단기술의 시대로 변모한 우리나라에서는 유연한 사고를 바탕으로 현실에 부합하는 판결을 하는 일이 더욱 중요하게 되었다. 법이 응답하고 설득해야 할 당사자들은 다양한 가치관을 가지고 있고, 더 나아가 정치나 행정의 영역에서 해결되어 온 사건들도 법원의 판단을 기다리고 있다. 생명공학 등 과학의 발전, 통일 문제와 국제적 문제들이 상존하는 가운데 실정법률의 단순한 적용만으로는 채워지지 않는 공백이 드러나게 된 것이다.

이처럼 더 이상 법 영역의 독자성과 완결성을 완고하게 주장하기 힘든 시대에 법의 영역 속에서 도덕과 정의의 원리, 사회의 현실적 요소들이 교차하고 있다. 따라서 법은 일정하게 고정된 의미를 가진 단어로만 이해할 수 없다. 구체적인 사건에 적용되는 법이 무엇인지에 관한 견해의 대립은 단순히 그 단어의 의미에 대한 견해 차이를 넘어 무엇이 올바른 법인지에 관한 견해 차이를 전제로 하기 때문이다. 법

개념에 대한 의미론적 접근을 유보하면, 법이란 결국 단일한 실체로 설명할 수 있는 것이 아님을 깨닫게 된다.

바로 이 지점에서 박은정은 "법관을 위한 법개념"을 설명한다. 이는 법의 다양한 요소를 균형감 있게 살피면서 각 시대가 요청하는 법의 개념을 찾아가자는 제안이다. 즉, 오늘날 법관들의 참다운 법실천을 돕는 법개념이 바로 법관을 위한 법개념이다. 이러한 법개념은 법관이라는 참여자의 관점을 전제로 두면서, 법의 이념과 가치에서 유리되지 않아야 하고, 내용적으로 극단적인 부정의를 배제해야 하며, 판결하기 어려운 사건의 해결에도 도움을 줄 수 있는 여러 법원리를 포함해야 한다. 아울러 박은정은 자연법을 일종의 법비판학, 즉 법적 행위의 타당성을 비판적으로 검토하는 사유양식으로 재구성한다. 이제 자연법은 현실의 법질서에 대한 비판적 성찰을 지속하게 하는 역동적이고 항구적인 원리이고, 법에 내재하는 동시에 법을 초월하는 가치가 된다. 그리고 박은정은 법관들이 법공동체 속에서 더 현명하고 공정하고 민주적인 판결을 하기 위해 이러한 원리의 일관성을 지향하는 반성적 성찰의 주체가 되어야 한다고 이야기한다.[2]

사법부의 위상 변화와 법관의 새로운 역할

법개념의 탐구를 통해 위와 같이 법관상의 기반을 닦을 수 있다면, 변화하는 시대에 대한 연구는 법관의 역할을 더욱 구체화한다. 박은정은 2010년에 발행한 책 『왜 법의 지배인가』의 제6장 「법의 지배와 사법부」에서 사법권의 확대와 정치의 사법화 현상에 비추어 법관의 역할을

2 박은정, 「사법적 법실천과 법개념」, 『법철학연구』 제3권 1호(2000), pp. 48-68.

한층 상세하게 그려 내고 있다.

1980년대 후반부터 전지구적 현상으로 나타난 정치의 사법화 현상은 2000년대 초반 우리나라에서도 나타났다. 정치적 쟁점들이 법원의 판결에서 다루어지면서 헌법재판소와 대법원의 판단 범위는 점차 확장되었고, 이러한 현상에 대한 우려의 목소리도 높아졌다. 박은정은 정치의 사법화 현상의 원인을 사회의 변화에서 찾는다. 입헌민주주의와 법치주의의 발전, 위헌법률심사의 제도화, 기본권 의식의 증대, 정책적 입법의 증가, 정치적 갈등해결의 약화 등을 그 배경으로 파악하고, 정치의 사법화의 긍정적 측면과 부정적 측면을 복합적으로 검토한다. 그녀에 따르면, 정치의 사법화는 법규범의 실질화를 통해 입헌민주주의를 실현한다는 장점이 있는 반면, 사법의 독립을 해치지 않으면서 사법권의 남용에 대처해야 한다는 어려운 과제도 남기는 것이었다.

이에 따른 사법의 위상 변화는 법관의 역할에도 변화를 가져왔다. 역사적으로 보면, 지금까지 법관의 역할은 집행자에서 대리자로, 대리자에서 수호자로 변화해 왔다. 과거 행정부나 입법부에 종속되어 기계적으로 법을 적용하는 집행자의 역할에서, 일정한 조정 기능을 가지고 법률의 흠결을 보충하는 대리자의 역할로 발전하고, 헌법재판이 정착되면서 정치권력의 자의를 통제함으로써 공동체의 기본질서와 시민들의 권리를 지키는 수호자의 역할로 발전한 것이다. 그리고 이를 넘어 중요한 정치적 쟁점을 판단하는 적극적인 정치적 조정자의 역할까지도 법관에게 부여되고 있으며, 이것의 정당성에 관한 논쟁이 정치의 사법화 논쟁의 이면에 자리 잡고 있다.

결국 이러한 변화는 사법 기능에 내포된 일정한 정치적 속성을 더욱 부각하게 된다. 정치인들이 하는 정치와는 다르지만 정치적 사건에 대한 재판은 넓은 의미에서 정치의 일부를 이룬다. 이러한 사건에서 사법재량을 행사하는 법관들은 정치적 중립성을 전제로 하면서도 정치적 영향을 미치게 되는 숙명을 감당해야 한다. 이제 법관들은 헌법과 법률을 기준으로 삼아 법과 정치가 복잡하게 뒤섞이는 급류를 헤쳐 나가야 하는 것이다.[3]

법관의 트릴레마, 재판과 판결의 심연

박은정은 2012년 논문 「법관과 법철학」에서 더욱 본격적인 법관론을 풀어내는데, 그 출발점은 법의 트릴레마다. 법은 사실의 세계에서 일어난 문제를 다룬다는 현실적 차원과, 당위에 비추어 판단해야 한다는 이념적 차원, 일정한 한계 상황 속에서 결단을 내려야 한다는 실존적 차원을 지니고 있고, 그중 하나를 완전히 얻고자 하면 나머지 두 가지를 완성하지 못하게 됨을 지적한 것이다.

그렇다면 법관은 어떠한 존재인가? 여러 법률가 중 법관이 되기를 지망하는 동시에 일정 수준 이상의 능력을 인정받은 사람들이 공적인 절차를 거쳐 법관으로 임명된다. 그러나 법관이 되기 위해 필요한 현실적 조건들은 법관이 어떠한 존재인지를 묻는 질문에 대한 답이 되기 어렵다.

어쩌면 법관의 본질은 당위의 세계 속에서 발견된다고도 할 수 있다. 한 명의 인간이 법관이 되는 순간 지니게 되고 추구해야 하는 사명이 바로 법관의 역할을 규정하는 것이다. 법관은 자신의 내면에서 그 사명을 받아들일 때 진정한 의미의 법관으로 탄생하게 된다.

---

3 박은정, 『왜 법의 지배인가』(돌베개, 2010), pp. 217-242.

그러나 때때로 그 사명은 현실의 법관에게 매우 고독하고 실존적인 결단을 요구한다. 법정에서 오가는 대화도, 동료들과 나누는 합의도 멈춘 순간, 하나의 확정된 결론을 선언해야 하는 부담은 피할 수 없는 법관의 숙명이다. 법관들은 '현실의 법관', '지향되어야 하는 당위로서의 법관', '한계 상황의 실존적 법관'이라는 다양한 모습을 가진 채 법의 세계를 탐험하고 있는 것이다. 어찌 보면 사실의 차원, 당위의 차원, 실존의 차원에서 '대립적인 공생', '불안정한 균형'을 지탱하는 트릴레마 속에 빠져 있는 것은 법관이라는 사람들 그 자체일 수도 있겠다.

이어서 박은정은 법관의 활동, 즉 재판과 판결을 관통하는 법적 사고의 심연을 들여다본다. 그 속에는, 개별성과 일반성의 결합, 과거·현재·미래의 교차, 실정법과 도덕적 가치 그리고 현실적 요소의 공존이 침잠해 있다. 즉, 재판과 판결은 개별적이고 구체적인 사건에 추상적이고 보편적인 규칙과 원리를 적절하게 적용하기 위한 과정이고, 법관은 그 적절함을 스스로 판단해야 한다. 특수한 상황에 놓이기 전에는 일반적인 규범들이 어떻게 발현될지를 알기 어렵기에, 법관은 자신의 실천이성을 통해 새로운 지식을 탄생시키는 상황에 직면하는 것이다.

다음으로 법이란 과거에 원천을 두고 있음에도 미래를 지향하는 현재의 매개체다. 과거의 입법으로 만들어진 법률과 과거의 판결에 의해 형성된 판례에 기초를 두되, 미래의 유사한 사건들에 올바르게 적용될 수 있어야 한다는 통시적인 관점이 항상 요청된다. 이에 법관들은 역사의 성찰자로 호명되기도 한다.

마지막으로 법의 본질적 요소들을 짚어야 한다. 전통적으로 법실증주의는 법이 권위에 의해 제정된 규칙일 뿐이라고 주장하고, 자연법론은 이성에 의해 도출된 도덕적 가치와 원리가 법을 이끌어야 한다고 말하며, 법현실주의를 비롯한 사회적 법이론은 사회적·역사적 산물로서의 법을 강조하고 있다. 하지만 박은정은 이러한 명제들이 융합되어야 비로소 올바른 법을 작동시킬 수 있다고 설명한다.

즉, ① 정치공동체가 공식적으로 정한 규칙을 분석하는 일(법실증주의), ② 이 규칙을 가치적·도덕적 기준이나 원리에 비추어 점검하는 일(자연법론/법원리론), ③ 그리고 그 규칙이 사회의 경험과 실천에 부합하는지 검토하는 일(법현실주의/사회적 법이론) 중 어느 하나만 중요하고 우월한 작업이 될 수는 없고, 결국은 모두가 법관의 통합적인 활동이 되어야 한다는 것이다. 이로써 법관은 통합 법학의 임무를 수행하면서 법철학과 법실무의 경계를 넘나든다.[4]

이 다원적이고 복합적인 세계가 재판과 판결에 내재되어 있음을 고려할 때, 법의 한 요소만을 강조하는 단순화된 이론은 더 이상 법관과 함께하는 법철학이 되지 못한다.

법적 사고와 가치판단

법관의 사고 과정

이제 헌법과 법률을 해석하고 적용해 구체적인 사건에서 최적·최선의 판단을 이끌어 내는 법관의 고달픈 작업을 살펴본다.

박은정은 이 고달픔이 불확실성과의 싸움에서 비롯된다고 본다. 당사자들은 늘 각자 원하는 결론을 얻기 위한 주장을 내놓는다. 법적

4 박은정, 「법관과 법철학」, 『서울대학교 법학』 제53권 1호(2012), pp. 300-305.

결정의 정당성을 확보해 주기 위한 헌법, 법률, 판례와 관습 등은 명쾌한 결론을 주지 않는다. 인간사는 워낙 다양하기에 언어의 세계에서 추상화·개념화된 법적 개념을 새로운 사건에 적용하는 법관의 활동은 기존의 규범을 단순히 연역적으로 반복하는 것이기보다는 불확실성에 맞서 지식을 확장하는 사유에 가깝다.

하지만 박은정은 그 불확실성을 과장하는 극단적인 이론들과는 거리를 둔다. 법실무가 연역과 필연으로 이루어진다는 기계적인 이론을 기각하는 것은 물론이지만, 법관의 임의와 주관에 따라 판단이 이루어진다는 설명도 올바르지 못함을 지적한다. 결국 법관의 추론은 그 출발점과 한계에 관한 상대적인 제약 속에서 진실성과 정당성을 추구하는 상대적으로 자율적인 활동이라고 해야 할 것이다.

이러한 전제를 두고 그녀가 한 걸음 더 나아간 방향은 법적 추론에 대한 더 인간학적인 이해다. 법은 인간의 반영이므로 법규칙의 불완전성은 제거해야 할 법의 흠결이 아니라 법의 본래적인 면모다. 이 지점에서 박은정은 인지과학의 성과를 조망하고 개념 설정, 범주화, 유형화 등을 소개하면서, 전형적이지 않은 사건에 대한 법관의 추론 과정에서 일어나는 범주의 확장과 유추의 활용이 생생한 삶을 법의 세계 속에서 재현해 낼 수 있다고 본다. 이러한 서술적인 이론이 법적 결정을 정당화하지는 못하더라도, 우리는 법관이 어떻게 결정에 이르는지를 더 잘 이해하고 설명할 수 있게 된다.[5]

나아가 법적 사고 속에 존재하는 메타포를 식별하고 의식하면서 전문가적 상상력을 통해 이야기를 만들어 가는 역할을 법관에게 당부

---

5 박은정, 「법관과 법철학」, pp. 306-314.

할 때, 법관은 우리 사회를 위한 가장 아름다운 서사를 만들어 가는 한 명의 연작소설가가 된다.

법해석방법과 가치판단

다음으로 박은정은 법해석방법으로 시선을 옮긴다. 빠른 사회변화, 입법의 홍수, 일반조항의 도입, 사회정의의 요구 등으로 법률구속의 원칙이 약화되고 법관의 법해석/법형성에 의한 '법관법'이 사법의 중심에 진입한다. 이론적인 영역에서도 전통적인 포섭논리와 법적 삼단논법은 매력을 상실하고 철학적 해석학과 언어이론이 법률구속의 원칙에 대한 회의를 제기한다.

법적 개념에는 '위험한 물건'처럼 내포와 외연이 명확하지 않은 불확정 개념과 '음란한', '건전한'처럼 일정한 평가에 근거한 규범적 개념이 존재한다. 법관은 이 개념들을 토대로 도출할 수 있는 여러 잠정적인 결론 중에서 최선이라고 확신하는 최종적 결론을 선택해야 한다. 법관이 그러한 개념을 통해 사유할 때는 늘 가치판단이 수반되는데, 그 판단은 확정적이고 필연적인 연역의 과정을 거친 것이 아니므로, 불확실성을 자각하고 인정할 수밖에 없다. 그럼에도 불구하고 판단의 정당화를 추구하는 법관은 무엇에 의존해야 할까?

올바른 해석을 위한 확고한 기준을 제시하려는 입장, 이른바 문리적 해석, 논리적·체계적 해석, 역사적 해석, 목적적 해석 등의 기순에 서열을 부여하려는 관점도 있다. 그러나 이러한 해석기준들만으로는 법관이 불확실성에서 탈출할 수도, 정당성을 보증받을 수도 없다. 각

해석기준을 통해 도출된 논거들이 서로 다른 결론을 지지하는 경우도 많고, 법관에 따라 같은 해석기준을 활용하면서도 상반되는 결론에 부합하는 논거들이 도출되기도 하는 까닭이다. 결국 법관은 온전히 자신의 책임하에 나름의 결론을 맺고, 다른 사람들의 평가와 비판 앞에 그 근거를 제시해야 한다.[6]

불확실성이라는 현실, 정당성의 당위적 요청, 그 속에서 자신의 역할의 중요성을 자각하고 책임을 감당하는 법관들은 아무리 어려운 사건에서도 가치판단을 통해 올바른 답에 가까이 가기 위한 노력을 멈추지 않아야 한다. 이러한 길은 이론과 경험의 영역을 넘어 다시 법관의 독립과 양심으로 이어지는 '진행형의 과제'다.

결국 법해석의 정당성에 대한 성찰은 사법의 도덕성에 대한 성찰로, 나아가 성찰하는 법관 자신의 내면에 대한 성찰로 이어진다. 이렇게 법해석방법론은 법관을 (예의, 성실, 신중, 절제, 용기, 공정, 겸손, 소통, 형평, 존중, 배려와 관련된) 덕목론으로 이끈다.

법관의 덕목과 독립 그리고 양심

법관의 외관과 내면

재판과 판결 그리고 그 내용이 되는 법적 추론과 법해석은 법관과 세계가 만나는 접촉면이다. 그렇다면 그 공식적인 연결고리 밖에는 무엇

---

6 박은정, 「법해석방법에서 본 헌법 제103조 법관의 독립과 양심」, 『서울대학교 법학』 제57권 2호(2016), pp. 76-80.

이 있을까.

먼저 외관의 공정성을 유지해야 하는 법관의 책무와 의무를 강조하면서, 겉으로 드러나는 표현, 언행, 태도를 통제하려는 흐름이 있다. 물론 이는 재판에 대한 신뢰를 유지하기 위해 필요한 접근 방식이지만 여기에서 만족할 수는 없다. 독립성, 중립성, 공정성의 외관을 가장하면서 거꾸로 정의로운 사법의 밑바탕을 훼손한 경우도 있었기 때문이다.

이와 다른 접근 방식은 법관의 내면에 대한 성찰을 통해 올바른 법관상을 정립하려는 노력이다. 이는 법관이 가져야 할 내면의 가치에 주목하고 그 품성과 덕목이 좋은 판결과 국민의 신뢰로 이어질 것이라고 기대한다. 박은정은 2016년 논문 「법해석방법에서 본 헌법 제103조 법관의 독립과 양심」에서 바로 이 지점을 짚어 낸다. "법관은 헌법과 법률에 의하여 그 양심에 따라 독립하여 심판한다." 대한민국 헌법에 규정된 개념에 주목하면서 법관이 가져야 할 내면의 덕목을 발굴하는 것이다.

사법부의 독립보다는 법관의 독립

법관의 독립이라는 개념은 다양한 층위에서 논의된다. 사법부의 독립, 법관의 독립, 재판의 독립은 본질적으로 연결되어 있는 개념이지만, 우리나라의 역사적 맥락에서는 기관으로서의 사법부가 독립되어야 한다는 관념이 오랜 기간 강조되었다. 그러나 사법부의 내부 구성원이 힘을 합쳐 외부로부터의 개입을 막아 낸다는 사법부 독립 위주의 사고방식은 법관의 독립을 침식시킬 우려가 있었다.

실제로 몇몇 사건들을 거치면서 2016년 무렵에는 이미 사법부 내부로부터 법관의 독립이 침해될 수 있다는 위기의식이 커지고 있었다.

박은정은 이 부분을 놓치지 않은 채, 문제의 핵심은 사법부의 독립보다 법관의 독립에 있음을 강조하며, 사법부 내부로부터 법관의 독립을 훼손할 수 있는 위험에 대해 엄중한 경고를 내놓았다.

나아가 그녀는 법관이 다른 국가기관, 다른 법관들, 국민여론의 영향에서 벗어나야 할 뿐만 아니라 법관 스스로의 '내면의 종속'에서도 벗어나야 함을 강조했다. 법관이 경직된 이념에 억눌리고 사회적·정치적 환경과 개인적·직업적 이익에 얽매여 내면적으로 종속되는 것을 경계한 것이다.[7]

법관의 양심의 재구성

법관의 내면적 종속에 관한 경고는 법관의 양심 개념으로 연결된다. 양심은 내면의 의지로 발현되기 때문에 그 호소를 듣는 사람에게는 직접 전달될 수 없다. 결국 법률구속의 원칙과 법관의 양심 사이에는 근본적인 긴장이 존재하게 된다.

이러한 긴장 속에서 법관의 양심을 객관적 양심과 주관적 양심으로 단순하게 구분하고, 객관적 양심이 헌법과 법률에 따르는 법률가의 양심이라고 주장하는 이론도 있다. 법관 개인의 주관이나 가치관은 양심이 아니라는 이 주장에 따르면, 헌법 제103조의 "그 양심에 따라"라는 문구는 더 이상 필요 없는 동어반복이 되어 버린다.

물론 박은정은 위와 같은 주장을 받아들이지 않는다. 이른바 객관적 양심론은 법의 가치판단적 성격으로 인해 불가피하게 나타나는 법관들의 견해 차이를 폄하하고 의견일치를 성급하게 종용하는 것임을

7 박은정, 「법해석방법에서 본 헌법 제103조 법관의 독립과 양심」, pp. 64-69.

지적한다. 반대로 주관적 양심을 법관 개인의 편향된 세계관이나 독단으로 규정한다면 이는 정당한 법체계 속에 융합될 수 없다. 이에 그녀는 법관의 양심 개념을 주관-객관이라는 이분법적 도식으로부터 구출하자고 제안한다. 법관의 양심은 개인의 자기 확신에서 비롯되므로 근본적으로 주관성을 배제할 수 없다. 하지만 법관의 직무 속에서 판결로 구체화되기에 보편적 소통이 가능해야 한다. 이에 법관의 양심은 단순한 주관과 객관의 이분법을 넘어, 공공성 내지 공동체성의 요소를 내포하는 공적인 개념으로 재구성된다.[8]

그리고 이러한 법관의 독립과 양심은 이상적인 법관의 모습에 대한 탐구의 마지막 과제로 이어지는 가교가 된다.

이상적인 법관의 모습

법관의 자기이해에 관한 경험적 연구

법관들은 대부분 훌륭한 법관, 좋은 법관이 되고자 한다. 그리고 '좋은 법관'을 떠올릴 때면, '사실에 법률을 적용해 정확한 판결을 하는 기계적인 법관'을 넘어선 이상적인 법관의 모습을 그려 낸다.[9] 그러므로 법관들이 스스로를 어떻게 이해하고 있는지를 탐구하면 이상적인 법관상에 관한 논의의 지평을 확장할 수 있다. 막연한 상상을 넘어 법관들

---

8 박은정, 「법해석방법에서 본 헌법 제103조 법관의 독립과 양심」, pp. 70-74.

9 박은정·강태경, 「법관의 자기이해에 관한 경험적 연구」, 『법과사회』 제53권(2016), pp. 186-187.

의 마음 깊은 곳에서 '좋은 법관'의 모습을 길어 올리기 때문이다.

박은정을 중심으로 한 연구진은 2015년 4월 20일부터 2015년 5월 7일까지 법원행정처의 지원을 받아 현직 법관 140명을 대상으로 설문조사를 실시하고, 그 결과를 2016년 「법관의 자기이해에 관한 경험적 연구」라는 논문으로 발표했다. 설문조사 내용은 ① 법관의 중요한 역할에 대한 인식, ② 결정단계에서 어려움을 겪는 원인, ③ 확립된 판례 법리가 당해 사건에서 부당한 결과를 가져온다고 생각될 때 결정 방향, ④ 직업만족도, ⑤ 시간에 대한 압박감, ⑥ 직업생활과 사생활 간 연결 및 분리 정도, ⑦ 일과시간 이후 사건 처리에 개인시간을 할애하는 빈도, ⑧ 결정하기 어려운 사건의 결정단계에서 느끼는 심리적 부담, ⑨ 법학교육에서 강화되어야 할 영역, ⑩ 법관연수에서 강화되어야 할 부분에 대한 의견, ⑪ 법관 스스로 생각하는 이상적인 법관이 갖추어야 할 자질, ⑫ 판결하기 가장 어려웠던 사건, ⑬ 가장 보람을 느꼈던 사건, ⑭ 직업생활에서 부딪히는 가장 큰 어려움, ⑮ 법관의 직업병, ⑯ 동료 법관에게 추천하고 싶은 도서를 묻는 문항으로 구성되었다.

그중 '확립된 판례 법리가 당해 사건에서 부당한 결과를 가져온다고 생각될 때 결정 방향'에 관해 75명(53.6%)의 설문 참여 법관이 '소신에 따른다'고 응답하고, 53명(37.1%)의 설문 참여 법관이 '대법원의 판례를 그대로 따른다'고 응답한 부분에 먼저 눈길이 간다. 법관들이 가장 고민하는 문제라고 할 수 있을 텐데, 그럼에도 절반이 넘는 법관이 자신의 고유한 판단에 무게를 두는 모습이 인상적이다. 대법원의 판례가 세월의 흐름에 따라 낡은 경우도 있고, 개별 사건의 특수성을 반영하지 못할 수 있음을 많은 법관들이 알고 있다. 나아가 이들은 법의 이름으로 행해지는 자신의 판단을 통해 법의 발전에 기여하기를 원하고

있다.[10]

법관이 생각하는 이상적인 법관의 자질

이상적인 법관이 갖추어야 할 자질에 관한 응답도 매우 흥미롭다. 주관식으로 다섯 가지의 답을 적는 설문에서 공정성, 성실성, 균형감각, 통찰력, 경청, 전문성, 열린 마음, 용기, 겸손, 공감, 중립성, 책임감, 인내심, 청렴성, 정의감 등이 차례대로 높은 순위를 기록했다. 법관들이 뽑은 이러한 자질은 사회에서 법관에게 기대하는 자질과 큰 차이가 없어 보인다.

다만, 양심(27위)은 그리 높은 순위에 자리 잡지 않았다. 아마도 양심이라는 개념이 일상적으로는 모든 시민들이 가지는 보편적인 것으로 이해되고, 법관의 양심 개념으로 활용될 때는 법관이 가져야 하는 덕목들을 포괄하기 때문이 아닐까 생각한다. 공정하고 성실하며 균형감각을 갖춘 재판은 이미 양심에 따른 재판으로 이해될 수 있을 것이다.

독립성(36위)은 더 낮은 순위에 위치하는데, 법관들이 독립성을 가볍게 여기기 때문이라고 보기는 어렵다. 오히려 독립성을 법관의 자질보다는 제도적으로 보장되어야 할 가치로 이해하기 때문이라는 추측이 가능하다. 위에서 본 '소신에 따른다'는 설문 결과에만 비추어 봐도, 법관의 양심과 독립에 관한 믿음을 어느 정도 확인할 수 있다.

오히려 법관의 양심과 독립이라는 가치는 법관들이 일상적으로 필요하다고 보는 자질이 아니라, 실존적인 결단의 순간에 어떠한 선택을 하는지를 통해서만 알 수 있는 가치일 수도 있다. 실제로 법관의 독립

---

10 박은정·강태경, 「법관의 자기이해에 관한 경험적 연구」, pp. 187-190.

이 위협받는 순간이 자주 있다고 할 수는 없다. 하지만 이 설문조사가 실시되고 얼마 지나지 않아 사법농단으로 일컬어지는 사법행정권 남용 사태가 밝혀졌다. 그 속에서도 재판에 대한 개입을 그대로 수용한 사람이 있었던 반면, 일신상의 불이익을 감수하면서도 그러한 개입을 단호하게 거부한 판사들이 있었다. 이제는 법관의 양심과 독립이라는 가치를 어떻게 현실 속에 구현할지 더 깊은 고민이 필요한 때가 된 것으로 보인다.

다른 한편, 법관이 직업생활에서 부딪히는 가장 큰 어려움으로는 과중한 업무가 압도적인 비율(1위, 54.7%)을 차지했다. 그 뒤를 결정 부담(2위, 10.6%)이 이었으며, 낮은 보수와 인간관계(각 3위, 5%)도 어려움으로 꼽혔다. 과중한 업무는 건강과 가정에 모두 좋지 않은 영향을 미칠 뿐만 아니라 사건의 충실한 처리를 방해하기도 한다. 이러한 결과는 현실에 존재하는 법관들이 겪는 어려움을 잘 보여 주고 있다.

위와 같은 연구 결과는 자신의 역할에 자긍심을 가지면서도 과중한 업무로 압박감을 느끼고, 결정에 대한 부담 속에서도 공정성과 성실성을 바탕으로 소신에 따라 분쟁을 중립적으로 해결하는 법관의 모습을 실증적 토대 위에 올려 놓는다.[11]

좋은 법관의 동료, 법철학자

지금까지 박은정이 오랜 시간 정성스럽게 엮어 만든 법관론을 펼쳐 보

11 박은정·강태경, 「법관의 자기이해에 관한 경험적 연구」, pp. 191-216.

았다. 법의 개념에서 법관의 사법적 실천 방향을 뽑아내고, 정치와 사법의 현실에서 법관의 역할을 자아내며, 재판과 판결, 법적 추론, 법해석방법론에서 법관이라는 사명의 본질을 펜다. 그리고 그 실마리는 법관의 독립과 양심을 중심에 둔 사법의 도덕성, 법관 내면의 덕목으로 회귀한다. 이 과정 전반에서 박은정은 늘 올바른 법관상을 통해 법관에 대한 질정과 격려를 잊지 않는다.

좋은 법관에 대해 이스라엘의 전 대법원장 아하론 바라크는 이렇게 말한다. "법문을 맥락과 함께 읽으며 때로는 적극적이고 때로는 소극적인 법관, 법문을 종착점이 아니라 출발점으로 삼는 법관, 법만 아는 게 아니라 사회 문제와 사회의 여망을 아는 법관, 헌법을 포함해 한 조문에 대한 해석은 법체계 전체에 대한 해석임을 아는 법관, 자신의 실무를 위한 무기로서 사법철학을 지닌 법관, 목적적 해석과 재량 영역에서 균형이론을 개발하는 법관, 재판이 그 질에 있어 언제나 최상의 수준에 이르도록 최선을 다하는 법관, 법이 전부라는 생각을 가지지 않는 법관, 법을 폐쇄적인 것으로 여기지 않고 사회 제반 현상과 연관시켜 생각하는 법관, 인간사에 오로지 하나의 정답만 존재하는 것은 아니라는 사실을 아는 법관, 사법이 국가기관 중 하나로서 다른 기관들과의 균형과 한계 속에서 작용한다는 것을 인식하는 법관, 사법이 권력이 아니라 봉사임을 알고 실천하는 법관, 법정에서 소송당사자의 이야기를 중단시키거나 교육시키려 들지 않는 법관, 실수를 인정할 줄 아는 법관, 개인적으로나 직업적으로 일관성을 지니는 법관…."[12]

법관이라는 존재에 논의의 초점을 맞추는 '법관에 관한 법철학'은

12 A. Barak, *The Judge in a Democracy* (Princeton University Press, 2006), pp. 307-308.

늘 존재해 왔다. 그중에서도 법관을 하나의 객체로 보고 법관에 대한 엄격한 통제의 기준을 제시하려는 '법관에 대한 법철학'에는 팽팽한 긴장이 감돈다. 다른 한편, 판단의 주체인 법관의 내면에 무엇을 채워 줄 수 있을지를 고민하는 법철학에는 따듯한 시선이 공존한다. 이를 '법관을 위한 법철학'이라고 할 수 있다. 박은정의 법관론에는 물론 두 가지 관점이 모두 존재하지만, 아무래도 그 중심은 법관을 위한 법철학에 놓여 있는 듯하다.

먼 길을 가려면 좋은 친구가 필요하다. 함께 길을 찾기도 하고, 힘들면 모닥불을 피우기도 하며, 오랜 시간 속 깊은 이야기를 나누며 걸어야 하기 때문이다. 마찬가지로 좋은 법관, 훌륭한 법관이 되기를 갈구하는 판사들에게도 함께할 친구가 필요하다. 그리고 좋은 법관의 가장 좋은 동료는 법관을 향한 따듯한 시선을 거두지 않는 법철학자일 것이다.

PART

03

법과 실천: 생명·과학·젠더

1

인공지능 알고리즘 편향

강태경

우리가 빅데이터, 인공지능 등의 의미와 실체를 제대로 이해하기도 전부터 대규모 데이터에서 새로운 지식을 추출하는 데이터 사이언스는 우리 일상 곳곳에 광범위하게 적용되어 왔다. 데이터 사이언스는 과학의 '네 번째 패러다임'이라는 긍정적 평가를 받기도 하지만,[1] 개인정보 오남용, 편향과 차별 등의 문제를 야기한다는 부정적 평가를 받기도 한다. 새로운 과학기술이 우리 사회에 광범위하게 적용될 때 다양한 사회적·윤리적·법적 문제가 발생한다. 이러한 문제 영역에서 법은 새로운 문제에 대한 '규제'와 새로운 과학기술의 '육성'이라는 목적 간 긴장을 형성한다. 이러한 긴장은 과학기술이 제기하는 현안들에 적용할 법원리를 요구한다.[2] 이 글에서는 사법 및 치안 분야에서 인공지능 알

1 T. Hey, S. Tansley and K. Tolle, *The Fourth Paradigm: Data-intensive Scientific Discovery* (Washington, 2009), pp. 227-229.

2 박은정, 『법철학의 문제들』(박영사, 2007), p. 44.

고리즘을 활용하려는 시도가 증가함에 따라 제기되는 알고리즘 편향 문제를 검토하고, 이를 극복하기 위한 단계적 접근법을 제안한다. 그리고 이러한 논의를 통해 기술과 법의 관계, 법의 목적에 대한 성찰을 도모하고자 한다.

인공지능과 법

최근 사법 및 치안 분야에서 인공지능 알고리즘이 적극적으로 수용되고 있다. 법령 및 판례 조사나 문서 작성, 사건 결과 예측 등 사법 서비스의 다양한 영역에서 인공지능 알고리즘이 활발하게 활용되면서 분쟁 해결의 효율성, 사법 접근권, 법적 투명성이 높아질 것으로 기대된다.[3] 치안 분야에서는 얼굴 인식, 비디오 판독, 휴대전화 데이터 추출, SNS 미디어 분석 같은 수사기법뿐만 아니라, 범죄지도 구축 및 개인의 재범 위험성 평가같이 범죄 데이터를 기초로 잠재적 범죄를 예측하려는 예측적 치안(predictive policing)에도 기계학습(machine learning) 프로그램이 적극적으로 활용되고 있다.[4] 이러한 경향은 인공지능의 판단이 인간의 판단보다 더 객관적이고 중립적일 것이라는 믿음을 전제하고 있다.

그런데 범죄 예측을 위해 인공지능 알고리즘을 적극적으로 수용하려는 시도에 대해 알고리즘 편향(algorithmic bias)과 차별의 문제가 제기

---

3 B. Alarie, A. Niblett and A. H. Yoon, "How Artificial Intelligence Will Affect the Practice of Law," *University of Toronto Law Journal* 68 (2018), pp. 106-124.

4 A. Babuta and M. Oswald, "Data Analytics and Algorithmic Bias in Policing," *Royal United Services Institute for Defence and Security Studies* (2019), p. 4.

되고 있다. 사법 분야에서든 치안 분야에서든 인공지능 알고리즘은 과거에 축적된 데이터를 토대로 특정한 판단을 내린다는 점에서 동일한 구조를 가진다. 그러나 사법 분야에서는 알고리즘이 주로 과거에 일어난 사건의 법적 해결을 위해 활용되지만, 치안 분야에서는 아직 일어나지 않은 미래의 잠재적 사건 예측을 위해 활용된다. 또한 법적 분쟁 해결에서는 당사자주의에 따라 피고와 원고 또는 피고인과 검사의 공방이 보장되지만, 치안에서는 순찰과 불심검문같이 법 집행이 경찰에 의해 일방적으로 이루어진다. 따라서 치안 분야에서 특정한 장소나 인물이 잠재적 범죄와 관련될 것이라는 알고리즘의 예측은 개인에 대한 직접적인 권력 작용의 근거가 되기 때문에 이러한 근거의 타당성에 대한 의문이 제기된다. 최근 국내 학계에서도 인공지능 알고리즘에 기초한 예측적 치안에서 발생하는 편향과 차별 문제에 대한 논의가 활발하게 이루어지고 있다.

아래에서는 범죄 예측에 인공지능 알고리즘을 활용할 때 드러나는 알고리즘 편향 문제를 살펴보고 그 해결책을 찾고자 한다. 이를 위해 우선 알고리즘 편향의 다양한 유형과 범죄 예측 알고리즘이 보이는 편향 사례를 살펴본다. 그리고 범죄 예측 알고리즘의 편향이 문제 있는 편향이 되지 않도록 하는 방안을 모색해 본다.

알고리즘 편향

알고리즘 편향의 유형

'편향'이라는 단어가 주는 부정적 뉘앙스 때문에 알고리즘 편향은 본질적으로 문제 있는 것으로 이해되는 경향이 있다. 그러나 가브리엘 존슨(Gabbrielle Johnson)은 귀납 추론에 언제나 편향이 존재하며, 편향은 신뢰할 수도 신뢰하지 못할 수도 있고, 도덕적으로 비난받을 만할 수도 악의가 없을 수도 있다고 지적한다. 그는 편향을 제대로 이해하기 위해서는 우선 편향을 규범 중립적인 것으로 인식해야 한다고 강조한다.[5] 편향-구성체(bias-construct)란 어떤 대상이 특정 집단에 속한다는 인식에서 그 대상이 그 집단에 대한 고정관념적인 속성을 가진다는 결론을 도출하는 인지적 과정을 말하는데, 존슨은 이에 의식적으로 접근할 수 있는지에 따라 명시적 편향(explicit bias)과 암묵적 편향(implicit bias)을 구분한다. 기계학습 알고리즘의 암묵적 편향은, 편향-구성체라 할 수 있는 고정관념적 규칙이 프로그램에 명시적으로 설정되어 있지 않음에도 불구하고 학습 프로그램이 데이터에 기초한 학습을 통해 그러한 규칙이 있는 것처럼 과제를 수행하는 경우에 발생한다. 알고리즘의 암묵적 편향은 고정관념 등에 의해 패턴이 부호화된 훈련 데이터 때문에 발생한다. 존슨은 훈련 데이터에서 '인종'같이 사회적으로 민감한 속성을 필터링하더라도 알고리즘은 인종과 상관이 높은 '우편번호' 같은 프락시(proxy) 속성에 의존하기 때문에 알고리즘에서 편향을 제거하려는 시도는 성공적이지 못하다고 지적한다.[6]

한편 데이비드 댕크스(David Danks)와 알렉스 런던(Alex London)은 알고리즘 편향을 그 원인에 따라 ① 훈련 데이터 편향(training data bias),

---

5 G. M. Johnson, "Algorithmic Bias: On the Implicit Biases of Social Technology," *Synthese* 198, no. 10 (2020), pp. 1-21.

6 Johnson, "Algorithmic Bias," pp. 12-17.

② 알고리즘 초점 편향(algorithmic focus bias), ③ 알고리즘 처리 편향(algorithmic processing bias), ④ 대체 맥락 편향(transfer context bias), ⑤ 해석 편향(interpretation bias)으로 분류한다.[7] 다섯 유형 중 앞의 셋은 알고리즘 기술과 관련된 편향, 뒤의 둘은 알고리즘 활용과 관련된 편향이라고 할 수 있다. 또한 알고리즘 초점 편향과 알고리즘 처리 편향은 명시적 편향에 해당하고, 나머지 세 가지 편향은 명시적일 수도 암묵적일 수도 있다. 댕크스와 런던은 존슨과 마찬가지로 통계적·규범적 기준에서 벗어난 결과 또는 모델을 내놓는 알고리즘 편향이 본질적으로 문제적인 것은 아니라고 전제한다. 아래에서는 각 유형에 대해 간략하게 살펴보자.

첫째, 훈련 데이터 편향은 알고리즘에 제공되는 훈련 데이터가 편향되어 발생하는 편향이다. 훈련 데이터가 편향되어 있으면 알고리즘이 '중립적'이더라도 그 결과나 모델은 모집단의 분포를 벗어나거나 규범적으로 정당화될 수 있는 범위를 벗어나게 된다. 이때 어떤 결과가 편향적인지 판단하는 기준은 그 알고리즘을 사용하는 목적과 맥락에 의해 상대적으로 결정된다. 예를 들어, 현재 보건의료 자원 배분의 불균형 상태를 개선하기 위해 보건의료 자원 배분을 결정하는 '중립적' 알고리즘을 떠올려 보자. 이 알고리즘에 제공되는 훈련 데이터를 바람직한 배분 상태가 반영되도록 수정한다면 이를 기반으로 학습한 알고리즘이 내놓는 결과는 통계적 기준에서는 편향적이지만 규범적 기준

7 D. Danks and A. J. London, "Algorithmic Bias in Autonomous Systems," in C. Sierra (ed.), *Proceedings of the 26th International Joint Conference on Artificial Intelligence* (International Joint Conferences on Artificial Intelligence, 2017), pp. 4691-4697.

에서는 편향되지 않을 수 있다.

둘째, 알고리즘 초점 편향은 훈련 데이터에서 정보를 차등적으로 활용함으로써 생기는 편향이다. 대체로 규범적 관점에서 정보는 차등적으로 활용된다. 예를 들어, 차별 금지를 위해 알고리즘이 인종이나 성별 같은 범주 정보를 사용하지 않도록 의도적으로 규칙을 설정하는 것은 규범적 관점에서는 알고리즘 편향을 만들지 않지만, 통계적 관점에서는 알고리즘 편향을 야기할 수 있다. 결국 알고리즘 초점 편향은 알고리즘 사용자의 선택에 따라 좌우될 수 있다. 사회적으로 민감한 속성을 필터링하는 기법이 알고리즘 초점 편향에 해당한다.

셋째, 알고리즘 처리 편향은 알고리즘 자체가 편향되어 발생하는 편향이다. 표본 크기가 작을 때, 분산을 줄이기 위해 통계적으로 편향된 추정량(estimator)을 사용하는 경우가 알고리즘 처리 편향의 대표적인 예다. 다시 말해, 다른 유형의 편향을 완화하기 위해 편향된 알고리즘 처리 과정을 의도적으로 활용하는 것이다.

넷째, 대체 맥락 편향은 당초 사용 목적과 맥락에서 벗어나는 방식으로 알고리즘을 사용함으로써 발생하는 편향이다. 일종의 사용자 편향이라고도 할 수 있다. 자동화 시스템이 처음 학습했던 맥락과 매우 상이한 맥락에서 그 시스템을 사용한다면 통계적 관점뿐만 아니라 규범적 관점에서도 편향이 발생할 수 있다. 훈련 데이터 편향은 의도된 맥락에서 편향된 데이터를 학습함으로써 발생하는 편향이고, 대체 맥락 편향은 의도된 맥락 밖에서 부적절하게 알고리즘을 활용함으로써 발생하는 편향이다.

다섯째, 해석 편향은 사용자나 알고리즘이 속해 있는 상위의 자동화 시스템이 알고리즘의 결과나 기능을 오해석함으로써 발생하는 편향이다. 해석 편향은 알고리즘이 생산해 낸 정보와 그 알고리즘을 사용하는 사용자 및 시스템이 요구하는 정보 간 불일치로 발생한다. 개발자가 알고리즘이나 모델이 도출한 내용의 의미를 전부 밝히기 어렵기 때문에 해석 편향은 비일비재하다.

범죄 예측에서의 알고리즘 편향

예측적 치안은 범죄 사건, 범죄 발생 시공간 정보 및 기타 위험 요소 데이터를 토대로 잠재적 범죄 예측을 위한 분석과 그 분석 결과에 따른 치안 자원의 배분을 통해 이루어진다. 예측적 치안은, 한 사건이 최초로 발생하면 그 후에 동일한 유형의 사건이 반복될 가능성이 높아진다는 '근미래 반복 이론(near repeat theory)'에 기초를 두고 있다.[8] 실제로 이러한 이론에 근거한 범죄 발생 지역 예측 프로그램(predictive mapping software)은 미래 범죄를 찾아낼 가능성을 높이고 범죄율을 낮추는 데 기여했다.[9] 또한 우범 지대를 찾아내는 데 있어서 예측 프로그램이 인간 전문가보다 거의 두 배 높은 적중률을 보였다.[10]

그러나 범죄 예측 알고리즘은 과거에 발생한 범죄에 관한 데이터를 활용하기 때문에 특정 인종이나 사회경제적 지위에 따른 편향이 잠

---

8 M. Degeling and B. Berendt, "What is Wrong about Robocops as Consultants? A Technology-Centric Critique of Predictive Policing," *AI and Society* 33, no. 3 (2018), pp. 347-356.

9 K. J. Bowers et al., "Spatial Displacement and Diffusion of Benefits Among Geographically Focused Policing Initiatives: A Meta-analytical Review," *Journal of Experimental Criminology* 7, no. 4 (2011), pp. 347-374.

10 G. O. Mohler et al., "Randomized Controlled Field Trials of Predictive Policing," *Journal of the American Statistical Association* 110, no. 512 (2015), pp. 1399-1411.

재적인 범죄 발생 가능성 예측에 영향을 미치고, 알고리즘 편향에 따른 의사결정이 다시 알고리즘에 영향을 미쳐 편향을 심화하는 악순환이 발생할 수 있다. 어떤 지역에서 범죄가 발생할지 예측하는 프로그램이 거주자들의 경제적 수준이 낮은 A 지역을 우범 지대로 분류했고, 경찰이 이 예측 결과에 따라 다른 지역보다 이 지역에서 불심검문과 순찰을 강화했다고 가정해 보자. 검문과 순찰이 늘수록 범죄를 포착할 가능성이 커지고, 그 결과가 다시 범죄 예측 프로그램에 입력되면 A 지역을 우범 지대로 분류하는 편향이 강해질 것이다. 실제로 미국에서 과거 경찰 기록을 활용해 우범 지역을 예측하는 프로그램인 프레드폴(PredPol)이 흑인 거주지를 마약 사건 우범 지역으로 표적화한 비율은 부유한 백인 거주지보다 지나치게 높았다.[11] 이러한 편향은 훈련 데이터가 부정확하거나 대표성이 떨어질수록 더욱 심해진다.

예측적 알고리즘의 편향성은 특정한 개인의 재범 예측, 즉 재범 위험성 평가에서 더 복잡한 문제를 야기한다. 보석 결정 절차에서 인공지능 알고리즘을 보조적으로 활용하면서 수용인구 증가 없이 범죄율이 25% 감소했던 뉴욕주 사례처럼 개인 수준에서 예측적 알고리즘이 긍정적인 효과를 보이기도 한다.[12] 그러나 개인의 위험성 평가 도구로서의 예측적 알고리즘의 정확도에 대한 경험적 연구가 아직은 충분히 이루어지지 않았다. 또한 통계적 기법은 일정한 규모 이상의 데이터를 바탕으로 예측을 하는 것이므로 집단 수준에서의 예측 정확

11 K. Lum and W. Isaac, "To Predict and Serve?," *Significance* 13, no. 5 (2016), pp. 14-19.

12 J. Kleinberg et al., "Human Decisions and Machine Predictions," *Quarterly Journal of Economics* 133, no. 1 (2018), pp. 237-293.

도는 높을 수 있지만, 그 집단의 개별 구성원 수준에서는 예측 정확도가 낮을 수밖에 없다. 가장 대표적인 인공지능 재범 예측 프로그램인 COMPAS(Correctional Offender Management Profiling for Alternative Sanctions) 사례는 이러한 문제를 잘 보여 준다. COMPAS는 137개의 지표를 이용해 특정한 범죄자의 재범 가능성을 판단하는데, 미국의 일부 주 법원에서는 이 결과를 재판 전 구금 및 가석방 심사, 양형 등에 활용하고 있다.[13] 그런데 COMPAS가 재범 가능성 예측에 있어서 흑인에게 불리한 편향을 보인다는 문제가 제기되었다. 이에 COMPAS 제조사는 COMPAS 알고리즘이 모든 인종 집단에 동일한 예측 정확도를 적용하도록 설정되었고, COMPAS 점수의 정확도가 흑인과 백인 피고인 모두에게 동일하다는 점, 즉 '예측적 동등성(predictive parity)'을 근거로 COMPAS의 예측 결과가 중립적이라고 주장했다.[14] 그러나 COMPAS는 흑인을 평가대상으로 삼을 때 실제로는 재범 위험성이 낮은 대상자를 고위험군으로 분류할 오류의 가능성이 백인을 평가대상으로 삼을 때보다 두 배 높았다. 또한 백인을 평가대상으로 삼을 때는 실제로는 재범 위험성이 높은 대상자를 저위험군으로 분류할 오류의 가능성이 높았다.[15] 이러한 COMPAS 심사의 오류에서 드러난 인

13 양종모, 「인공지능 알고리즘의 편향성, 불투명성이 법적 의사결정에 미치는 영향 및 규율 방안」, 『법조』 제66권 3호(2017), pp. 60-105.

14 W. Dieterich, C. Mendoza and T. Brennan, *COMPAS Risk Scales: Demonstrating Accuracy Equity and Predictive Parity* (Northpointe Inc., 2016).

15 J. Angwin and J. Larson, "Bias in Criminal Risk Scores Is Mathematically Inevitable, Researchers Say," *ProPublica*, December 30, 2016, https://www.propublica.org/article/bias-in-criminal-risk-scores-is-mathematically-inevitable-researchers-say (최종 방문일: 2023. 4. 15).

종적 편향은, 훈련 데이터에 반영된 흑인과 백인 피고인 두 집단의 구속 비율이 애초에 다르기 때문에 발생한 것이다. 만약 COMPAS의 이러한 편향적 오류를 그대로 방치한다면 차별적 양형 관행이 자리 잡을 것이다. 따라서 재범 위험성이 낮은 사람을 고위험군으로 분류하는 오류의 비율을 낮추는 방향으로 프로그램이 수정되어야 한다. 다만, 이러한 수정은 예측의 정확도를 희생하는 결과를 초래할 수 있다.

지금까지 살펴본 바에 따르면, 범죄 예측 분야에서 관찰되는 알고리즘 편향은 훈련 데이터에 반영된 사회적 패턴에 의한 것으로 보인다. 존슨과 댕크스 등의 분류에 따르면, 범죄 예측 알고리즘의 편향은 알고리즘 자체가 중립적이라는 전제하에 '암묵적인' 훈련 데이터 편향이라고 할 수 있다. 앞서 언급한 것처럼 필터링 기법 또는 의도적으로 알고리즘 초점 편향을 일으키는 것, 즉 인종과 같이 사회적으로 민감한 정보를 의도적으로 사용하지 못하게 알고리즘을 수정하는 것으로는 프락시 속성 문제를 해결할 수 없다. 이러한 알고리즘적 접근법보다는 훈련 데이터에 반영된 사회적 패턴을 바꾸는 것이 알고리즘 편향을 줄이는 방법일 수 있다. 예를 들어, 경찰 활동 단계에서 특정 인종에 대해 불심검문을 더 빈번히 실시하는 관행이나 특정 인종의 거주지에서 순찰을 더 빈번히 실시하는 관행을 개선한다면 훈련 데이터에 반영되는 사회적 패턴을 변화시킬 수 있다.

알고리즘 편향을 법적으로 규제하는 것은 효과적일까? 인공지능 알고리즘에 기초해 자동화된 의사결정에서 발생한 차별은 과거의 데이터에 따른 결과이고 대체로 미묘하다. 따라서 차별금지 사유에 해당하는 정보 수집을 금지하거나 차별로 인해 발생한 손해를 배상하는 사후적 구제 수단으로 알고리즘 편향을 규율하기는 어렵다.[16] 또한 알고리즘 및 그 설계과정에 대한 공적 검사나 감독, 훈련 데이터에 대한 공적 감사, 데이터 수집 과정에 대한 행정적 규제나 개인의 이의권 보장 등도 구체적인 사안에서 효과적으로 작동한다고 보기 어렵다.[17] 한편 인공지능 알고리즘을 사전적으로 규제해 투명성을 높이려는 시도는 개인정보나 사생활의 권리, 기업의 영업비밀 등을 침해할 소지가 있다.

이러한 방법 외에는 범죄 예측 알고리즘의 편향을 완화할 방법이 없는가? 알고리즘을 활용한 의사결정에서 그 수행자가 의사결정 대상자에게 자동화된 의사결정 시스템의 작동을 설명할 의무를 부담해야 한다는 주장도 제기된다.[18] 이러한 맥락에서, 설명될 수 있는 인공지능, 즉 인간이 알고리즘의 내부 상태를 이해할 수 있을 정도로 알고리즘의 근사치를 제공하는 인공지능을 개발하려는 노력이 이루어지고 있다.[19] 설명 가능한 인공지능이 개발된다면 알고리즘 편향 문제에 대한 알고리즘적 해결 방법을 모색할 가능성이 열릴 수 있을 것이다.

---

16 고학수·정해빈·박도현, 「인공지능과 차별」, 『저스티스』 통권 171호(2019), p. 234.

17 고학수·정해빈·박도현, 「인공지능과 차별」, p. 246.

18 R. Binns, "Algorithmic Accountability and Public Reason," *Philosophy and Technology* 31, no. 4 (2018), pp. 543-556.

19 A. Deeks, "The Judicial Demand for Explainable Artificial Intelligence," *Columbia Law Review* 119, no. 7 (2019), pp. 1829-1850.

진단적 예측? 역학적 예측?

범죄 예측 알고리즘 사용 목적의 제한

왜곡 없이 수집된 훈련 데이터를 토대로 기계학습을 한 중립적인 알고리즘이 드러내는 결과는 규범적 관점에서는 편향적일 수 있지만, 통계적 관점에서는 편향되지 않은 것이다. 통계적·기술적 관점에서 알고리즘 편향은 학습 자료에 반영된 사회적 패턴의 재현이며, 프락시 문제는 사회적 패턴이 다양한 속성에 반영되어 있기 때문에 발생하는 결과라고 할 수 있다. 그렇다면 알고리즘 편향은 현재 사회적 환경에 존재하는 차별적 구조를 확인하는 방법으로 활용될 수도 있을 것이다. 그리고 알고리즘이 어떤 프락시 속성들을 활용하는지 확인할 수 있다면 프락시 문제는 차별적 구조가 우리 삶에 미치는 영향의 범위를 확인하는 방법으로 활용될 수도 있을 것이다.

이와 같은 논리를 범죄 예측 알고리즘에 적용해 본다면, 알고리즘이 과거 범죄 데이터를 바탕으로 특정 지역이나 특정 인구 집단이 다른 지역이나 집단보다 범죄 위험성이 높다고 평가하는 것 자체가 문제 있는 편향이라고 할 수는 없다. 그런데 이 알고리즘을 사용하는 경찰 당국이 지역과 집단이라는 변인을 범죄 위험성과 곧바로 연결 짓는 해석 편향을 보인다면 이 알고리즘 편향은 규범적으로 문제 있는 편향이 되어 차별을 야기할 수 있다. 예를 들어, X 지역에 Y 집단 구성원들이 많이 모여 사는데 이들이 대체로 사회·경제적 지위가 낮고, X 지역 CCTV 설치율이 다른 지역에 비해 현저히 낮다고 가정해 보자. 그런데 범죄 예측 알고리즘이 X 지역의 범죄 발생 위험이 높다는 결과를 내놓았다면, 경찰 당국에서는 이러한 결과에 따른 방범 계획이

차별을 야기하지 않도록 하기 위해 지역 거주자의 사회·경제적 지위와 CCTV 설치율이라는 변인, 즉 프락시 속성이 범죄 발생에 미치는 영향을 면밀히 조사해야 할 것이다. 단순히 X 지역에 대한 검문과 순찰을 늘린다면 범죄를 포착할 가능성이 커지고, 그 결과는 다시 X 지역을 우범 지대로 분류하는 경향을 강화할 것이다. 그러나 X 지역에 CCTV를 더 설치하고 부모가 일터에 나간 시간 동안 혼자 방치되는 청소년들이 교사의 지도 아래 방과 후 활동을 할 수 있는 지역 센터 등을 마련한다면 장기적 관점에서 X 지역이 우범 지대라는 편견을 강화하지 않으면서도 X 지역의 범죄 발생률이 낮아질 수 있을 것이다.

이 가상의 예를 통해, 범죄 예측 알고리즘의 사용 목적이 '진단(diagnosis)'이 아닌 '역학조사(epidemiological survey)'로 제한될 필요가 있음을 알 수 있다. 진단은 의사가 환자 개인의 이상 상태를 정확하게 파악함으로써 적절한 치료의 근거를 얻는 것이고, 역학조사는 개인이 아닌 집단에 관한 통계적 관찰을 바탕으로 집단 수준에서 건강 현상을 파악하는 것이다. 범죄 예측 알고리즘으로 특정한 개인이 범죄 위험성이 있는지 판단하는 것은 '진단적 예측'이라고 할 수 있고, 어떤 지역이나 인구 집단이 범죄 위험성이 있는지 판단하는 것은 '역학적 예측'이라고 할 수 있다. 앞서 살펴본 바와 같이 집단 수준에서 이루어지는 역학적 범죄 예측은 상당한 효과를 발휘하고 있지만, 개인 수준에서 이루어지는 진단적 범죄 예측은 여러 문제를 야기한다.

알고리즘이 사용하는 통계적 기법의 속성을 고려하더라도 범죄 예측 알고리즘의 사용 목적을 역학적 예측으로 제한하는 것이 타당할 것이다. 대체로 매우 많은 종류의 변수로 이루어진 대규모 데이터를 바탕으로 기계학습을 하는 예측 알고리즘은 일반적 경향성, 즉 '추상적 위험성'을 예측하기 위해 변인 간의 상관을 계산하고 수정해 나간다. 그런데 특정한 하나의 사건이나 대상의 경향성, 즉 '구체적 위험성'을 예측하는 데 이러한 예측 알고리즘을 활용하는 것은 '대체 맥락 편향'을 야기할 수밖에 없다.

역학적 모델 비교를 통한 정책적 결정

범죄에 대한 일종의 역학조사 목적으로 알고리즘을 활용한다면 문제 있는 편향이 해소되는가? 범죄 예측에 대한 역학적 모델은 단순히 범죄 예측만을 위한 것에서 그치기보다 범죄 발생 위험성을 예측할 수 있는 변인들을 찾아 그 변인과 관련된 사회적 패턴을 변화시킬 수 있도록 자원을 투입하는 기획으로 이어질 필요가 있다. 그렇다면 공적 자원 배분의 결정에서 발생하는 알고리즘 편향을 완화하는 방법으로 다른 유형의 알고리즘 편향을 의도적·명시적으로 활용하는 이이제이(以夷制夷)식 접근법은 가능할까?

'훈련 데이터 편향'과 관련해서 살펴봤던 보건의료 자원 배분 사례를 떠올려 보자. 보건의료 자원의 바람직한 배분 상태를 반영하도록 수정된 훈련 데이터를 바탕으로 기계학습을 한 알고리즘은 통계적 기준에서는 벗어난 편향적 결과를 산출하겠지만 규범적 기준에서는 편향되지 않은 결과를 보여 줄 수 있다. 이를 우범 지역으로 지목된 X 지역에 적용해 보자. 경찰 당국이 X 지역에서 범죄가 빈번하게 발생하는 원인을 낮은 CCTV 설치율로 생각했다면, CCTV 설치율의 지역적 차이가 없도록 훈련 데이터를 수정해 예측 프로그램을 학습시켜 봄으로써 초기 훈련 데이터에 따른 결과와 수정된 훈련 데이터에 따른 결과를 비교해 볼 수 있을 것이다. 만약 수정된 훈련 데이터에 따른 시뮬레이션 결과에서 X 지역의 범죄 발생 위험이 더 낮게 평가되었다면 X 지역에 CCTV를 설치하는 정책 결정이 타당하다고 할 수 있다. 이러한 과정은 자율주행 자동차를 다양한 지형, 기후, 환경적 요인들에서 검증하는 단계와 유사하다.[20]

훈련 데이터 편향을 활용해 규범적 편향을 보정하는 시도는 차별의 문제를 사전에 고려할 기회를 제공한다는 이점도 있다. X 지역 사례에서 CCTV 설치, 불심검문이라는 정책적 수단은 모두 결과적으로 개인의 기본권을 직간접적으로 제한한다. 국가나 지방정부의 기본권 제한 조치는 과잉금지 원칙을 준수해야 한다. 헌법 제37조 제2항은 "국민의 모든 자유와 권리는 국가안전보장·질서유지 또는 공공복리를 위하여 필요한 경우에 한하여 법률로써 제한할 수 있으며, 제한하는 경우에도 자유와 권리의 본질적인 내용을 침해할 수 없다."라고 규정함으로써 과잉금지 원칙을 선언하고 있다. 과잉금지 원칙은 '목적의 정당성', '수단의 적합성', '피해의 최소성', '법익의 균형성' 원칙으로 구성된다. 이 중 '수단의 적합성'은 "입법 수단이 목적을 달성하는 데에 필요하고 효과적이어야 한다."를 의미하고(헌법재판소 1989. 12. 22. 선고 88헌가13), '피해의 최소성'은 "입법목적을 실현하기에 적합한 여러 수단 중에서 되도록 국민의 기본권을 가장 존중하고 최소로 침해하는 수단을 선택해야 한다."를 의미한다(헌법재판소 1998. 5. 28. 선고 96헌가5). 다양한 프락시 변인들을 수정한 모델을 비교해 봄으로써 범죄 발생 위험성 감소에 가장 효과적이면서도 기본권 침해를 최소화할 수 있는 수단을 찾

20 D. Danks and A. J. London, "Regulating Autonomous Systems: Beyond Standards," *IEEE Intelligent Systems* 32, no. 1 (2017), pp. 88-91.

을 수 있을 것이다.

의심스러울 때는 '자유의 이익'으로

지금까지 살펴본 것처럼 인공지능 알고리즘 편향은 명시적으로 뿐만 아니라 개발자의 의도와 상관없이 암묵적으로도 발생한다. 그런데 알고리즘 편향 그 자체는 규범적으로 정당화될 수 없거나 문제가 있어 반드시 제거되어야 하는 종류의 오류가 아니다. 동일한 알고리즘 편향이라도 통계적 기준이나 규범적 기준, 사용 목적이나 맥락에 따라 문제 없는 편향으로 해석될 수 있다는 점에서 알고리즘 편향은 상대적인 개념이다.

범죄 예측에 인공지능 알고리즘을 적극적으로 활용하려는 시도는 실제로 전체적인 범죄율 감소라는 효과를 보이기도 했다. 그러나 범죄 예측의 대상이 지역이 아니라 개인인 경우, 그 정확도와 효과에 대한 실증적 연구가 부족하다. 그리고 과거 범죄 데이터를 훈련 데이터로 활용하는 인공지능 알고리즘이 내놓는 특정 개인의 범죄 위험성 평가의 오류는 특정한 집단에 불리하게 작동하는 차별적 결과를 야기하기도 한다. 이를 방지하기 위해 알고리즘 편향을 법적으로 규제하는 것은 불투명성, 유연성 등 알고리즘의 내재적 성질 때문에 현실성이 다소 떨어진다.

이에 이 글에서는 범죄 예측에 있어 문제 있는 알고리즘 편향을 줄이는 방법으로 단계적인 접근을 제안했다. 우선 알고리즘의 사용 목적을 개인 수준의 '진단적 예측'이 아닌 집단 수준의 '역학적 예측'에 국한할 것을 제안했다. 또한 프락시 변인을 범죄 발생과 관련된 잠정적 요인으로 상정하고 이를 다양하게 수정한 역학적 예측 모델들을 비교함으로써 치안 자원의 적절한 배분을 결정해야 한다고 주장했다. 역학적 예측 모델의 비교는 의도적으로 명시적인 알고리즘 편향을 동원한다는 특징이 있다.

그런데 앞서 살펴본 가상 사례에서처럼 명시적 알고리즘 편향을 다양하게 적용해 보정한 범죄 예측의 역학적 모델들을 비교했는데 그 결과에 큰 차이가 없을 때는 어떤 의사결정을 해야 하는가? 이 경우 의사결정의 책임을 지는 사용자는 그 결정이 영향을 미치는 개인들의 자유를 최대한 보장하는 방향으로 결정을 내려야 한다. 이때 알고리즘의 예측 정확도 그 자체보다는 범죄 위험성이 낮은 지역이나 집단을 범죄 위험성이 높은 지역이나 집단으로 잘못 분류하는 오류의 가능성을 살펴야 한다. 즉, 위양성 오류를 최소화하는 모델을 선택하고 그 모델과 원 모델을 비교해 치안 자원 배분을 결정하는 것이다. 이러한 방식의 비교와 결정을 통해 범죄 예측 프로그램을 운용하는 것은 '의심스러울 때는 자유의 이익으로(in dubio pro libertate)'라는 법정신에 부합한다.

2

인간대상연구와 생명윤리

김은애

인간대상연구란 무엇인가

연구란 연구자에 의해 수행되는 학문활동이다. 연구를 과정 중심으로 설명하자면, 자신이 탐구하고자 하는 바에 관한 제반 현황을 파악해 자신이 입증하고자 하는 가설이나 해결하고자 하는 문제를 상정한 후 이를 위한 계획을 세우고 이행함으로써 그 가설을 입증하거나 그 문제를 해결하는 일에 대한 결과를 얻는 일이라고 할 수 있다. 그리고 연구의 목적과 가치를 중심으로 설명하자면, 새로운 지식을 도출해 축적하거나 이를 위해 이미 도출되어 축적된 지식을 활용하는 체계적이고 창조적인 활동이라고 할 수 있다. 그리고 이러한 연구 중 사람을 대상으로 하는 연구를 인간대상연구라고 한다.

가장 대표적이면서도 널리 알려져 있는 인간대상연구는 의약품과 의료기기 개발을 위한 임상시험이다. 임상시험은 임상시험용의약품과 임상시험용의료기기의 안전성과 유효성을 증명하기 위해 사람을 대상으로 이를 사용해 임상적 효과 등을 확인하고 유해한 증후·증상·질병, 즉 이상반응을 조사하는 연구다. 가장 보편적·일반적이어서 친숙한 인간대상연구로는 설문조사나 인터뷰를 통해 사람의 생각과 의견, 경험과 기억 등을 알아보는 인문사회과학 분야의 여러 연구를 들 수 있다. 물론 이 외에도 환자의 인체유래물과 의무기록을 조사·분석하는 연구, 사람을 대상으로 준비된 학습활동이나 작업활동, 운동이나 음식섭취 등의 전·후 반응을 조사·분석하는 연구, 사람의 말과 행동과 태도를 관찰하는 연구 등이 있다. 추가로, 연구대상이 되는 사람에 대한 기존의 여러 자료나 문서를 이용하는 연구도 있다. 이를 종합하면 직간접적으로 인간을 대상으로 삼는 연구가 인간대상연구다.

연구윤리란 무엇인가

윤리의 사전적 정의는 사람으로서 마땅히 행하거나 지켜야 할 도리다. 이러한 윤리가 연구에 적용된 연구윤리는 연구자가 연구를 할 때 마땅히 행하거나 지켜야 할 도리로 설명된다. 연구자의 도리로서 연구윤리가 왜 중요한지를 설명할 때 주로 인용되는 내용은 아마 미국 국립보건원 홈페이지에 연구윤리의 역사에서 중요한 몇몇 사건들의 사실 관계와 그에 대한 해석을 담은 연구윤리연보와 함께 제시되어 있는 연구 관련 윤리원칙들일 것이다.[1] 여기에서는 이러한 윤리원칙들에 맞는 연

---

1 D. B. Resnik, "What Is Ethics in Research & Why Is It Important?", National Institute of Environmental Health Sciences, December 23, 2020, https://www.niehs.

구를 하거나 이러한 윤리원칙들을 지키면서 연구하면 연구자의 도리를 다하는 것으로 설명하고 있다. 이는 도리라는 상당히 추상적인 개념을 연구자가 연구 현장에서 실천적으로 구현할 수 있는 개념으로 구체화하고 있다는 점에서 의미가 크다.

가장 최근에 제시된 연구 관련 윤리원칙은 미국의 생명윤리학자 데이비드 레스닉(David Resnik)이 2020년 12월에 연구윤리에 대한 자신의 생각과 견해를 밝히면서 보다 확장해 제시한 18가지다. 이는 연구윤리에 대한 내용을 담고 있는 여러 문서들에서 연구를 할 때 준수해야 할 사항으로 제시되어 있는 바를 대략적이고 일반적인 항목으로 정리한 것이다. 여기에는 정직, 객관성, 진실성(온전성), 주의, 개방성, 투명성, 책임성, 지적 재산, 비밀보장, 책임 있는 출판, 책임 있는 멘토링, 동료 존중, 사회적 책임, 차별금지, 능숙함, 합법성, 실험동물 돌봄과 더불어 연구대상자 보호가 포함되어 있다.

연구대상자를 어떻게 보호해야 하는가

연구 관련 윤리원칙으로서의 연구대상자 보호는 (연구자는) 인간을 대상으로 연구를 수행할 때, 해와 위험을 최소화하고 이익을 극대화하며, 인간의 존엄성, 사생활 그리고 자율성을 존중해야 한다는 것이다. 이는 취약한 인구집단에 대해서는 (이들을 보호하기 위해) 특별한 예방조치를 취하고, 연구의 이익과 부담을 공정하게 분배하기 위해 노력해야 한다

---

nih.gov/research/resources/bioethics/whatis/index.cfm.

는 내용으로 구체화되어 있다. 이는 연구에 관한 보편적인 국제기준을 담고 있다고 평가되는 〈헬싱키선언〉과 〈벨몬트보고서〉 등에도 동일하게 포함되어 있다. 이는 인간을 직간접적인 연구대상으로 삼은 연구자에게 가장 중요한 윤리원칙이자 반드시 그리고 우선적으로 준수해야 할 윤리원칙으로 강조된다. 왜냐하면 인간은 그 자체로 존엄하고 가치 있는 존재로서 불가침의 기본적인 인권을 가지고, 따라서 함부로 대상화되어서는 안 되기 때문이다.

인간대상연구에서 연구대상자 보호를 위한 핵심은 인간을 생명을 가진 존재로 바라보고 대우하는 데 있다. 이는 인간을 생물학적인 의미에서 생명력을 가지고 있는 일종의 유기체로 볼 뿐만 아니라 사회적인 의미에서 다른 사람과 더불어 세상을 살아가고 있는 존재로도 보는 것을 뜻한다. 즉, 연구대상자 보호는 생물학적 존재로서의 인간과 사회적 존재로서의 인간 모두를 고려해 각각의 특성에 맞춰 이루어져야 한다. 인간대상연구를 크게 의생명과학 분야 연구와 인문사회과학 분야 연구로 나누어 비교해 보면, 전자는 주로 생물학적 존재로서의 인간을 대상으로 하는 반면 후자는 주로 사회적 존재로서의 인간을 대상으로 한다. 이러한 특성을 감안하면 각 연구에서 연구대상자를 보호할 때 중점을 두어야 하는 바는 다를 수밖에 없다.

특히 지금까지는 생물학적 존재로서의 인간인 연구대상자를 보호하는 일에 주로 관심을 기울였다면, 이제는 사회적 존재로서의 인간인 연구대상자를 보호하는 일에 보다 큰 관심을 기울여야 한다. 사람이 혼자 살아갈 수 없다는 것은 주지의 사실이다. 그리고 예전에 비해 삶의 질과 사생활 보호를 중요시하는 상황이 되었다. 거스를 수 없는 시대적 흐름에 따라 질병이나 노령 등으로 인한 육체적 사망만큼, 어쩌면 이보다 더, 사생활 노출이나 낙인·오명으로 인한 사회적 사망이 두려운 존재가 되었다는 것이 그 원인일 수 있다. 예를 들어, 인터넷상에서 저장·유통되는 개인정보로 인해 괴로움과 불편함을 느끼는 사람을 위해 이러한 개인정보의 수집과 영구적 파기를 대리해 주는 디지털장의사가 신종 직업으로 등장했다. 이러한 직업을 가진 사람에게 디지털장의를 의뢰하는 일이 사망한 사람뿐만 아니라 살아 있는 사람에 대해서도 가능하다는 점은 시대적 흐름의 변화를 단적으로 보여 준다.

결론적으로, 인간대상연구에 있어 생명윤리란 생물학적 존재이자 사회적 존재로서의 인간을 연구대상으로 삼을 때 행해지거나 지켜져야 할 연구윤리를 말한다.

생명윤리 문제에서 법·제도는 어떤 의미인가

인간대상연구에서 생명윤리 확보를 위한 노력은 기본적으로 연구자의 몫이다. 그러나 2차 세계대전 당시 전쟁포로나 수용소의 민간인들을 대상으로 잔혹한 인체실험이 이루어진 일, 태아에게 미치는 영향이 제대로 확인되지 않은 채 사용된 탈리도마이드로 인해 기형아가 태어난 일, 매독의 자연경과를 장기간에 걸쳐 알아보는 일이 쉽지 않다는 이유로 중간에 치료제가 개발되었음에도 불구하고 이를 사용하지 않은 일, 자신과 경제적 이해관계가 있는 유전자치료연구의 성공을 위해 동의 획득 단계에서 연구의 위험과 관련한 일부 중요한 사실을 밝히지 않고 연구대상자에게 문제가 발생했음에도 조치나 중단 없이 연구를 계속 진행한 일, 소수 부족이 앓고 있는 질병을 연구하기 위해 수집한 개인정보와 인체유래물을 연구대상자의 동의 없이 다른 연구자에게 넘겨 주어 다른 연구에 사용되게 한 일 등 여러 역사적인 사건의 반복은 생명윤리 문제에서 연구자의 자율적인 실천을 기대하는 것만으로는 부족하며, 결국 규제가 필요하다는 결론에 이르도록 했다. 그리고 이러한 규제가 체계화된 것이 법과 제도라고 할 수 있다.

법과 제도에 의한 규제는 크게 법령에 의한 직접적 규제, 연구자와 연구기관에 의한 자율적 규제, 관련 정부부처에 의한 행정적 규제로 구분될 수 있다.[2]

먼저, 법령에 의한 직접적 규제는 법령에 직접 생명윤리를 이유로 특정 연구 행위에 대한 금지 및 제한 사항, 각종 준수사항과 이의 위반에 따른 제재를 규정해 두고 이에 따르는 것을 말한다. 국민의 모든 자유와 권리에 대한 제한은 타당한 이유가 있을 때 법에 의해 이루어지는 것이 마땅하다. 이러한 규제방식은 금지되거나 제한되는 행위를 법령을 통해 명확하게 밝히므로 연구자의 신뢰를 보호하고 예측 가능성을 확보할 수 있다는 장점이 있다. 그러나 법령 개정에는 많은 시간과 노력이 들기 때문에 연구 환경의 발전과 변화, 특히 의생명과학기술의 발전과 변화에 맞추어 빠르게 대처하지 못하는 지체현상을 보일 수밖에 없다는 단점이 있다.[3]

다음으로, 연구자와 연구기관에 의한 자율적 규제는 각 연구의 주체와 연구가 수행되는 대학 또는 병원 등에서 자체적인 기준을 만들어

---

2 권복규·김현철·배현아, 『생명윤리와 법』(이화여자대학교출판문화원, 2020), pp. 57-60.

3 박은정, 「생명공학시대의 법-법윤리적 쟁점과 법정의」, 『법철학연구』 제1권(1998), pp. 167-203.

규율하는 것을 말한다. 법령에 기관 내에서 연구의 윤리적·과학적 측면에 대해 심의하는 위원회의 설치·구성·운영과 이의 지원에 대한 근거 규정을 두고, 구체적인 규제는 이 위원회에 맡김으로써 연구에 대한 자율적 규제가 이루어지도록 한다. 이러한 규제방식은 연구의 자유를 확보하면서 연구 환경의 발전과 변화에 빠르게 대처할 수 있으며, 연구에 대한 위원회의 심의 및 조사·감독에 있어 각각의 연구 특성에 맞춘 구체적인 판단이 가능하다는 장점이 있다. 하지만 사실상 연구자와 연구기관 스스로에 의한 규제이기 때문에 경우에 따라 제대로 실천되지 않을 수 있다.

마지막으로, 관련 정부부처에 의한 행정적 규제는 법령에 근거 규정을 두고 전담 행정기관이 관련 제도와 절차를 마련해 구체적인 규제를 담당하는 것을 말한다. 이러한 규제방식은 전담 행정기관이 국가의 이익을 중요시하면서도 관련 분야 전문가의 자문이나 전문위원회의 심의 등을 거쳐 유연한 판단을 내림으로써 법령에 의한 직접적 규제의 단점을 보완할 수 있다. 또한 연구자와 연구기관에 의한 자율적 규제를 지원 및 관리함으로써 그 실천력을 담보하는 방식으로 자율적 규제를 뒷받침할 수도 있다. 하지만 전담 행정기관의 권한 행사에 있어 재량이 남용될 우려가 있다.

이러한 3가지 규제방식은 모두 장단점을 가지고 있으므로 적절하게 절충해 단점을 보완하면서도 장점을 최대화하는 것이 중요한데, 자율적 규제를 근간으로 하면서 법적 규제와 행정적 규제로 보완하는 것이 가장 바람직하다. 연구에 있어 제한되거나 금지되어야 하는 최소한의 한계점은 법적으로 설정할 필요가 있고, 법은 생명윤리 관련 제반 환경을 조성하거나 생명윤리 준수를 위한 실무를 담당하는 위원회를 지원하는 각종 조치의 근거를 제공할 수 있어야 하지만, 연구는 전문적인 영역이므로 연구자와 연구기관이 스스로 원칙과 기준을 정하고 지켜 나갈 수 있는 의식과 문화의 변화를 추구해야 하기 때문이다.

생명윤리 문제에서 법과 제도는 법적 규제, 자율적 규제, 행정적 규제를 가능하게 하는 것으로, 연구대상자 보호를 위해 준수되어야 하는 기준과 절차를 제시하기 위한 기반이자 연구대상자 보호를 위해 이루어져야 하는 일들의 실천을 담보하는 수단으로서 의미가 있다.

인간대상연구 관련 법·제도의 현황

사람이라면 누구나 행복하고 편안한 삶을 꿈꾼다. 이런 삶을 위해 여러 가지가 필요하겠으나 그중에서도 가장 기본이 되는 것은 생명을 건강하게 유지하는 일이라고 할 수 있다. 이때 핵심은 질병의 예방, 진단, 치료가 될 수밖에 없고, 이는 필연적으로 의약품과 의료기기에 대한 의존으로 이어진다. 다행히 의생명과학기술의 발전을 위한 노력은 더 나은 의약품과 의료기기의 개발로 이어지고 있다. 그러나 사용 가능한 의약품과 의료기기의 필수조건은 안전성과 유효성인바, 개발 과정에서 사람을 대상으로 하는 검증 절차, 즉 임상시험이 요구되는 것은 사실상 불가피하다. 보편화되어 더 많은 사람에게 사용되기에 앞서 그래도 되는지 확인을 거치는 일의 필요성은 매우 당연하게 받아들여진다. 하지만 이러한 검증과 확인에 관계되는 사람 역시 행복하고 편안한 삶을 꿈꾸는, 그래서 자신의 생명을 건강하게 유지하는 일을 기본으로 생각하는, 똑같은 사람이다. 더욱이 의약품과 의료기기 임상시험은 질병과 관계되는 연구이므로 환자가 대상이 되는 경우가 대부분이다. 그러므로 아직 안전성과 유효성을 정확하게 모르는 임상시험용 의약품과 의료기기가 사용되는 임상시험의 참여자에 대한 보호는 국내외에서 모두 더없이 강조되어 왔다.

연구로서의 임상시험은 분명 인간을 실험적일 수밖에 없는 상황, 특히 위험에 처하게 될 수도 있는 불확실성이 내재된 상황에 놓이게 한다. 따라서 임상시험의 목적과 가치를 판단하는 일, 위험을 그 자체로 평가하는 일, 위험을 이익과 형량하는 일, 위험을 줄이거나 막을 수 있는 방안과 실제 발생 시 대처할 수 있는 방안을 고안하는 일, 임상시험 참여자에게 이런 모든 사항에 대해 알려 주고 자발적으로 참여 여부를 선택하도록 하는 일 등이 실질적으로 중요하다.

우리나라에서 임상시험의 대상이 되는 사람을 보호하기 위한 생명윤리적 차원의 노력이 어느 정도였는지는 이를 다룬 법과 제도가 가장 먼저 만들어져 가장 많이 발전되어 있다는 점을 통해 알 수 있다. 의약품 임상시험에 관한 법으로는 「약사법」과 「의약품 등의 안전에 관한 규칙」 그리고 「의약품 임상시험 관리기준」이 마련되어 있고, 의료기기 임상시험에 대해서는 「의료기기법」과 동법 하위법령, 그리고 「의료기기 임상시험 관리기준」이 대표적이다. 관련 제도로는 의약품임상시험심사위원회와 의료기기임상시험심사위원회가 마련되어 있다.

특히 이러한 위원회는 다분히 윤리위원회로서의 성격을 갖고 있고, 임상시험에 대한 전문성이 있는 사람만 위원으로 참여하는 것이 아니라 임상시험 참여자의 입장을 대변할 수 있는 사람도 위원으로 참여하며, 임상시험을 위해 준비된 계획을 심의해 기관 내에서 실시할 수 있도록 승인할 것인지 여부를 결정할 뿐만 아니라 승인된 임상시험의 진행과정과 결과까지도 조사·감독한다. 그러므로 이러한 위원회가 임상시험이 실시되는 기관에 설치·운영되도록 의무화되어 있다는 점과 이러한 위원회의 존재이유가 임상시험 참여자의 권리·안전·복지를 위한 것임이 명확하게 천명되어 있는 점은 생명윤리적 관점에서 매우 고무적이다.

인간을 위한 연구이자 인간을 이용하는 연구, 그래서 생명윤리적 관점에서의 접근과 생명윤리적 차원의 노력이 필요한 연구는 임상시험만이 아니다. 의생명과학기술의 발전은 이미 상당히 오래전부터 인간의 생식세포와 배아를 체외에서 다룰 수 있게 했다. 따라서 연구의 범위는 생식세포와 배아를 통해 줄기세포주를 수립해 질병 대응에 활용하고자 하는 연구로 확대되었다. 이러한 연구는 아직 밝혀지지 않은 부분이 많이 있을 것으로 기대되어 인간에게 희망을 주고 있다. 하지만 이러한 연구는 생명윤리적으로 문제가 있다. 임신에 사용되면 인간으로 발생할 가능성이 있는 배아를 파괴할 수 있고, 배아 생성을 위해 생식세포를 사용하는 과정에서 정자와 달리 난자는 과배란유도제를 사용하고 난자채취시술을 거쳐야만 확보할 수 있으므로 이의 출처가 되는 여성에게 위험을 초래할 수밖에 없기 때문이다.

우리나라에서 임상시험 참여자에 대한 보호에만 집중하던 시기는 이미 지났고, 현재는 이러한 연구에 관계되는 사람을 보호하기 위한 법과 제도도 마련되어 있다. 「생명윤리 및 안전에 관한 법률」과 기관생명윤리위원회가 바로 그것이다.[4] 이 위원회 역시 윤리위원회로서의 성격을 갖고 있고, 연구계획을 심의해 승인 여부를 결정하고 연구의 진

4 박은정, 「생명윤리 및 안전관련 입법정책」, 『생명윤리』 제4권 1호(2003), pp. 91-106.

행과정과 결과를 조사·감독한다는 측면에서는 임상시험심사위원회와 크게 다를 바 없다. 그러나 연구에 대한 전문성이 있는 사람 외에 연구의 사회적·윤리적 타당성을 평가할 수 있는 경험과 지식을 갖춘 사람이 반드시 위원으로 참여하도록 되어 있다는 점이나, 기관에서 수행하는 연구에서 생명윤리 또는 안전에 중대한 위해가 발생하거나 발생할 우려가 있는 경우 기관장에 의해 지체 없이 소집되어 관련 사항을 심의해야 하는 위원회라는 점에서 그 수준이 한 차원 높다고 평가될 수 있다.

행복하고 편안한 삶을 위해 생명을 건강하게 유지하는 일이 전부는 아니다. 이에 인문사회과학 영역에서는 인간의 생각, 태도, 행동 그리고 인간들이 함께 모여 살아가는 사회의 문화, 질서, 구조, 역사 등을 탐구함으로써 인간과 사회를 이해하고자 하는 노력을 오래도록 기울여 왔다. 생명이 건강하게 유지된다는 전제하에, 사회적 존재로서의 인간과 다양한 사회현상에 대한 복합적인 이해가 가능해야 진정으로 행복하고 편안한 삶을 영위할 수 있는 방법을 알고 실천함으로써 그러한 삶을 누릴 수 있을 것이기 때문이다. 이를 위해 인문사회과학 영역에서는 설문조사, 인터뷰, 각종 자료 등을 통한 연구가 수행된다.

그러나 이렇게 수행되는 연구는 임상시험이나 임상연구와 달리 대상자의 건강과 생명에 위험을 초래하지는 않는 듯 보이는데, 이는 이러한 연구가 대체로 정보의 수집과 이용을 중심으로 하기 때문이다. 하지만 인문사회과학 연구를 위해 수집·이용되는 정보에 개인정보가 포함되는 경우가 있고, 특히 개인을 직간접적으로 식별할 수 있는 정보가 포함되기도 하는데, 개인정보는 사생활과 직결되어 있어 자칫 잘못 노출된다면 개인정보주체에 대한 사생활 침해로 이어질 여지가 있다. 물론 이러한 일이 사람의 신체적 건강과 생명에는 직접적인 영향을 주지 않을 수 있다. 그러나 사람의 사회적 건강과 생명에는 충분히 부정적인 영향을 미칠 수 있으며, 경우에 따라서는 사회적 건강과 생명의 악화가 신체적 건강과 생명의 악화로 이어질 수도 있다.

우리나라에서 법과 제도에 의한 연구대상자 보호의 적용 범주는 다행히 이미 수년 전에 사람을 대상으로 상호작용을 통해 수행하는 연구나 개인을 직간접적으로 식별할 수 있는 정보를 이용하는 연구로까지 확대되었다. 지금은 임상시험이 수행되는 병원뿐만 아니라 사람을 대상으로 연구를 수행하는 연구자가 소속되어 있는 대학을 비롯한 교육기관 및 여러 연구기관 등에도 기관생명윤리위원회가 설치·운영되어야 하는 것으로 「생명윤리 및 안전에 관한 법률」에 정해져 있다. 이는 의생명과학 영역에서의 연구에 비해 그 위험이 상대적으로 비가시적인 인문사회과학 영역에서의 연구에 대해서도 연구자가 대상자를 보호하는 일에 노력을 기울이도록 하고, 기관생명윤리위원회가 이러한 연구자의 노력에 협력할 수 있도록 되어 있는 것이라는 점에서 의미가 있다. 즉, 연구의 특성이나 위험의 유형과 관계없이 연구의 대상이 되는 사람이라면 누구나 보편적으로 법과 제도에 의해 보호받을 수 있도록 한 것이다. 참고로, 직접 기관생명윤리위원회를 설치·운영하기 어려운 기관이나 개인 연구자를 위해 정부가 이미 설치·운영되고 있는 기관생명윤리위원회 중 적절한 곳을 공용기관생명윤리위원회로 지정해 이를 이용하게 할 수 있도록 되어 있다. 이는 자칫 사각지대가 될 수 있었던 부분에 대한 적절한 보완조치라는 점에서 의미가 있다.

인간대상연구 관련 법·제도의 최근 변화와 향후 과제

인간을 위한 연구이자 인간을 이용하는 연구는 이제 첨단재생의료와 첨단바이오의약품에 대한 연구로까지 나아가고 있다. 이는 대체치료제가 없거나 생명을 위협하는 중대한 질환, 희귀질환과 난치질환 등을 가진 환자의 삶의 질 향상 및 질병 치료에서 새로운 치료대안이 될 수 있다는 점에서 많은 기대를 받고 있다. 하지만 첨단재생의료는 인체에서 유래한 줄기세포, 조혈모세포, 체세포, 면역세포, 이종세포 등의 세포 그리고 조직 및 장기를 이용하는 세포치료, 유전자치료, 조직공학치료, 융복합치료 등을 아우르는 개념이다. 따라서 첨단재생의료 관련 임상연구에는 사람의 생명 및 건강에 미치는 영향이 잘 알려져 있고 그 위험도가 미미한 연구부터 사람의 생명 및 건강에 부정적인 영향을 미칠 우려가 있어 상당한 주의를 요하는 연구와 그러한 영향이 불확실하거나 위험도가 큰 연구까지 모두 포함된다. 첨단바이오의약품 역시 사람이나 동물의 살아 있는 세포나 조직 또는 유전물질을 이용해 만들어지는 세포치료제, 유전자치료제, 조직공학제제, 첨단바이오융복합제제 등을 말하므로, 이의 제조판매에 대한 허가를 받기 전에 그 안전성과 유효성을 입증하는 단계가 요구될 수밖에 없다.

다행스럽게도 이와 관련해 최근 「첨단재생의료 및 첨단바이오의약품 안전 및 지원에 관한 법률」이 마련되었다. 첨단재생의료의 상용화와 첨단바이오의약품의 제품화까지의 과정은 여러 가지 측면에서 기존의 연구와 다른 위험성을 갖고 있고, 사실상 정부 차원에서의 지원이 필요한 부분도 상당해 전 주기 안전관리 및 지원체계가 별도로 마련된 것이 특징이다. 특히 첨단재생의료 임상연구를 심의하기 위해서는 해당 분야에 대한 상당한 전문성이 요구되고 다각적인 검토가 필요한바, 기관생명윤리위원회가 이에 대한 부담을 갖지 않을 수 있도록 정부 차원에서 마련된 첨단재생의료 및 첨단바이오의약품 심의위원회의 심의를 받도록 하고 이 위원회의 심의를 받으면 기관생명윤리위원회의 심의를 받은 것으로 간주할 수 있게 되어 있다. 사람의 생명을 건강하게 유지하는 일이 의생명과학의 발전과 밀접한 관계가 있으나, 발전을 도모하는 과정에서 생명윤리적 측면에 대한 관심을 제대로 기울이고 필요 최소한에 대해서는 법과 제도를 마련해 대응한다는 것은 합리적이라고 평가할 수 있다.

인간을 위한 연구이자 인간을 이용하는 연구 중 사망한 사람, 즉 시체를 대상으로 하는 연구 역시 그 목적 범위가 의생명과학 분야 전반으로 확대되었다. 이는 뇌과학, 뇌의약학, 뇌공학 및 이와 관련된 모든 분야에 대한 연구를 의미하는 뇌연구의 중요성이 부각되고, 특히 치매 등 난치성 뇌신경질환 치료를 위한 뇌조직 연구의 시급성이 제기되면서, 의사 등 시체 해부 자격이 있는 사람이 의과대학에서 연구 목적으로 시행하는 것에 한해 시체 해부를 허용했던 것이 현실적으로 적절하지 않다는 판단이 내려졌기 때문이다. 이에 의과대학이나 병원에 속하지 않은 연구자도 시체의 일부를 제공받아 연구를 할 수 있게 되었다. 이는 모두 「시체 해부 및 보존 등에 관한 법률」의 개정에 기반하고 있다.

비록 시체일지라도 당연히 함부로 다루어져서는 안 될 것이다. 이에 법은 시체를 연구 목적으로 이용하거나 시체의 일부를 연구자에게 제공하는 것에 대해 본인으로부터 생전에 동의를 획득하거나 본인 사후에 그 유족으로부터 동의를 획득하는 일과 관련한 기준을 명확하게 규정해 두었다. 또한 시체를 연구에 이용하기 위해서는 연구자가 연구계획을 수립해 기관생명윤리위원회에 심의를 받아야 한다고 규정했으며, 시체의 일부를 연구자에게 제공하고자 하는 기관은 시설과 인력 등을 갖추고 보건복지부장관의 허가를 받아야 할 뿐만 아니라 정해진 절차와 방법에 따라 시체의 일부를 제공해야 한다는 등 허가를 받은 기관의 장과 그 종사자가 준수해야 할 사항도 함께 규정했다.

종합하면, 필요에 의해 연구를 활성화하기 위한 조치를 취하면서도 생명윤리 측면에서 우려되는 사항에 대해 법과 제도가 보충적인 역할을 할 수 있도록 한 것은 현실적인 대응방안이라고 볼 수 있다.

인간대상연구는 연구자 혼자서 할 수 있는 일이 아니고 반드시 연구대상자가 있어야 한다. 그러나 그 어떤 연구대상자도 연구에 참여해야 하는 책임이나 의무를 절대적으로 가지고 있지는 않다. 그럼에도 연구대상자는 연구가 학문의 발전이나 새로운 지식의 도출과 축적을 통해 인간의 삶에 긍정적인 기여를 할 수 있을 것이라는 점에 공감해 이에 참여하는 것이므로 반드시 보호받을 수 있어야 한다. 과거의 연구 관련 법·제도는 여러 부정적인 사건들을 딛고 만들어지기 시작했던 터라 금지되거나 제한되어야 하는 사항을 정해두는 데에 좀 더 집중되어 있었던 것으로 보인다. 물론 금지나 제한이 부적절하다거나 불필요하다는 의미는 절대 아니다. 어떤 일을 하지 말아야 하고, 어떤 일을 어떻게 하는 것이 옳거나 바람직한지를 판단하고 실천하기 위해 연구자와 연구기관에 제시되는 안내사항이 제대로 마련되어 있지 않았던 과거 시점에는, 혼란이나 무지 또는 경우에 따라 고의로 인해 문제가 발생했을 수 있으니 1차적으로 이에 대응하기 위한 금지사항과 제한사항을 제시하는 것이 어쩌면 당연했을 것이다.

그러나 최근의 연구 관련 법·제도는 연구자와 연구기관의 자율성 발휘에 대한 신뢰를 바탕으로 윤리적·과학적 연구를 위한 여러 인프라의 구축과 유지 그리고 연구에 대한 지원에 초점을 두는 방식으로 바뀌어 가고 있다. 사실상 인간대상연구의 범주는 매우 넓고 그 유형도 상당히 다양하며, 예전에 비하면 양적으로도 매우 늘어난 상황이다. 그렇기 때문에 일률적인 기준과 방식으로 인간대상연구의 생명윤리 문제에 대응하는 것은 비효율적일 수밖에 없고, 심지어 어떤 경우에는 사실상 대응이 불가능하거나 부적절할 수 있어 비현실적이다. 더욱이 앞으로 지금까지와는 또 다른 새로운 유형의 연구가 등장할 수 있다는 점도 고려되어야 한다. 따라서 앞으로 법·제도가 인간대상연구의 생명윤리 확보에 기여하려면 기본적인 연구윤리원칙으로 중심을 튼튼하게 하는 동시에 연구의 각 유형과 특성에 맞게 연구대상자가 보호될 수 있도록 하는 데에 더욱 초점을 맞추어야 할 것이다.

3

성희롱·성폭력의 특수성과 젠더법학의 과제*

윤진숙

아니타 힐(Anita Hill)을 비롯한 몇몇 여성이 다수의 불신을 무릅쓰고 성희롱 피해를 고백한 사건이 사회에 반향을 일으킨 바 있으나, 전 세계적으로 미투 운동이 큰 물결이 되기 시작한 지는 오래되지 않았다. 2006년 타라나 버크(Tarana Burke)가 자신의 성희롱·성폭력 피해 경험을 폭로하며 미투(#MeToo)라는 표현을 사용하기 시작했고, 이것이 SNS를 통해 퍼지면서 전 세계에서 선풍적인 파장이 일어나 많은 사람이 동참했다.

자신이 겪은 성희롱과 성폭력을 폭로하는 미투 운동의 피해자는 대부분 위계질서 속에서 일하거나 생활하던 여성이었다. 21세기 법치국가에서 성별 구분을 기초로 한 차별은 19세기, 20세기에 비해 거의 철폐되었고 '성인지 감수성'이 대법원을 포함한 각 기관과 사회에서 주

* 이 글은 윤진숙, 「성희롱·성폭력의 특수성과 젠더법학의 과제」, 『젠더법학』 제13권 1호 (2022), pp. 1-25를 수정 및 보완한 것이다.

목받고 있지만, 성희롱과 성폭력은 다른 차원에서 심화하고 있다. 이는 법률에 의한 차별이 시정된다 하더라도 실질적 불평등이 존재하는 한 성희롱과 성폭력이 존속됨을 의미한다.

그리고 이러한 현상은 근본적으로 성(sex)에 대한 '차이(difference)'를 인정한다고 해도 성 역할 간의 실질적 평등을 보장하지 않는다면 지속될 가능성이 크다. 예컨대 〈엑스 마키나(Ex Machina)〉같이 인공지능(AI)을 갖춘 로봇이 등장하는 영화에서 여성의 외양을 한 AI 로봇들이 인공지능 설계자에 의한 성폭력의 대상으로 그려지고 있으며, 사이버 공간에서도 이와 유사한 일들이 일어나고 있다. 즉, 시대가 변화해도 디지털화된 형태로 드러나는 차별과 이에 따른 성희롱·성폭력의 직간접적 암시 및 조장은 여전히 계속될 가능성이 있는 것이다.

이 글에서는 성희롱·성폭력의 개념과 관련 법을 소개하고, 성희롱·성폭력이 발생하는 각 영역에서 문제가 되는 사안들을 분석하고, 성희롱·성폭력의 특수성을 밝히면서 젠더법학의 과제에 대해 고찰하고자 한다.

성희롱·성폭력이 발생하는 영역

양성평등기본법 제3조 제2항에 의하면 성희롱이란 "업무, 고용, 그 밖의 관계에서 국가기관·지방자치단체 또는 대통령령으로 정하는 공공단체(이하 "국가기관등"이라 한다)의 종사자, 사용자 또는 근로자가 지위를 이용하거나 업무 등과 관련하여 성적 언동 또는 성적 요구 등으로 상대방에게 성적 굴욕감이나 혐오감을 느끼게 하는 행위, 상대방이 성적 언동 또는 요구에 대한 불응을 이유로 불이익을 주거나 그에 따르는 것을 조건으로 이익 공여의 의사표시를 하는 행위"를 뜻한다. 양성평등기본법의 성희롱 개념은 많은 경우 다른 법에서도 준용해 적용한다. 현재 형법, 양성평등기본법, 남녀고용평등과 일·가정 양립 지원에 관한 법률, 성폭력범죄의 처벌 등에 관한 특례법, 성폭력범죄의 처벌 및 피해자보호 등에 관한 법률, 여성폭력방지법(신규제정 2018. 12. 24), 아동·청소년 성보호에 관한 법률, 교육공무원법, 교육공무원 징계령, 성희롱·성폭력 근절을 위한 공무원 인사관리규정 등에서 성희롱과 성폭력을 규정하고 있다.

성희롱·성폭력은 불행하게도 국가를 불문하고 전 세계의 사회 전반에서 일어나고 있다. 가정, 집 근처, 직장, 대학, 체육계부터 이제는 사이버 공간까지 광범위한 곳에서 일어나고 있는 성희롱·성폭력 사건 중 이 글에서는 사회적으로 큰 파장을 일으켰던 학교, 직장, 체육계, 사이버 공간에서의 사건들을 중심으로 살펴보고자 한다.

직장 내 성희롱·성폭력

균분상속을 인정하던 경국대전 형전 사천조(私賤條) 등 예외적인 경우를 제외하고 20세기 이전의 여성 대부분은 사유 재산권을 가질 수 없었고, 직장에서 남성과 동등한 조건으로 일하기도 어려웠다. 예컨대 미국의 Married Women's Property Act(1848)에 의하면 기혼여성의 유일한 재산권은 남편이 유언을 남기지 않고 사망한 경우의 종신물권(life estate)에 대한 권리였으며, 이마저도 처분할 수 없었으므로 온전한 재산권이 아니었다. 이렇듯 여성의 재산권을 인정하지 않는 19세기 초중반 미국의 재산법은 영국법의 전통에 따른 것이었다. 직장을 가질 수 없는 상황에서 여성은 가정에 머무르게 되는데, 이 안에서도 미성년자에 대한 가까운 친척의 성희롱·성폭력, 부부 사이에서의 성희롱·성폭력 등이 발생해 왔다. 여성의 사회진출이 활발해진 20세기 이후에는 직장에서도 성희롱·성폭력이 빈번하게 발생했으나, 피해자의 목소리는 제대로 존중받지 못했다.

미국은 직장 내 성희롱·성폭력에 관한 주목할 만한 법과 판결을 한 바 있는데, 1964년 민권법 VII a)에서는 모든 직장, 군대 등과 입법부 및 사법부, 국회도서관이 인종, 피부색 종교, 성, 국적을 이유로 사람을 차별해서는 안 된다고 규정했다. 민권법 VII b)는 평등고용기회위원회(Equal Employment Opportunity Commission, EEOC)가 관련 규정과 법을 집행하고 평등한 고용기회 프로그램을 관장할 권한 등을 가지며, 동등한 기회 보장 및 차별 철폐를 위한 계획을 검토하고 승인할 권한을 가진다고 규정하고 있다. EEOC는 위반 사항에 대한 최종 통지를 할 수 있으며 수령자는 이에 따른 시정조치를 해야 한다.[1]

직장 내 성희롱과 관련된 1974년 Barnes v. Train 사건[2]은 공식적으로 진행된 최초의 성희롱 소송이다. 이 사건에서 법원은 반스(Barnes)의 주장을 받아들이지 않았고 성차별 역시 인정하지 않았으나, 1977년 Barnes v. Costle 사건[3]에서 항소법원은 원심을 뒤집고 직장에서의 성희롱을 인정했다.

미연방대법원에서 최초로 성희롱을 인정한 Meritor Savings Bank

---

1 평등고용기회위원회(Equal Employment Opportunity Commission), https://www.eeoc.gov (검색일: 2022. 01. 18).

2 13 Fair Empl. Prac. Cas. 123(D. D. C. 1974).

3 561 F.2d 983(D. C. Cir. 1977).

v. Vinson 사건[4]에서 연방대법원은 "피해자의 근무환경을 변화시킬 정도로 성희롱이 '심각하거나 전반적으로' 행해진다면 민권법(Civil Rights Act) VII을 위반하는 것"이라고 판결했다. 또한, 피해자는 성희롱으로 인해 '적대적인 근무환경'이 조성되었음을 증명함으로서 민권법 VII에 근거한 성차별을 주장할 수 있다고 했다. 이 사건은 법원이 민권법 VII을 해석하면서 '원치 않는(unwelcome)' 성적 제의가 있었음을 인정했다는 점에서 주목할 수 있다.

1993년 Harris v. Forklift Systems, Inc. 사건[5]에서 연방대법원은 성희롱 피해자가 자신의 피해를 입증할 필요가 없다고 했으며, 달갑지 않은 성적 제안으로 여겼다면 민권법 VII의 '적대적 근무환경'이 인정된다고 했다. 특히 오코너(O' Connor) 판사는 '적대적 근무환경'인지 여부는 육체적·언어적 위협이나 모욕과 빈도 등 전반적인 상황을 고려해 환경이 비합리적으로 근로 능력을 저해하는지를 판단해야 한다는 의견을 제시했다. 1998년 Burlington Industries, Inc. v. Ellerth 사건[6]에서 연방대법원은 피고용인이 겪은 성희롱 피해에 대한 고용주의 책임을 인정하는 판결을 했다.

앞에서 살펴본 바와 같이 20세기 중후반부터 본격적으로 여성운동이 활발하게 전개되었던 미국에서도 법원에서 성희롱을 인정하고 피해에 대한 적절한 법적 조치가 정착되는 데에는 오랜 시간이 걸렸다. 더구나 최근에서야 교육계, 체육계, 온라인에서 일어나는 성희롱·

---

4 477 U.S. 57(1986).

5 510 U.S. 17(1993).

6 524 U.S. 742(1998).

성폭력의 심각성이 더욱 주목받고 있다는 점은 시사하는 바가 크다.

우리나라에서는 남녀고용평등과 일·가정 양립 지원에 관한 법률 제2조에서 "'직장 내 성희롱'이란 사업주·상급자 또는 근로자가 직장 내의 지위를 이용하거나 업무와 관련하여 다른 근로자에게 성적 언동 등으로 성적 굴욕감 또는 혐오감을 느끼게 하거나 성적 언동 또는 그 밖의 요구 등에 따르지 아니하였다는 이유로 근로조건 및 고용에서 불이익을 주는 것을 말한다."라고 정의하고, 제12조에서 직장 내 성희롱을 금지하는 규정을 두고 있다.

1993년 고발 이후 6년에 걸친 소송의 결과로 1998년 우리나라 대법원에서 성희롱에 대한 획기적인 판결이 내려졌다.[7] 이 사건은 직장 내 성희롱이기도 하지만, 대학에서 교수가 조교를 성희롱한 사건이라는 점에서 큰 논란을 일으켰다. 대법원은 "성적 표현행위의 위법성 여부는, 쌍방 당사자의 연령이나 관계, 행위가 행해진 장소 및 상황, 성적 동기나 의도 여부, 행위에 대한 상대방의 명시적 또는 추정적인 반응의 내용, 행위의 내용 및 정도, 행위가 일회적인지 아닌지 등의 구체적 사정을 종합하여, 그것이 사회공동체의 건전한 상식과 관행에 비추어 볼 때 용인될 수 있는 정도의 것인지 여부 즉 선량한 풍속 또는 사회질서에 위반되는 것인지 여부에 따라 결정되어야 하고, 상대방의 성적 표현행위로 인하여 인격권의 침해를 당한 자가 정신적 고통을 입는다는 것은 경험칙상 명백하다."라고 판시했다.

1998년 대법원에서 내린 성희롱 판결은 그 자체로 사회에 파장을 일으켰지만, 직장 내 성희롱에 대한 경각심과 함께 대학에서의 성희롱

7 대법원 1998. 2. 10 선고 95다39533 판결.

이 공개적으로 논의되기 시작했다는 점에서 큰 의미가 있다.

대학 내 성희롱·성폭력

대학 내 성희롱·성폭력은 교수(교사), 직원, 학생 등 다양한 교내 구성원 사이에서 일어나는 성희롱·성폭력 사건을 말한다. 특히 대학 내 성희롱은 교내 권력 및 권한을 가진 교수가 약자인 학생을 상대로 성희롱·성폭력을 행할 경우, 교내외의 법적 절차가 경우에 따라 학생의 인생에 큰 영향을 미칠 수 있으므로 다른 사안에 비해 복잡하다는 특징이 있다. 그리고 학교 내 성희롱이 여성인 학생, 대학원생, 조교, 교수 또는 직원을 상대로 행해진다면, 여성이 교육기관 내에서 누려야 할 권리를 남성인 학교 구성원과 동등하게 보장받을 수 없다는 점에서 문제가 발생한다.

미국에서는 학교 내 성희롱을 성차별로 규정하고 있다. 민권법 IX에 의해 미연방의 재정적 지원을 받는 학교에서는 성차별이 금지된다. 교육기관에서 성희롱으로 인한 어려움을 겪는 것은 성차별이므로, 이 경우 성희롱은 민권법 IX에 의한 성차별 행위가 된다. 구체적으로 "종교단체에 속한 학교, 군 복무를 위한 교육기관, 전통적으로 한 성만을 입학시키는 학교, 젊은 학생들로 이루어진 자발적인 봉사단체나 각 성으로만 이루어진 크리스천 연합 내지 걸 스카우트, 각 성으로만 이루어진 연합모임 등과 같은 몇몇 예외적인 경우를 제외하고는 미국 내 어떤 사람도 자신의 성을 이유로 정부 지원을 받는 교육프로그램에 참여할 기회나 이익을 박탈당하거나 차별받지 않는다."라는 점을 민권법 IX에서 규정하고 있다.

1980년 Alexander v. Yale 사건[8]은 미국에서 교육기관 내 성희롱 사건에 민권법 IX를 적용한 첫 번째 사건이다. 이 사건에서 원고인 여학생들은 교육기관 내 여학생들에 대한 성희롱은 성희롱 사실뿐만 아니라 피해자인 여학생들이 별도의 시간과 비용을 들여 피해에 대한 문제 제기 및 관련 절차를 진행하도록 하므로 성차별이라고 주장했다. 원고는 교수자에 대한 처벌보다는 예일대학 내에서 성희롱에 대한 구제절차(grievance procedure)를 마련할 것을 청구했고, 소송이 진행되면서 대학은 이 절차를 마련했다.

우리나라에서 판결한 학교 내 성희롱 판결의 상당수가 대학 내 성희롱 사건이고, 남성 교수 등에 의한 여성 학생 등에 대한 성희롱·성폭력 사건인 것으로 밝혀지고 있다. 대학에서 여전히 남성인 교수의 비율이 상당히 높다는 점을 고려하더라도, 이를 통해 대학 내 성희롱·성폭력 사건의 명확한 젠더적 성격을 발견할 수 있다.

대학 내 성희롱·성폭력 관련 법으로 국가인권위원회법, 교육공무원 징계령 등이 있으며 교수가 대학으로부터 받은 징계나 처분에 불복할 경우 교원소청에 관한 규정 제9조 제1항에 따라 교육부 교원소청심사위원회에 소청심사를 청구할 수 있다. 교육공무원징계령에서는 "징계 사유가 성폭력범죄의 처벌 등에 관한 특례법 제2조에 따른 성폭력범죄나 양성평등기본법 제3조 제2호에 따른 성희롱에 해당하는 징계사건에 대한 일반징계위원회의 회의를 구성하는 경우에는 피해자와 같은 성별의 위원이 위원장을 제외한 위원 수의 3분의 1 이상 포함되어야 한다."라고 규정하고 있다.

2018년 대법원에서 교수가 교원소청심사위원회를 상대로 제기한

---

8 631 F.2d 178(2d Cir. 1980).

소송에서 '성인지 감수성'이라는 용어가 최초로 사용되었다. 이 사건에서 대법원은 "법원이 성희롱 관련 소송의 심리를 할 때는 그 사건이 발생한 맥락에서 성차별 문제를 이해하고 양성평등을 실현할 수 있도록 '성인지 감수성'을 잃지 않아야 한다."라고 하며 성희롱 여부를 판단할 때 성인지 감수성을 고려해야 함을 강조했다.[9]

대학 내 교수에 의한 성희롱, 학생들 간 성희롱, 또는 학교 구성원 간 성희롱으로 발생한 피해에 대한 예방, 대책, 처벌에서는 사안의 심각성을 고려한 신중한 조사와 징계, 법 적용이 이루어져야 할 것이다.

체육계의 성희롱·성폭력

스포츠계는 국내외적으로 경쟁이 치열하게 이루어지는 곳이며, 국내경기, 올림픽과 세계선수권대회 등에서 좋은 성적을 얻기 위해 선수뿐만 아니라 관리·감독기관에서도 엄격한 훈련 및 상명하복이 이루어지는 경우가 다반사다. 미성년인 선수들이 경기 성과를 올리기 위해 합숙훈련 등 엄격하고 치열한 환경에 들어갔다가 성에 대한 지식이 적고 취약한 상황에서 성희롱·성폭력 피해를 겪게 되는데, 체육계의 위계적 분위기와 성과에 대한 압박 등 때문에 상당 기간 침묵하고 정신적·육체적 상처를 견디며 고통을 받는 경우가 많다.

미국에서는 2017년 「성 착취 청소년 피해자 보호 및 안전한 스포츠 승인법(Protecting Young Victims from Sexual Abuse and Safe Sport Authorization)」을 제정해 시행하고 있다. 이는 2016년 미국 체조계의 담당 의사이자 미시간주립대학 교수였던 래리 나사르(Larry Nassar)가 다

9 대법원 2018. 4. 12 선고 2017두74702 판결.

수의 어린 여자 선수들에게 행한 일련의 충격적인 성희롱과 성폭력 사건들이 조사에 들어가고 나사르가 중형을 받으면서 제정된 법이다.

스포츠계의 성희롱·성폭력에 관해 2007년 2월 8일 국제올림픽위원회(IOC)는 스포츠 성희롱·성폭력 예방 합의서(Consensus Statement Sexual Harassment & Abuse in Sport)를 채택해 성희롱·성폭력의 개념과 유형을 제시했다.[10]

문화체육관광부가 성폭력 실태에 관해 한국프로스포츠협회와 함께 2019년 축구, 야구, 농구, 배구 및 골프 등 5대 프로스포츠계의 927명을 대상으로 조사한 바에 따르면, "조사 결과, '입단(종사) 이후 성폭력 피해 경험이 있다'라는 응답은 전체 응답자 중 14.2%(여성 응답자 중 37.3%, 남성 응답자 중 5.8%)였으며, 선수의 경우에는 응답자 중 15.9%(여성 응답자 중 37.7%, 남성 응답자 중 5.8%)로 나타났다. '최근 1년간 성폭력 피해 경험이 있다'라는 응답은 전체 응답자 중 4.3%(여성 응답자 중 11.9%, 남성 응답자 중 1.5%), 선수의 경우에는 4.9%(여성 응답자 중 11.3%, 남성 응답자 중 1.7%)로 나타났다. 유형별로는 입단(종사) 이후 언어적·시각적·기타 성희롱은 12.7%(여성 응답자 중 33.0%, 남성 응답자 중 5.1%), 육체적 성희롱은 4.3%(여성 응답자 중 12.9%, 남성 응답자 중 1.0%), 온라인 성범죄는 1.1%(여성 응답자 중 4.0%, 남성 응답자 중 0%)인 것으로 조사되었다."[11]

---

10 대한체육회, 「스포츠인권 보호, 스포츠선진국들은 어떻게 하고 있나」, 체육포털, 2020년 8월 26일, https://portal.sports.or.kr/info/webzineView.do?boardSeq=HSA0068440 (검색일: 2022. 01. 18).

11 문화체육관광부 보도자료(2019. 2. 26), "'프로스포츠 성폭력 실태조사' 결과 발표- 가해자 영구제명, 프로스포츠 성폭력 피해자 지원센터 신설 등 후속 대책 추진", https://www.mcst.go.kr/kor/s_notice/press/pressView.jsp?pSeq=17132 (검색일: 2022. 01. 18).

이와 같은 놀라운 조사 결과에도 불구하고 체육계의 성폭력에 효과적으로 대처할 방안은 제한적이다. 체육계 성폭력 관련 법으로는 형사 소멸시효의 특례를 규정하고 있는 성폭력범죄의 처벌 등에 관한 특례법 제21조를 들 수 있다. 동법 제21조 제1항은 "미성년자에 대한 성폭력범죄의 공소시효는 형사소송법 제252조 제1항 및 군사법원법 제294조 제1항에도 불구하고 해당 성폭력으로 피해를 당한 미성년자가 성년에 달한 날부터 진행한다."라고 규정하고 있다.

그리고 아동 및 청소년의 성보호에 관한 법률 제20조 제1항에 의하면 "아동·청소년 대상 성범죄의 공소시효는 형사소송법 제252조 제1항에도 불구하고 해당 성범죄로 피해를 당한 아동·청소년이 성년에 달한 날부터 진행한다."라고 규정하고 있다. 미성년자 및 아동·청소년에게 인정한 공소시효의 특례는 피해자에게 중대한 법적 효력이 있지만, 그 실효성을 제대로 발휘하기 위해서는 체육계 내부의 노력도 수반되어야 할 것이다.

체육계 성희롱·성폭력 피해자는 민사적으로 손해배상책임을 물을 수 있다. 민법 제766조는 "불법행위로 인한 손해보상청구권의 소멸시효 기간은 피해자나 그 법정대리인이 그 손해 및 가해자를 안 날로부터 3년, 불법행위를 한 날로부터 10년이고, 이 기간이 경과하면 권리를 행사할 수 없다."라고 규정하고 있는데, 민법 제766조에 따르면 성희롱·성폭력 발생 당시 미성년자인 피해자는 자신의 권리를 행사할 수 있는 기간이 지나치게 짧아 민사상 손해보상청구권 행사에 어려움이 있다.[12]

---

12 김은경, 「스포츠계 성폭력과 시효에 관한 법적 관점에서의 제언」, 『스포츠엔터테인먼

이러한 문제점들을 해결하기 위해 2018년 성폭력방지 및 피해자 보호 등에 관한 법률 제34조의 2(소멸시효에 관한 특례)를 제정하자는 일부개정법률안(의안번호 12153)이 있었고, 관련 법 개정 시도가 있었으나 아직 본격적으로 법제화되지는 않았다.

사이버 공간에서의 성희롱·성폭력

온라인그루밍, 리벤지 포르노, 불법촬영 및 해당 영상의 배포 등 온라인상에서 행해지는 성희롱·성폭력이 더욱 심각해지고 있다. 최근 리벤지 포르노와 n번방 사건 등으로 그 가해와 피해의 심각성이 주목받고 있다.

온라인그루밍 성범죄에 관한 유의미한 조사 결과를 살펴보면, "아동·청소년을 대상으로 성범죄를 저질러 2017년 신상정보등록대상이 확정된 4,201건의 사건 중 642건, 약 15.3%가량이 온라인그루밍 성범죄였는데 이 중 성매매가 절반에 육박하고 다음으로 강간과 강제추행이 뒤를 이었다. 온라인그루머들의 성별을 보면 남성이 98.4%, 여성이 1.6%로 일반 성범죄자(남성 98.1%, 여성 1.9%)와 마찬가지로 대부분의 가해자는 남성이었고, 피해자의 성별은 두 집단 모두에서 여성의 비율이 90%를 넘지만, 특히 온라인그루밍집단에서는 여성이 97.8%로 일반 성범죄집단보다 약간 높았다."[13] 이러한 조사 결과는 온라인상에서의 성희롱·성폭력의 심각성을 보여 주며, 남성가해자와 여성피해자라

트와 법』 제23권 1호(2020), p. 16.

13 김지영, 「온라인그루밍 성범죄의 실태와 대책: 신상정보등록대상자를 중심으로」, 『치안정책연구』 제34권 2호(2020), pp. 57-58.

는 그루밍 구도의 경향이 온라인상에서도 지속되고 있음을 발견할 수 있다.

온라인상에서 일어나는 심각한 사안 중 하나는 '비동의유포 성적 촬영물'에 관한 것이다. 성폭력범죄의 처벌 등에 관한 특례법 제14조 제1항(카메라등이용촬영죄)은 "카메라나 그 밖에 이와 유사한 기능을 갖춘 기계장치를 이용하여 성적 욕망 또는 수치심을 유발할 수 있는 사람의 신체를 촬영대상자의 의사에 반하여 촬영한 자는 7년 이하의 징역 또는 5천만 원 이하의 벌금에 처한다."라고 하며 비동의 성적 촬영물을 처벌하고 있다.

그리고 비동의 성적 촬영물을 유포한 경우에는 정보통신망 이용촉진 및 정보보호 등에 관한 법률 제44조(음란물유포죄)의 "이용자는 사생활 침해 또는 명예훼손 등 타인의 권리를 침해하는 정보를 정보통신망에 유통시켜서는 아니 된다."라는 규정이 적용된다. 그러나 비동의유포 성적 촬영물에 대한 처벌이 합당하게 이루어지고 있는지는 의문이다. 성폭력범죄의 처벌 등에 관한 특례법 제14조에 의해 처벌이 이루어지더라도 재유포자에 대한 처벌의 정도에는 문제가 있다. 이 경우 정보통신망 이용촉진 및 정보보호 등에 관한 법률상 음란물유포죄 내지 명예훼손죄 등 더 가벼운 형으로 처벌한 사례도 있기 때문이다.

이와 같은 문제를 해결하기 위해서는 사이버 성폭력 전담수사팀이 수사를 전담하도록 해야 하며, 인터넷의 플랫폼을 관장하는 사업자에게도 관리·감독 책임을 물을 수 있어야 할 것이다.

사이버 성폭력 중 특히 관계의 특성상 피해자의 피해가 심각하다고 볼 수 있는 리벤지 포르노(Revenge Porno)에 대해서도 충분한 논의와 대책이 필요하다. 특히 촬영이 이루어질 당시 동의의 개념에 있어 명시적 동의 중심의 해석이 필요하며, 가해 및 피해 당사자의 이별 후에 문제가 되는 리벤지 포르노에 대해서도 확실한 법적 처벌이 이루어져야 한다.

성폭력범죄의 처벌 등에 관한 특례법 제14조의 해석 및 적용 시 친밀한 관계의 당사자 간 촬영물의 불법성에 대한 논란이 있을 수 있으므로, 처벌에 관한 보완 규정 및 피해를 막기 위한 적극적 절차가 마련되어야 할 것이다. 즉, 사이버 성범죄 중 비동의유포 성적 촬영물의 특이성에 대한 충분한 숙고가 필요하며, 리벤지 포르노의 심각성을 고려한 처벌 및 대책을 마련해야 한다.

2019년 이후부터 논란이 있었으나 2020년 초반부터 주요 언론을 통해 알려지기 시작한 n번방 사건 역시 사이버 성폭력으로서 미성년인 여성을 위협해 음란 동영상을 찍게 한 후 여러 텔레그램 채팅방에 동영상을 올리게 한 사건이다. n번방 사건 이후 유사한 텔레그램방이 생겨났고, 2020년 '박사방'에서는 여성에게 SNS를 통해 접근한 후 협박을 통해 가학적 촬영물을 찍게 하고 이를 암호화폐를 받고 판매했다.

n번방과 박사방 등은 현실과 사이버, 즉 실제 피해 여성과 사이버 공간에서 익명의 텔레그램을 이용하는 플랫폼 운영자 및 이용자를 넘나드는 성착취물 유통을 가능하게 했다는 점에서 이전과 다른 차원의 심각성을 드러낸다.

사이버 공간에서는 여성을 대상으로 한 성폭력이 "집단성(강간 모의, 게시판에서의 집단적 가해, 강간 동영상 공유), 차별적 혐오(강간 위협, 이미지 합성 음란물), 금선착취(온라인 음란물산업), 피해영향의 성별화"로 강화되고 사회경제적 불평등과 결합하면서 성적 착취가 심화된다. 이처럼 사이버 공간에서의 성폭력이 더욱 여성 착취적 특징을 보인다는 점에서 사이버·디지털 성폭력에 대한 대책과 처벌 마련이 더욱 절실하다고 할 수 있다.

현재 n번방과 박사방 같은 사이버 플랫폼을 이용한 성착취 영상 유통은 성폭력범죄의 처벌 등에 관한 특례법 제13조, 제14조, 아동·청소년의 성보호에 관한 법률 제11조, 제17조, 정보통신망법 제4조의 7, 제73조, 제74조, 전기통신사업법 등에 의해 규제되고 있다. 최근 사이버 플랫폼을 이용한 성착취를 방지하기 위한 제도가 마련되었으나 의도와는 다르게 개인과 공동체의 사적 정보에 대한 과도한 제한이라는 비판이 제기되고 있다. 이는 법이 면밀하고도 신중하게 개정되어야 함을 한 번 더 생각하게 한다.[14]

한편으로는 법이 성희롱·성폭력 해결에 중요하기는 하지만, 개인과 사회의 인식 변화가 동반되어야 함을 환기하게 된다. 즉, 사이버 성폭력에 대한 적절한 유형적 대책도 필요하고, 그와 함께 성폭력과 착취를 가능하게 하는 암묵적 시스템과 맞서기 위한 개인과 사회의 의식 변화도 동반되어야 하며, 한편으로는 그 이상의 노력도 필요하다는 것이다.

성희롱·성폭력의 특수성

성희롱·성폭력 사건은 대부분 가해자 남성과 피해자 여성의 구조로 일어나고 있다. 그리고 대부분 지휘·감독 관계에 있는 자, 피해자보다

14 윤정숙, 「n번방 방지법 – ① 주요 내용과 의미」, 『KISO 저널』 제40권(2020), p. 13.

나이가 많은 자, 또는 피해자의 사회경제적 곤경을 이용하는 자 등에 의해 가해가 이루어진다.

형법, 성폭력처벌법, 정보통신망법, 아동·청소년의 성보호에 관한 법률 등의 처벌 규정과 관련 보호 규정에도 불구하고 성희롱·성폭력 사건에서는 사안의 심각성에 비해 합당한 처벌이 이루어지거나 피해자에 대한 충분한 보호가 이루어지고 있다고 보기 어렵다.

성희롱·성폭력 사안에 관한 문제를 해결하기 위해 첫째로는 관련 법이 더욱 충실하게 완비되어야 하지만, 둘째로 범죄에 대한 대책을 마련해야 하고, 셋째로 법과 제도가 완비되고 대책이 마련되더라도 사안의 특수성을 고려할 때 여성의 연대가 강고해져야 하며, 넷째로 페미니스트 운동이 지속되는 동시에 젠더법학의 역할이 강화되어야 한다.

캐서린 맥키넌(Catherine A. MacKinnon)은 "여성은 항상, 실제로 거의 정의상, 대부분 분명히 희생자라고 한다."라고 단언했으며, "여성은 평소 삶 자체에서 강간 가능한 대상이 된다."라고 하면서 "이 침묵의 천 년 동안 카메라가 발명되고, 이러한 일이 진행되는 동안 영화들이 만들어진다."라고 성폭력이 심화하는 또 다른 차원을 비판한 바 있다. 이것이 지나치게 극단적이라고 비판할 수도 있겠지만 사이버 공간에서 자행되는 잔인한 성착취와 유포를 직시한다면 맥키넌의 다소 지나치다고 여겨질 수 있는 패러다임도 설득력이 있음을 알 수 있다. 이는 성에 있어 성폭력의 패러다임이 적용됨을 발견할 수 있음과 동시에, 성희롱·성폭력이 성차별로 직결됨을 의미한다.

맥키넌은 "성차별에 관한 법(sex discrimination law)은 이제 물질적·교육적 혜택을 대가로 성적 제안을 받아들이게 하는 것을 금지하고 있으며, 근무조건으로서의 성적인 제안에 대한 인내, 그리고 여성의 도발적인 차림새 등을 강제하는 것을 금지한다. 전반적으로 젠더 불평등의 주요 동력이 되는 성적 대상화(sexual objectification)는 불법적이며, 이에 대한 여성의 저항은 합법화된다."[15]라고 주장했다.

맥키넌은 이와 함께 여성운동의 역사적 중요성을 강조하면서 페미니스트 운동이 성차별을 사회 구조적 문제로 비판하는 역할을 했다고 보았다.[16] 즉, 페미니즘은 여성 자신의 상황에 대한 여성의 관점을 결정적인 것으로 중요시한 최초의 '정치'였기 때문에 성차별에 관한 문제제기를 가능하게 했다는 것이다.

더 나아가 맥키넌은 "성에 관한 권리침해의 본질, 구제방법의 적절성, 법집행 및 책임의 범위와 재판에서의 신뢰성에 대한 묵시적인 기준에 대한 질문들이 성희롱의 맥락에서 판결되게 되었다. 이러한 발전적 전개는 여성의 관점(women's standpoint)을 일부 수용하고 반영한다."[17]라고 하며 페미니스트 운동의 중요성을 재확인한다.

한편 독일 연방헌법재판소(Federal Constitutional Court of Germany)의 재판관이자 훔볼트 대학의 교수로서 법사회학, 법여성학, 공법을 담당하는 수잔 베어(Susanne Baer)는 각인의 존엄성(individual dignity) 존중이라는 입장에서 성희롱에 접근할 것을 주장했다.[18] 이러한 입장은 성희

---

15 C. A. MacKinnon, *Butterfly Politics: Changing the World for Women* (Belknap Press, 2019), pp. 57-58.

16 김엘림, 『남녀평등과 법』(한국방송통신대학교출판문화원, 2017).

17 MacKinnon, *Butterfly Politics*, p. 58.

18 S. Baer, "Dignity or Equality?" in C. A. MacKinnon and R. B. Siegel (eds.), *Directions in Sexual Harassment Law* (Yale University Press, 2004), p. 595.

롱을 젠더적 관점보다는 '중립적' 차원에서 접근한다는 점에서 성희롱을 성차별로 보는 견해와 차이가 있다.

베어는 성희롱을 성차별로 보는 견해가 인간의 상호작용(interrelatedness)을 간과하고 있으며 시대적 흐름에도 부응하지 못한다고 비판한다. '성차별'은 상하 복종 관계를 전제로 할 때 성립하므로, 성희롱을 성차별로 본다면 성희롱의 범위가 좁아질 수도 있어 피해자 권리의 실질적 보호에도 영향을 미친다는 것이다.

생각건대, 성희롱·성폭력에 관한 맥키넌의 성차별 이론과 성희롱·성폭력에 있어 '인간의 존엄성'을 강조하는 베어의 이론은 구체적 표현만 다를 뿐, 여성을 포함한 사회적 약자를 대상으로 일어나는 성희롱·성폭력의 특수성을 공통적으로 지적하고 있다. 이런 측면에서 맥키넌과 베어의 이론은 성희롱·성폭력의 특수성을 해결하는 방안이 무엇인지에 대해서도 중요한 분석의 틀과 시사점을 제공해 준다고 할 수 있다.

젠더법학의 과제

앞 장에서 분석한 바와 같이 직장, 대학, 체육계, 사이버 공간 등 사회 각 영역에서 다양한 형태로 일어나는 성희롱·성폭력은 주로 사회적 약자, 특히 권력 구조상 약자의 지위에 있는 여성에 대해 일어난다는 공통점이 있었다.

직장 내 성희롱·성폭력 사건에 관한 미국의 주요 사례에서 살펴본 바와 같이, 이러한 사건에서는 남성 상급자가 하위 직급에 있는 여성에게 행하는 성희롱·성폭력이 대부분을 차지하고 있다. 이러한 특징은 한국에서 일어나는 직장 내 성희롱·성폭력 사건에서도 거의 동일하게 나타난다.

물론 직장 내 여성에 의한 남성에 대한 성희롱·성폭력도 발생하고 있지만, 이런 사례는 그 반대보다 상대적으로 비율이 낮다. 그리고 상하 관계가 아닌 관계에서도 현실적으로 성희롱·성폭력이 발생하고 있으나, 이 역시 상하 관계에서의 성희롱·성폭력보다는 낮은 비율로 발생하고 있다.

대학 내에서도 교수 등 권위가 있는 사람에 의한 성희롱·성폭력과 같이 상하 관계에서 발생하는 경우가 많으며, 학생 사이의 성희롱·성폭력 사례도 다수 발생하고 있다.

체육계 역시 우월적 지위에 있는 코치가 선수에게 행하는 성희롱·성폭력이 다수 발생하고 있는데, 이는 직장과 대학 내 상하 관계에서 일어나는 사례와 매우 유사하다.

최근 늘어나고 있는 사이버 공간에서의 성희롱·성폭력, 소위 디지털 성범죄는 지금까지 일어났던 사건과 유사하거나, 더 교묘하면서도 비인권적인 방법으로 발생하고 있다. 그러나 사이버 공간에서의 성희롱·성폭력도 미성년인 여성에게 온라인상의 성인 남성이 행하는 것이 대부분으로, 약자의 지위에 있는 대상에 대한 성희롱·성폭력이라는 점에서 지금까지 발생해 왔던 사안들과 같은 맥락으로 분석하고 비판할 수 있다.

이 글에서 살펴본 직장, 대학, 체육계, 사이버 공간에서의 성희롱·성폭력은 서로 전혀 다른 공간에서 일어났지만, 공통적으로 가해자의 성별은 남성이 압도적으로 많았으며, 특히 남성 상급자가 여성 하급자에게 행하는 사안이 대다수를 차지하고 있었다. 사회 각 영역에서 여성이 남성에게 가하는 성희롱·성폭력 사건들도 일어나고 있다는 사실을 인정하더라도, 성희롱·성폭력에서 젠더적 특성이 드러난다는 점은 깊은 고민을 갖게 한다.

법적 평등이 주요 실정법에서는 거의 완결되어 가고 있는 21세기이지만, 성(sex)에 관해서는 사회에서 더욱 교묘한 방법으로 젠더화된 성희롱·성폭력이 이루어지고 있다. 오랫동안 페미니스트 운동가들이 노력한 결과 얻어 낸 각 영역에서의 법적 양성평등 보장을 무색하게 하는 성희롱·성폭력 가해 및 피해의 젠더적 구조는 법적 평등을 넘어서는 차원을 생각하게 한다.

맥키넌의 성차별 이론을 굳이 언급하지 않더라도 사회, 문화, 전통 속 성차별은 현재에도 성희롱·성폭력의 차원으로 지속되고 있다고 볼 수 있다. 이를 해결하기 위해서는 법적인 차원, 즉 헌법과 실정법, 시행령 등 각 영역의 법률에서 성별을 이유로 한 불평등 조항을 찾아내 개정하는 등 형식적 평등을 보장하기 위한 노력을 계속해야 할 것이다.

실질적 평등을 향해

앞에서 살펴본 바와 같이 직장, 대학, 체육계, 사이버 공간 등 사회의 다양한 영역에서 약자, 특히 여성에 대한 성적 착취가 더욱 심화되어 지속되고 있다. 이 글에서 분석한 한정적인 영역 외에도 가정 등 공사의 각 영역에서 성희롱·성폭력은 여전히 발생하고 있다.

인간이 생활하는 국내외의 광범위한 영역에서 성희롱·성폭력 사건의 특수성을 해결하기 위해서는 우선 법적 평등, 사회적 평등을 저해하는 공사 각 영역에서의 지배와 차별을 직시하고, 문제를 제기하며 행동하는 의식 고양(consciousness raising)[19]의 자세로 앞을 가로막고 있는 장애물을 극복해야 할 것이다.

그리고 성희롱·성폭력 역시 한 인간의 존엄성을 침해하는 범죄에 해당하므로, 이를 개선하기 위한 다각적인 방안을 강구해야 할 것이다. 이와 동시에 대부분의 성범죄에서 피해자가 되는 여성의 인권에 대해서도 다각적이고 심도 있게 살펴보고, 이를 보장할 수 있는 법적·제도적 장치를 마련해야 할 것이다.

종합적으로 생각해 보건대, 성희롱·성폭력은 성차별의 적나라한 현실을 드러내는 단면 중 하나일 것이다. 각 영역에서 법적 평등을 넘어 실질적 평등을 보장한다면 성희롱·성폭력 가해와 피해의 구조가 약화될 수 있을 것이다. 이는 곧 인간의 존엄성 존중이라는 가치와 연결되는 것이며, 더 나아가 공정한 사회의 실현이라는 더 높은 이상과 직결되는 것임을 인식해야 한다.

19 S. Brownmiller, *In Our Time: Memoir of a Revolution* (Dial Press, 1999), p. 21.

4

위험가정과 위험사회, 왜곡된 모성

손지선

"법의 이름으로 체제를 전복하는 힘을 발휘하다가 쓰러지는 안티고네"[1]

'부조리'에 대응하는 '여성의 지적 긴장'의 요청

'남녀 사이의 성 평등'이라는 표현은 그 자체로 긴장을 드러낸다. '성'에 대한 언명은 본질적으로 남녀 사이의 다름에 대한 언명이고, '평등'이라는 언명은 본질적으로 같음에 대한 언명이기 때문이다.[2] 하지만 '평등'을 남녀라는 '성 사이의 평등'이 아니라 남녀를 포함하는 '인간들

1 박은정, 『왜 법의 지배인가』(돌베개, 2010), p. 95.

2 박은정, 「양성 평등의 법철학적 접근」, 조형 엮음, 『양성 평등과 한국 법체계』(이화여자대학교출판부, 1996), p. 37.

사이의 평등'이라는 의미로 받아들인다면, '성 평등'이라는 표현이 내포하는 모순으로 인해 자체적으로 발생하는 긴장은 일단 해소될 수 있다. 그런데 실존주의자 알베르 카뮈(Albert Camus)는 인간이나 그를 둘러싸고 있는 세계가 모두 '부조리의 상태'에 있으며, '부조리한 상황에 처한 인간은 불안을 느낀다'고 말한다. 또한 카뮈는 "부조리는 인간의 정신을 벗어나면 없다. 그렇기에 모든 것이 그렇듯 부조리 역시 죽음과 더불어 끝난다."라고 말한다.[3] 그런데 '인간이나 그를 둘러싸고 있는 세계가 모두 부조리의 상태에 있다'는 말은 '인간의 삶이 부조리하다'는 추론을 가능하게 하고, '부조리가 죽음으로 끝난다'는 말은 '부조리의 시작은 인간의 탄생'이라는 추론을 가능하게 한다. 그리고 이 추론들을 되새겨 보면, '정상인이라면 부조리의 감정을 느낄 때 그 부조리에 종지부를 찍기 위해 죽음을 생각한다'는 카뮈의 말에서 '부조리'를 발견할 수 있다. 그것은 그가 '부조리의 끝만 고민하고 부조리의 시작은 고민하지 않았다는 것'과 '실존에 관해 남성의 사유만 고민하고 여성의 사유는 고민하지 않았다는 것'이다. 다시 말해, '부조리에 종지부를 찍기 위해 남성은 자살이라는 형태의 죽음을 생각하는 (단, 카뮈는 자살을 이해하지만 인정하지는 않으며, '인간은 부조리한 세계에서 좌절을 각오하고 인간적인 노력을 거듭해 가치를 복권하는 반항적 인간으로서 살아가야 한다'고 말한다.) 것이 전부겠지만, 여성은 남성과 다르게 재생산력이 있기에, 자살을 생각하기도 하고, 만일 임부라면 자신의 태아가 부조리한 세상에 던져지지 않도록 부조리의 시작 자체를 막는 낙태를 생각하기도 한다는 것'을 카뮈의 사유에서 발견할 수 없다는 것이다. 그런데 사실 남성

---

3 알베르 카뮈, 『시지프 신화』, 김화영 옮김(민음사, 2016), p. 53 및 pp. 79-86.

인 카뮈로서는 출산에 관한 사유와 경험이 없을 터이므로 이 부분에서 카뮈의 부조리론이 부조리한 것은 자연스럽다. 출산과 육아에 관한 사유와 경험은 여성들의 몫이기에 '태아'와 '출산 이후 태아의 인생'에 관한 숙고와 결정은 오롯이 그 태아를 임신하고 출산해 양육하는 여성의 자유의지에 달려 있으며, 그만큼 여성이 지는 책임은 무겁다. 그리고 이 막중한 책임은 '실존에 관한 여성의 사유'로부터 출발한다.

권력에 관해, 좌파계열 지식인들은 '권력은 곧 제도화된 폭력'이라고 보면서 '폭력의 대립물은 비폭력'이라고 말한다. 반면 아렌트는 '폭력을 사용하는 권력은 이미 권력이 아니며, 아무런 정당성도 없다는 점에서 권력세력이 아니라 오히려 폭력세력'이라고 하면서 '권력이 폭력의 대립물'이라고 말한다. 그리고 아렌트는 폭력의 본성은 짐승의 공격성도, 인간의 비합리성도 아닌 도구성이므로, 폭력은 그 폭력을 정당화시켜야 하는 목적을 달성하는 데 효과적일 때까지만 합리적이라고 말한다.[4] 즉, 목적을 정당화시킬 만한 폭력이 아니라면 그 폭력은 더 이상 권력과 공존할 수 없어 비합리적이며, 비합리적인 폭력을 사용하는 권력은 정당성이 없는 권력이라는 것이다. 그런데 이처럼 누구는 폭력을 권력과 동일시하면서 폭력의 대립물은 비폭력이라고 말하고, 누구는 정반대로 폭력의 대립물이 권력이라고 말한다는 것은, 이 부조리한 세상에서 '폭력과 비폭력의 경계', 즉 '무엇이 폭력인가'의 문제는 각각의 인간이 속해 있는 상황과 입장에 따라 상대적으로 다르게 다가온다는 것을 의미한다.

여성은 스스로 기존의 '여성중심으로 관점화된 객관성'의 전횡을

4 한나 아렌트, 『폭력의 세기』, 김정한 옮김(이후, 1999), pp. 17-18, 99, 121.

거부하고, 포장되거나 감추어진 부분을 드러냄으로써 종래 여성주의 법학의 평등에 관한 수사학이 '수정되지 않는 인간법학'을 향하도록 교정해 나가야 한다. 여성의 해방적 요구는 '그들의 일과 재산에 대한 남성과 동등한 경제적 지불의 의미' 또는 '성윤리에 있어 남성과 동등한 성생활의 자유의 의미'에서 평등을 논하는 차원에서 벗어나, 여성의 '진정한 자유의지에 의한 선택'의 의미를 논하는 것이 되어야 한다. 그리고 자율적인 결정에 따른 행위는 타인에게 해를 끼치지 않는 한 도덕적으로 정당화되기에,[5] 여기의 '진정한 자유의지에 의한 선택'은 '타인을 해하지 않는 범위에서의 자유로운 선택'을 의미하고, 이 '타인'에는 어머니의 출산으로 이 세상에 탄생한 '자녀'도 '하나의 인격체를 가진 인간'으로서 포함된다. 어머니는 자녀의 보호자이며 양육자이지만 자녀를 소유하는 것은 아니다. 만일 여성이 자신의 자녀를 소유물로 여긴다면 그것은 여성주의 법학이 본디 '남성중심으로 관점화된 객관성의 전횡', 즉 '남성이 여성을 소유물로 여긴 것'에서 비롯되었음을 망각한 부조리일 것이다. 여성주의 법이론은 자발적으로 양심과 의식을 환기시켜, 가정에서 여성이 '어머니'라는 이름으로 행하는 '위험행위', 즉 '왜곡된 모성에 관한 문제'까지도 다루어야 한다. 왜냐하면 이 '인간평등' 사회에서 우리가 필요로 하는 이론은 개인의 권리를 말해 주는 동시에 우리와 연관된 이웃과의 공감을 보호하는 이론이기 때문이다.

생물학적으로 여성에게 본질적인 성(XX염색체)은 남성에게 본질적인 성(XY염색체)과 다르며, 그 차이로 인해 남성과 달리 여성에게는 '재생산력과 태어난 자녀'라는 변수가 종속되므로, 여성주의 법이론은 남

5 박은정, 「생명윤리, 여성주의, 법」, 『법철학연구』 제2권 1호(1999), p. 231.

성의 경우와는 달리 복잡한 내용을 포함할 수밖에 없다. 그리고 여성의 임신능력은 곧 출산 및 양육과 연결되기에, '모성'이란 '여성이 어머니로서 가지는 정신적·육체적 자질 또는 그런 본능'이라는 의미와 '임신, 출산, 양육과 관련된 여성의 경험'이라는 의미를 동시에 가진다. 우리는 '임신과 모성애는 여성의 뇌 구조를 변화시킨다'는 미국의 한 연구로부터 현실적으로 임신과 출산을 통해 자녀를 키우는 여성은 그렇지 않은 경우보다 더 영리해져 상황에 다각적·종합적으로 대처한다는 결론을 이끌어 낼 수도 있지만,[6] 역설적으로 더 예민해져 강박적이기까지 하다는 결론도 이끌어 낼 수 있다. 게다가 모성은 참으로 다양해서 이타적인 모성이 있으면 이기적인 모성도 있으며, 다양한 형태의 모성이 '헌신 또는 희생'을 내용으로 하는 '모성 자체의 성향'과 결합해 예측 불가능한 모양으로 전개되기도 한다.

모성은 때때로 가정을 위험상황에 처하게 하는 아이러니를 낳을 수 있다. 아이를 가진 여성은, 저마다의 '자기유지능력'에 따라 다르겠지만, 수시로 아이에게 닥칠 불행한 장면이 떠올라 불안해지고 그 불안을 없애기 위해 보통 사람과 다른 말이나 행동을 반복하기도 한다. 이러한 여성의 모성은 극단적으로 '균형 잡힌 사고와 행위의 범위를 이탈해 슬기롭지 못한 모습의 어리석음'을 의미하는 '광기'로 나타날 가능성이 있다.[7] 그리고 만일 자녀가 성장 과정에서 어머니의 광기 어린 언어적·비언어적 폭력에 지속적으로 노출된다면 그 자녀는 정신세계

---

6 손지선, 「임신중단 규제에 대한 국민적 합의의 필요」, 『형사정책』 제31권 3호(2019), pp. 148-151.

7 미셸 푸코, 『광기의 역사』, 김부용 옮김(인간사랑, 1994), p. 26.

의 붕괴를 겪을 수 있다. 이때 자녀가 폭력으로부터 받은 피해의식에 부정적인 보상심리가 작용하면 그는 타인에게 자신이 받은 피해를 돌려주게 될 수 있는데, 이때 만족감을 느낀다면 같은 행동을 반복할 것이다. 그 자녀로부터 피해를 받은 사람 또한 동일한 과정을 거칠 수 있고, 이러한 '반복의 반복'이 '회귀의 회귀'를 초래하면 이 사회는 '카오스(혼돈상태)'에 빠질 수 있다. 결과적으로 왜곡된 모성이 가정과 사회를 위험상황에 처하게 하는 결과를 초래하는 것으로, 이 사태는 '한 가정에서 일어난 작은 나비의 흐트러진 날갯짓이 국가사회를 범죄적 위험에 빠뜨릴 수 있다'는 의미의 '나비효과'로 표현될 수도 있다. 이 글에서는 혼돈의 상태로 보이는 현상 안에서도 질서와 규칙성이 존재한다는 '카오스이론'과 그 일례로서의 '나비효과'를 근거로, ① '부조리의 혼돈'으로 명명될 수 있는 이 위험사회에서 질서와 규칙성을 이어가게 할 도구는 (긴장 관계를 조정하는 수단으로서의) 법이라는 것, ② 법이 '실현되어야 할' 이념이나 가치에 관한 것이라고 할 때, 이러한 이념이 실현되기 위해서는 '인간'이라는 관문을 통과해야만 한다는 것, ③ 법이 소통 기능을 하는 사회에서는 '최소한의 인간학'이 적용되어야 하듯이 '부조리의 기점'이 될 수 있는 위험가정에서도 '최소한의 인간학'이 적용되어야 한다는 것을 이야기하고자 한다.[8] 이는 인간은 비인간적이지 않은 규범질서에만 구속된다거나 인간학적 '최소한'이 법의 구성원리이자 규제원리가 되어야 한다는 내용의 '자연법 논리'가 위험가정에서도 적용되어야 한다는 의미다. 다시 말해 모성까지 고려해 최대한 양

8 박은정, 「'나의 법철학'-인간을 통한 법의 탐구, 법을 통한 인간의 탐구」, 『법철학연구』 제21권 1호(2018), pp. 22-23.

보해도 어머니의 행위가 인간적이라는 평가가 불가능하다면 어머니는 법규범에 구속되어야 하고, 이 경우 그 법규범은 가해자로 어머니를 지목함에도 불구하고 상대적으로 인간적인 규범질서로 작용한다는 것이다.

자연법론과 법실증주의, 존재와 당위, 형식과 내용 그리고 이성과 비이성 등 대립하는 이분법적 사유양식은 서구 지성사를 대변하는 "같은 것은 같게 다른 것은 다르게"라는 정의관에 기초한다. 19세기 후반 여성운동 역시 '남성 대 여성'이라는 이분법을 따르면서 "너는 남자와 같을 수 있다. 그러면 너는 평등해질 것이다. 그리고 너는 남자와 다르다. 그러면 너는 여자가 될 것이다."라는 논리를 펼쳤다. 따라서 이 운동에 대해, '가장 남성을 닮은 여성'만을 사회 발전에 포섭하는 한편 '지금까지 해온 대로 육아 등 여성 고유의 역할을 해온 여성'에 대해서는 '스스로 여성처럼 취급되기를 원했다'고 확인시키면서 이들을 사회 발전에서 소외시켰다는 비판이 가능하다.[9] 또한 이와 유사하게 여성은 자신의 경험을 중심으로 자신 속에 실재하는 힘과 가능성을 포기하고 스스로를 축소시켰으며, 여성 스스로가 남성중심 사회에서의 권리 획득을 목적으로 사회적 성을 강조하고 체화함으로써 본능적 성을 왜곡하고 부인하고 있다는 비판도 있다.[10] 그런데 초기 여성운동의 부정적인 부분들은 이해할 만하다고 볼 측면이 있다. 자신이 속한 가정이 곧 세상 전부였던 당시 여성들, 자신의 본능적 성인 '모성'에 충실한 일

9 박은정, 「여성주의와 비판적 법이론」, 한국법철학회 엮음, 『현대법철학의 흐름』(법문사, 1996), p. 298.

10 양대종, 「니체 철학에서 여성적 모티브에 대한 소고」, 『니체연구』 제28권(2015), pp. 71-72.

생을 보내느라 자신의 경험을 토로하고 텍스트로 만들 시·공간적 여유가 없었던 여성들, 같은 뜻을 가진 이들을 만나 소통하기도 어려운 좁은 울타리 속에서 살았던 여성들에게는 '여자라고 차별당하는 부조리'에 대해 반항하면서 갈구했던 '평등'의 대상이 그저 '남성'일 수밖에 없었고, 그 의미도 오로지 '남성과 동등해진다'는 것일 수밖에 없었기 때문이다. 그리고 후자가 여성운동을 '남성중심 사회에서의 권리획득을 목적'으로 한다고 규정함으로써 그 순수성을 의심하게 만드는 경우에 대해, 이러한 접근은 당시에도 어딘가 숨어 있었을, 여성과 동화되기를 간절히 소망하는 성소수자 남성이 남성중심 사회에서 여성과 동화됨으로써 얻을 수 있는 권력이 없음에도 동화를 소망한 이유를 설명할 수 없다는 비판이 가능하다. 여성도 성소수자도 고정관념이 지배하는 부조리한 사회에서 불안을 느끼고 행복한 인간으로서 살고 싶다는 순수한 가치를 찾아 반항했을 뿐이다. 다만 '남녀가 평등한 세상'을 향한 물꼬를 트는 데는 아무래도 좀 더 반항적인 여성이 앞섰고, 따라서 이들 중심의 주관적 이성이 당시 여성운동을 주도하게 되었다. 결과적으로 본능적 성에 충실한 여성들의 평등문제가 일단 미루어진 것일 뿐, 여성운동 자체가 본능적 성을 왜곡하려거나 부인하려는 의도는 아니었을 것이라고 생각한다.

인간 안에 남녀의 구별이 있는 것이지 남녀 중 한쪽은 인간이고 다른 쪽은 인간이 아닌 것이 아니다. 이성적인 인간만 인간이고 비이성적인 인간은 인간이 아닌 것도 아니며, 비이성적이라고 해서 광인이 되는 것도 아니다. 그런데 근대계몽의 시대까지만 하더라도 미혼인 여성은 아버지에게, 결혼한 여성은 남편에게 종속되어 소유물로서 대우되었고, 비이성적인 인간은 '비이성' 자체, 즉 (인간이 아닌) '광인'으로 취급되어 감금되었다. 그러니 비합리주의자 니체가 당시 여성운동을 대하는 '남성들의 저의'를 통찰하며 "자립하기 원하는 여성을 위해 남성이 여성 자체를 계몽하기 시작한 일이야말로 유럽이 추악해지는 최악의 진보"라고 힐난한 것은 참으로 인간적이다. 그리고 무엇보다 부조리에 반항하는 데에서 소외된 여성들도, 여성들에게 현실이 부조리하다는 것에 동의하는 일부 남성들도 이러한 여성운동을 진심으로 응원했을 것이다. 왜냐하면 그들은 이 부조리한 세상에서 사는 자신과 자신의 어머니와 딸들의 인생을 염려했을 것이기 때문이다. 하지만 여성운동가들이 전혀 남성중심 사회에서의 권리획득을 목적으로 하지 않았다거나 전혀 본능적 성을 왜곡 혹은 부인하려 하지 않았다고는 말할 수 없을 것이다. 여성운동가의 세계를 포함한 인간의 세계는 언제나 부조리할 테니 말이다!

위험가정과 위험사회의 상호연관성과 왜곡된 모성

이 글에서는 위험사회의 한 근원으로 위험가정을 제시하고, 위험가정에서 남성경험을 중심으로 볼 때는 피해자였던 여성이, 여성경험을 중심으로 볼 때는 오히려 자녀에 대한 가해자가 될 수 있는 양면성(야누스)을 주목한다. 지금까지는 범죄가 공적 사회영역에서 제한적으로 다루어져 왔지만, 이제는 여성이 마치 가정에서 민법, 세법, 주택임대차보호법 또는 상속법에 관한 상식을 가지고 일상생활을 하는 것과 마찬가지로, 형법과 형사소송법에 관한 상식을 가지고 '합리적이고 평균적인 인간의 일상생활'을 영위해야 한다는 것을 말하려는 것이다.[11] 그런데 위험상황에서 중요한 것은 '행동능력'이라는 아렌트의 지적처럼, 가정에서 자녀를 중심으로 발생하는 위험상황에서 중요한 것은 어머니의 행동능력이다. 따라서 여성의 경우, 행동능력을 발휘해 자신의 처지를 하소연하기 위해 여성중심으로 관점화된 '남편과의 관계에서 피해자인 자신'만을 객관적으로 드러내지 않았는지 성찰하고, 자녀중심으로 관점화된 '자녀와의 관계에서 가해자가 될 수 있는 자신', 즉 포장되거나 감추어진 '일상생활 속 어머니의 자녀들에 대한 신체적·정신적 폭력'에도 주목해야 한다. 이는 가정 내 여성의 주관적 이성이 일상의 경험칙에 따라 '합리적으로 평균적인 인간의 사고와 행동'이라고 이해할 수 있는 것이어야 함을 의미하며, 이 글에서 위험가정과 위험사회의 상호연관성을 규명하려는 목적이다.

'남성가해자-여성피해자'라는 단순한 구도를 해체할 이론적 근거는 아도르노가 부정의 변증법을 통해 문제를 다각적으로 해체할 것을 요구한 데 있다. 통상적인 인식 노력 정도를 넘어, 인식 이후 해체까지를 요구하는 아도르노에게 '오디세이가 유혹을 고통으로 이겨 내고 성숙한 것'은, 헤겔식으로 단순한 '진보'가 아니라(긍정의 변증법), '끊임없는 진보가 내리는 저주' 그리고 '끊임없는 퇴행'이다(부정의 변증법). 그리고 아도르노는 이를 오늘날의 '대중의 퇴행'과 동일시한다.[12] 그러므로 이 글은 계몽의 계몽을 촉구하는 아도르노의 방식에 따라, 우리가

---

11 박은정, 『왜 법의 지배인가』, p. 122 및 pp. 130-132.

12 M. 호르크하이머·Th. W. 아도르노, 『계몽의 변증법』, 김유동 옮김(문예출판사, 1996), p. 68.

대중의 경험을 듣는 데서 그치지 않고, 이를 해체할 것을 촉구하고자 한다. 이 글은 낙태죄가 폐지된 지금을 여성운동이 어느 정도 그들의 목표에 도달한 시기이자 여성운동이 해체작업의 첫 단계를 통해 어느 정도 텍스트화된 시기로 규정한 다음, 해체의 다음 작업을 제시하고자 한다. 그리고 그다음 작업이란, '남성가해자-여성피해자' 구도를 해체하고 '여성가해자-자녀피해자-자녀가해자' 구도의 가능성을 규명하는 과정에서 드러나는 '위험가정-위험사회의 순환고리 내 매개자로서의 여성'을 중심으로 하는 위험가정과 위험사회 상호연관성의 해체 작업이다. 그리고 그것은 '위험가정' 안에서 가해자인 남성, 가해자인 남성의 피해자이자 자신의 자녀에 대해 가해자인 여성, 가해자인 부모의 피해자이자 다른 피해자에 대해 잠재적 가해자인 자녀, 잠재적 범죄자인 이 자녀가 속해 있는 '위험사회' 그리고 그 위험사회 안에 있는 '위험가정' 사이의 상호작용에 관한 문제 안에서, 어머니인 여성이 피해자에서 가해자로 전환되는 과정에 존재하는 '왜곡된 모성'을 해체하는 작업이다. 이는 가정 내 긴장이 사회 내 범죄로 파급되는 나비효과에 주목한 것이고, 이 연구의 궁극적인 목표는 이 순환고리의 연결사슬을 끊어 내 '지속 가능한 인간 사이의 평화로운 공존'을 추구하는 데 있다. 하지만 숙지해야 할 조건이 하나 있다. 그것은, 이 연결고리의 근원이 '물리적으로 힘이 강한 남아' 또는 '권력을 가질 수 있는 남아'를 선호하는 환경으로부터 비롯된 '여성의 피해의식'에 있기에, 이 해체 작업을 빌미로 '존엄한 모성'을 왜곡해서는 안 된다는 것이다.

형사법 영역을 위험가정으로 확대할 현실적 필요성을 확인하는 배경에는, 그동안 가부장의 영역 또는 프라이버시의 영역으로 여겨져 자의 또는 타의로 논의에서 제외되어 왔던 가정 내 어머니의 자녀에 대한 학대행위들이 21세기 초연결사회에 매스 미디어와 소셜네트워크 등을 통해 폭로되고 사회적 이슈로 부각되고 있다는 점이 있다. 그리고 형사법 영역을 위험가정으로 확대하기 위한 이론적 근거는, 주로 결과 책임을 묻는 기존의 형법에서 탈피해 오늘날의 새로운 위험사회에서 형법적 보호법익의 확대를 주장하는 일반예방론의 '위험형법'[13]을 들 수 있다. 전통적인 규범적 책임론에 의하면 책임은 자유의사가 있었다는 것을 전제로 행위자가 달리 행위할 수 있었는데 위법행위를 선택한 것에 대한 비난 가능성만을 의미했다. 그러나 그렇게 되면 행위자가 달리 행위할 수 없었을 경우 책임도 없고 형벌도 없게 되는 부조리가 발생한다. 이때 대두된 것이 '책임은 형벌목적과 관련하여 기능적으로 이해할 때에만 형법상의 중요성을 유지할 수 있다'는 내용의 기능적 책임론이다.[14] 기능적 책임론의 일반예방론에 의하면, 책임은 '진정한 자유의지', 즉 '타인을 해하지 않는 범위에서의 자유로운 선택'을 의미하고, 달리 행위할 수 없었어도 타인을 해하는 자유로운 선택을 했다면 비난이 가능하다. 그리고 이에 따르면 어머니가 타인인 자녀에게 가한 물리적·정신적 폭력에 대해 '너무 화가 나서 그러지 않을 수 없었다'는 변명은 용인될 수 없으므로 책임론을 근거로 한 어머니에 대한 비난이 가능해진다.

위험가정과 위험사회 순환고리의 중심에는, 정신적으로는 '남아선호사상'으로부터, 물리적으로는 '힘이 강한 남성의 폭력'으로부터 자신

---

13 김동률, 「위험형법론으로서 일반예방론에 대한 고찰」, 『형사법연구』 제25권 3호(2013), p. 339.

14 이재상, 『형법총론』(박영사, 2014), p. 295.

의 생명이나 신체, 재산, 명예 따위에 손해를 입었다고 생각할 때 발생하는 여성의 '피해의식'이 있다. 여성은 성장 과정에서는 가부장인 아버지와 차별적으로 우대받는 남형제에 의해, 결혼한 이후에는 가부장 대접을 바라는 남성과 그 남성의 배후에 있는 시가에 의해 현실적인 손해를 입으며, 이때 그들의 피해의식이 유발된다. 그런데 자녀가 있는 여성의 경우 이 피해의식은 '자녀를 통한 투사'라는 심리적 방어기제를 통해 부정되기도 하는데, 자신의 피해의식으로부터 발현되는 열등감이나 공격성 같은 감정을 무의식적으로 자녀에게 돌리는 것이다. 이는 왜곡된 모성을 표출하는 행위로, 자녀에게 부조리함을 느끼게 하고 마음에 상처를 준다. 그리고 자녀가 있는 여성이 스스로 겪은 피해에 대해 어떤 형태로든 보상을 받고 싶어 하는 '보상심리' 역시 극단적인 경우 자신이 잃은 만큼 남들도 잃어야 한다는 생각으로 인해 왜곡된 모성으로 표출될 수 있다. 더군다나 자녀를 양육하는 여성은 일상에서 자신과 자녀의 희노애락을 동시에 고민하고 행동을 결정해야 하는 복잡한 정신활동을 경험한다. 이때의 여성은 이상적으로는 더 영리해야 하고 그래서 더 영리해지기도 하지만 현실적으로는 더 예민해지고 더 불안해지는 경향이 있다. 이것이 심할 경우, 점차 자신의 의지에 반해 '불합리'라고 생각하면서도 그 생각에 사로잡혀 이를 되풀이하는 강박적 사고를 하게 되는데, 이는 왜곡된 모성의 원인으로 작용할 수 있다. 그리고 최악의 경우 이 불안감들이 복잡하게 뒤얽혀 '상식에서 벗어나는 행동'을 의미하는 광기의 상태에 이르게 되면 여성은 균형 잡힌 사고와 행위의 범위를 이탈한 슬기롭지 못한 어머니의 모습을 보이게 된다.

모든 인간은 자유로운 영혼을 가지기에 공존을 위해 어쩔 수 없이

'법'과 더불어 살아야 한다. 따라서 자유민주주의 국가 안에서 자유의지를 가지고 자율적인 선택을 하는 인간은 법의 이름으로 타율성을 감내해야 하고 또 그럴 수밖에 없다. 그런데 '법학'은 학문이면서도 학문과 실존의 경계를 건드리는 영역으로서, 실천과 밀접한 연관을 지니며 다차원적이다. 즉, 사회학이 현실적인 차원의 인간을 마주하고, 철학이나 윤리학이 가치 또는 이념적 차원에서 지향되어야 하는 인간을 마주한다면, 법학, 특히 형사법은 실존적 차원에서 인격적으로 완성된 헤겔식의 인간뿐만 아니라 파멸과 죄를 안고 있는 키르케고르식 한계상황의 인간과도 마주한다. 그러므로 규율성을 가지는 법학에서는 판단을 위한 탐구가 어느 선에선가 멈추고 결정을 해야 하는 순간이 오는데, 인간이 자유의지에 의해 자율적으로 선택한 행위가 법규범에 의해 제재당하는 그 결정의 순간에 실존하는 인간은 '광기의 순간에 있는 인간'의 모습으로 나타난다. 그런데 가정이라는 사적 영역에서 구성원들은 '가족이라서' 감정적으로 더 많은 보상을 기대하고, 그 보상이 기대에 미치지 않으면 더 많은 상처를 받으므로, 그 긴장은 공적인 사회영역에서보다 더 빈번하고 더 폭발적이기 쉽다. 그리고 이 긴장의 상황에서 표출되는, 한계상황(광기)의 순간에 있는 어머니의 자녀에 대한 폭력행위는 잘못이 아닐 수 없고 죄가 아닐 수 없다.

이 글에서 다루는 '위험가정과 위험사회의 상호연관성'이라는 주제는, 어머니인 여성이 '가해자인 남성의 피해자'로부터 '자신의 자녀에 대한 가해자'로 전환되는 과정에 존재하는 '심리적으로 왜곡된 모성'에 관한 이야기이기에, 이 상호작용은 유구한 남아선호의 역사 속에서 '왜곡된 모성'을 가진 그들의 어머니 또는 할머니에 관한 이야기도 포함한다. 그러니 남성들도 이 왜곡된 모성의 피해자일 수 있다. 그럼에도 이 글은 여성의 피해의식과 경험에 주목하고자 하는데, 남성은 어찌 됐든 선호되는 입장으로서 그 부조리의 중심에 있었다고 말할 수 없기 때문이다.

가정 내 여성의 언어적·비언어적 반규범행위 유형

생리적 차이로 인해, 가정에서 성인 남성은 대체로 강한 힘을 수단으로 아이에게 물리적인 폭력을 행사해 신체적 상해를 입히지만, 성인 여성은 대체로 자녀에게 소리 내어 말하는 현실적인 언어행위와 비언어적 요소인 몸짓, 눈빛, 표정, 현장분위기, 강세, 억양 따위를 포함하는 '발화'를 수단으로 폭력을 행사해 정신적 상해를 입힌다. 아이는 생후 12개월이 되면 애착, 자립, 좌절감, 두려움, 분노, 반항, 고집, 제멋대로 함, 슬픔, 불안, 어리둥절함 등 다양한 감정을 보이기 시작하고, 이때부터 아이에게 이성은 사유하는 도구로서 기능하므로, 아이는 부조리를 느낄 수 있고 상처를 받을 수 있다. 아동복지법은 아동학대예방교육실시에 관한 제26조의 2 제2항 중 '제1항에'를 '아동의 보호자 등 제1항에'로 개정해 아동의 보호자에 대해서도 아동학대예방교육이 이루어지도록 했고, 제4조 제3항 원가정보호원칙을 개선해 보호자로부터 아동을 즉시 분리할 수 있는 제도를 마련했다(2016년). 원가정보호원칙을 폐지하고 아동복리최우선원칙을 신설하려는 입법적 시도는, 최근 부각되는 '가해자가 친권자인 아동학대 문제'를 더 이상 방치해서는 안 된다는 사회적 합의의 입법적 표현인 동시에, 자녀와 가장 밀접한 관계에 있는 어머니가 아동학대자로서 전면에 등장하는 사태를 규율할 필요성의 입법적 표현이라고 볼 수 있다. 그리고 가정폭력범죄의 처벌 등에 관한 특례법 제2조는 '가정폭력'에 해당하는 범죄들을 열거하고 있는데, 이 가운데 '위험가정과 위험사회의 연결선상에 있는 반규범행위'로서 주시해야 할 구성요건에 해당하는 행위들에는 상해죄, 폭행죄, 감금죄, 협박죄, 명예훼손죄, 모욕죄, 강요와 공갈죄 그리고 단순 및 모해위증죄 등이 포함된다. 특히 형법 제260조 폭행죄에서 '폭행'은 사람의 오관에 직간접적으로 작용해 육체적·정신적으로 고통을 가하는 일체의 힘 또는 신체에 대한 일체의 역학적·화학적 또는 생리적 작용을 일으키는 유형력으로 해석되므로, 이는 언어적·비언어적 폭력행위를 반규범행위에 포함시킬 법적 근거로서 작용할 수 있다.

실존하는 인간들이 긴장을 극복하고 공존하기 위해서는 '합리적인 의사소통'이 필수적이다.[15] 이 글은 구체적으로 다음의 언행들을 가정에서 합리적 의사소통을 방해해 위험한 갈등 상황을 만들고 학교와 사회를 범죄화하는 데 단초가 되는 위험한 언어행위로 규정하고자 한다. 즉, 욕설이나 협박 따위의 언어폭력, 난폭하게 말하는 폭언, 남을 해치거나 비방하는 모질고 악독스러운 독설,[16] 남을 헐뜯는 뒷담화와 사실이 아닌 것을 사실인 것처럼 꾸며 대는 거짓말,[17] 어떤 사실이나 행동

15 박은정, 『왜 법의 지배인가』, pp. 205-206.

16 자녀의 부족함이나 실수를 부모 중 다른 한쪽의 유전자 탓으로 비난하는 경우도 포함되는데, 이는 자녀의 자존감을 낮추고 자괴감을 주는 언어행위다. 지능적으로 교묘하게 자녀의 마음을 헤집는 것뿐만 아니라 일상적으로 발화되는 '넌 누굴 닮아 그러냐'는 정도도 독설이다.

17 전해 들은 이야기를 가지고 상대방을 추궁하는 행위는 형사소송법 제316조 전문진술의 증거능력 부정원칙을 근거로 할 때 반규범적이다.

을 남몰래 감추는 숨김과 실제 내용보다 지나치게 좋아 보이도록 꾸미는 과대포장,[18] 사람을 교묘하게 괴롭히거나 못살게 구는 들볶음,[19] 어떤 현상이나 문제를 판단하는 기준이 두 가지이거나 분명하지 않은 이중잣대의 태도와 언행,[20] 그리고 상황조작을 통해 타인의 마음에 자신에 대한 의심을 불러일으켜 현실감과 판단력을 잃게 만듦으로써 그 사람을 정신적으로 황폐화시키고 그 사람에게 지배력을 행사하는 가스라이팅 등이 이 글에서 제시하는 '위험한 언어행위들'이다. 이 글은 또한 가정폭력범죄의 처벌 등에 관한 특례법이 제2조 '가족구성원'에 조부모까지의 직계존비속만을 포함하는 것을 부계와 모계의 방계가족까지 확대할 것을 제안한다. 우리나라의 경우 여전히 가부장의 전통이 남아 있어 확대가족이라는 구조적 틀 안에서 친가 가족들의 '위험한 언어행위'가 가정에 갈등을 초래하고 있고, 외가 가족들의 언어폭력도 상대적으로 입장만 바뀔 뿐 위험한 갈등의 상황을 만드는 정도는 다를 바 없다고 판단되기 때문이다.

---

18 자녀에 대한 기대가 어머니의 요구를 충족하지 못했을 때 어머니가 그 이슈에 관해 제3자에게 적극적으로 거짓말을 하거나 소극적으로 숨기면 자녀는 자의 또는 타의로 어머니의 언어행위를 확대 재생산해 나간다. 어느 경우이든 자녀는 어머니에 의해 저절로 포장되는 자신의 모습에 만족해서 자기개발을 그만두고 자기도태에 빠져 사회에서 정신적으로 건강하게 공존하는 데 실패하기도 한다. 심지어 거짓을 진실로 믿고 행동하는 데까지 이르는 반사회적 인격장애인 리플리증후군은 가정 내 위험한 언어행위에 의해서도 초래될 수 있다.

19 간호사 사회의 '태움'이 원인이 되는 자살 사건들을 종종 접하는데, 이 사건들에 대해서는 성장 과정 동안 가정에서 경험한 부조리한 처우를 반면교사하기보다 그대로 답습함으로써 가정에서의 괴롭힘이 사회에서 더 지독한 형태의 괴롭힘으로 전개되는 현상이라는 해석이 가능하다.

20 가정 안에서 아버지와 어머니가 서로 자신에게 유리하도록 각각 다른 기준을 가지고 상황을 해석하는 것은 자녀의 일관되고 올바른 가치관 형성을 방해한다.

임신중단에 관한 여성의 지적 긴장의 요구

태아를 잉태해 본 여성은 '인간의 탄생'이 단순히 '임신기간 36주를 채운 출산'을 의미하지 않음을 경험할 것이다. 따라서 감히 주저 없이 '임신 22주 전후의 태아는 아직 출산하기 전이므로 인간은 아니지만 모체를 통해 감정적인 체험이 가능하기에 임부가 보호해야 하는 생명체로 간주되어야 한다'고도 말할 수 없고, '임신 22주 전후의 태아를 보호하지 않는 임부는 비인간적이므로, 그녀가 임신중단권을 주장하면서 세상의 부조리를 핑계 삼는 것은 정당화될 수 없다'고도 말할 수 없을 것이다. 그런데 지금 여성계는 '낙태죄가 폐지되었다' 또는 '남성 중심적 구도를 깨뜨렸다'는 자만에 도취되어, '여성이 양육자임을 주장하면서도 동시에 태아의 권리나 느낌을 부정하는 이기적인 태도'를 보이고 있다는 비판이 등장하도록 하는 실수를 범했다. 이 문제와 관련해 이 글은 이미 폐지된 낙태죄가 법실무와 형법도그마에서 '여성이 인간'이라는 사고과정을 제거했을 뿐만 아니라 여성과 태아 모두를 국가 인구정책의 도구로 이용했기 때문에 '비인간적인 규범질서'로서 구속력이 상실되었던 것처럼, 임신 22주 이후 태아에 대한 낙태행위는 '비인간적인 행위'로서 새로운 규범질서에 의해 규제되어야 함을 주장하고자 한다. 그러므로 이 글은 구 낙태죄에 관한 헌법재판소 2019. 4. 11. 선고 2017헌바127 헌법불합치 결정문에서 헌법재판부가 '임신 22주 내외에 도달하기 전'을 '결정가능기간'으로 제시하고 이 기간 안에서 위헌적 상태가 제거된 형사처벌의 입법을 입법자에게 요구한 것에 동의하며, '태아가 독자적으로 생존 가능한 임신 22주'에 대한 재판부의 고민에 여성뿐만 아니라 국민 모두가 동참해야 한다고 판단한다.

그렇지만, 임신 22주 이후 임신중단을 규제할 경우 임부는 물론 태부(胎父)도 그 대상이 되어야 한다. 46개의 체세포로 이루어진 태아의 생성은 남성과 여성 각각 23개의 염색체가 결합해야 가능함에도 국가가 임신중단행위에 대한 처벌규정을 태아의 생리적 아버지인 태부를 배제하고 임부에 대해서만 적용하는 것은 '헌법 제11조는 양성평등을 규정하고 있음에도 여성의 임신능력을 이유로 여성만 처벌한다'는 성차별론을 낳을 수 있기 때문이다. 형법이론적으로는, 행위 시 책임능력이 없는 음주운전사고 행위자에게 사전책임(事前責任)을 귀속시켜 처벌함으로써 실질적 책임주의를 실현하는 '원인에 있어 자유로운 행위론'을 응용해 '규제대상이 되는 임신중단행위의 태부'에 대한 완전책임을 실현할 수 있을 것이다. ① 남녀 염색체의 결합이라는 '원인행위'와 임신중단이라는 '후행행위'의 '이중구조'와 ② '남녀염색체의 결합과 태아생성' 사이의 제1의 직접적 관계와, 여성에게만 임신능력이 있기에 여성에게만 종속되는 '태아생성과 임신중단의 위험' 사이의 제2의 직접적 관계라는 2단계의 불가분 관계 속에서, 더 이상 원인행위 그 자체는 낙태라는 구성요건해당행위에 대해 아무런 의미가 없다고 말할 수 없다. 따라서 낙태라는 후행행위를 예견하거나 예견 가능한 상황에서 자유의지로 태아를 생성할 수 있는 행위를 한 태부에게 '사전책임'을 귀속시켜 처벌할 수 있을 것이다.[21] 이 경우 고의와 과실은 우선 책임에 초점을 맞춘 다음 그 불법 관련성에 대해 '기능적 관점'에서 접근해야 할 것이고, 이를 규명하는 연구가 '젠더형법'의 시각에서 이루어져야 할 것

---

21 손지선, 「주취감면배제에 대한 형법 제10조 제3항 적용에 관한 연구」, 『형사법연구』 제30권 3호(2018), p. 73 및 pp. 85-89.

이다.

인간법학이 지배하는 사회를 향해

신모계사회로 전환하고 있는 이 시기에 여성계는, '여성들은 언젠가는 남성들의 덕과 강점을 몸에 익히게 될 것이며 동시에 물론 그들의 약점과 악덕도 감수해야 할 것'이라던 니체의 경고를 되새겨, 모계사회이든 부계사회이든 남녀가 '공존'하기 위해서는 그 중심에 남성의 약점과 악덕을 익힌 여성도, 여성의 약점과 악덕을 익힌 남성도 아닌, 서로의 단점을 반면교사로 삼고 서로의 장점을 정면교사로 삼는 '인간'이 있어야 함을 잊지 말아야 한다. 여성이든 남성이든 그들의 자기결정권은 공동체로부터 공감을 얻지 못한다면 선택의 대상을 획득하는 데 실패할 것이다. 그러므로 여성들은 여성의 사유와 경험에 여성 중심적 원칙과 철학의 내용을 갖추어 그들의 주관적 이성에 도전하는 지적 긴장에 응해야 하고, 이 대응이 객관적으로 인간적이고 합리적이라는 평가를 얻을 때, 여성주의 법학은 인간법학을 향해 한 걸음 더 나아갈 것이다.[22]

---

22 박은정, 「여성주의와 비판적 법이론」, p. 282.

5

이사회 다양성과 여성 사외이사의 역할*

안수현

자본시장법상 이사회 성별구성 특례규정 신설

국내 경제에서 상당한 비중을 차지하는 국내 100대 기업 상장회사의 이사회에서 여성이사의 비중은 2021년 기준 4% 수준에 그치고 있다. 다만 2022년 8월부터 자산총액 2조 원 이상 기업의 경우 이사회 구성원인 이사를 특정 성으로만 구성할 수 없도록 한 「자본시장과 금융투자업에 관한 법률(자본시장법)」 제165조의 20(이사회의 성별 구성에 관한 특례)이 적용될 경우, 여성 사외이사의 숫자는 올해보다 늘어날 것으로 예상된다.[1]

* 이 글은 안수현, 「이사회 다양성과 여성 사외이사의 역할 제고를 위한 제도정비방안」, 『아세아여성법학』 제25권(2022), pp. 45-63을 수정 보완한 것이다.

1 2020. 1. 9. 국회 본회의에서 자산총액 2조 원 이상 주권상장법인의 1인 이상 여성이사 선임을 의무화하는 「자본시장과 금융투자업에 관한 법률(자본시장법)」 일부 개정 법률안이 통과되었다.

이사회는 회사의 경영의사결정은 물론 업무집행기관으로서 회사의 경영을 담당하는 핵심기관이다. 이러한 기관을 특정 성으로만 구성할 수 없게 한 자본시장법의 개정이 전격적으로 이루어진 배경에는 "여성의 경제활동 유인 및 참여 제고와 기업의 의사결정기구의 성별 대표성 확보를 통한 기업 이윤의 증대"가 제시되고 있다.[2]

그런데 자본시장법의 입법목적은 투자자 보호에 있으며, 젠더 평등 내지 여성의 경제활동 유인 및 참여 제고 등의 목적을 두고 있지는 않다. 그럼에도 자본시장법에서 이러한 성별 대표성 확보를 위한 규정이 삽입되고 지지를 받게 된 이유는 국가 경제에서 중요한 지위를 차지하는 상장회사에서부터 여성이 회사의 중요한 의사결정기구인 이사회에 참여할 기회를 가지도록 기업관련 법제가 뒷받침하지 않으면 안 된다는 인식이 입법기관에서 공감대를 형성했기 때문이다. 자본시장법 개정안에 관한 국회 심사보고서에서 언급되었듯이 이미 많은 국가에서 여성이사 의무선임이 법제화되어 있고, 관련 연구 결과에서도 여성의 이사회 참여와 회사의 재무적 성과 간에 상관관계가 있는 것으로 제시되고 있다.

그러나 자본시장법은 외국과 달리 이사회 구성원의 일정 비율을 여성으로 구성하거나 최소 일정 수 이상을 여성으로 선임하도록 하는 방식의 입법을 취하고 있지 않고 단지 이사회는 특정 성으로만 구성할 수 없다고 규정한 것에 그쳐 대부분의 상장회사들이 1인을 초과해 여성이사를 두지는 않을 것이라는 우려가 적지 않다. 즉, 형식적 법규 준수에 그칠 가능성이 크다는 것이다. 이러한 예상은 입법취지에 부합하

2 「자본시장과 금융투자업에 관한 법률 국회 심사보고서」, 2019. 11.

지 않음은 물론이고 입법 시 기대했던 효과도 담보하기 어렵다. 따라서 입법취지가 발휘되도록 이사회에 여성이사의 참여를 증대시키는, 더 효과적이고 실질적인 방안이 고안되어야 한다. 그러나 단순히 여성이사의 수 늘리기를 목적으로 하는 것은 바람직하지 않다. 이사회에 여성이 참여하는 것이 기업의 성과 개선과 투자자 보호에 실질적·효과적으로 기여할 수 있도록 하는 방안들이 모색되어야 할 것이다.

이러한 인식하에 이 글에서는 상장회사를 대상으로 이사회 구성원의 다양성이 기업 성과와 어떠한 관계가 있는지를 살펴보고, 특히 사외이사의 역할 측면에서 이사회에 여성이사가 참여하는 것이 실질적으로 기업에 긍정적인 기여를 할 수 있는 요건이 무엇인지를 간략히 살펴보려 한다.

이사회 구성의 다양성과 기업 성과 간의 관계

상장회사가 국가 경제에서 차지하는 비중은 매우 높은데, 이러한 점을 고려할 때 상장회사의 중요한 경영정책을 수립하고 그 집행을 감독하는 이사회의 구성원인 각 이사의 역할이 중요하다는 데에는 이견이 없을 것으로 보인다. 이러한 점 때문에 이사회의 구성도 지배구조 차원에서 중요하며 회사법과 금융법의 주된 규율영역에 포함된다.[3]

그런데 최근 이사회 구성과 관련해 종전과는 다른 변화가 나타나

---

3 상법에서 이사회와 관련된 회사지배구조관련 규정으로는 위원회 설치, 사외이사 수와 자격요건 관련 규정과 금융회사지배구조법상의 이사회관련 규정들이 대표적이다.

고 있는데, 국내외에서 이사회에 여성의 참여를 확대하는 정책이 법제화되는 경향이 높다는 점이다. 그러한 배경에는 젠더 평등이라는 규범적 측면도 있지만, 특정 성으로만 이사회가 구성될 경우 집단적 사고(group think, default man thinking)의 위험이 증대되어 기업 성과에 불리한 영향을 미칠 수 있다는 위험관리적 접근방법 내지 재무적 측면의 인식도 중요하게 작용한다.

이러한 주장은 사실 2000년대 초반부터 꾸준히 제기되었다. 그러나 최근에 들어 이사회 구성의 다양성을 높이는 방안이 보다 적극적으로 모색되고 있고,[4] 그 일환인 여성이사의 참여 확대가 대표적으로 주목받게 되었다. 회사의 경영기관인 이사회는 그 구성원인 이사들이 경영정책 수립과 집행에 대한 전문성을 갖추고 있다는 장점도 있지만, 이사들이 회사와 주주의 이익보다는 사익을 추구하고 다양한 이해 상충 관계에 놓일 수 있다는 단점도 있으므로 이를 극복하기 위해 이사회 구성의 다양성을 증대시켜야 한다는 공감대가 형성되고 있다.[5]

이러한 움직임은 국내보다 해외에서 더 두드러지게 나타나고 있으며, 특히 금융정책의 일환으로 추진되는 경향을 보이고 있다. 대표적으로 미국의 증권감독기관인 SEC는 Regulation S-K라는 공시규제의 Item 407(c)에서 회사의 임원추천위원회가 이사를 선임할 때 다양성을 고려했는지와 회사의 다양성 정책을 공시하도록 의무화하고 있다. 이사회 다양성은 투자자에게 중요한 정보가 되고 이사회의 다양성 확보

---

4 K. N. Johnson, "Banking on Diversity: Does Gender Diversity Improve Financial Firms/ Risk Oversight?" *SMU Law Review* 70, no. 2 (2017), p. 327 참조.

5 Johnson, "Banking on Diversity", p. 327.

는 경영진으로부터의 이사회의 독립성 확보와 재능 있는 이사 후보군의 확대에 기여한다고 여겨진다. 아울러 이러한 내용의 공시는 투자자에게 이익이 된다. 다만 2008년 금융위기 이후 이사회 다양성에 관해 일정한 수의 여성을 참여하게 하는 직접적 개입보다는 다양성에 관한 정보를 공시하도록 하는 접근방법을 통해 제도적 지원을 하는 것으로 관련 규정이 마련되었다. 이와 함께 SEC는 의도적으로 다양성을 정의하지 않고 다양성에 관한 정의와 다양성 정책 시행 방법은 기업에 일임하는 방식으로 제도를 설계했다.

한편, 같은 북미권인 캐나다도 지배구조 차원에서 이사회에 여성의 참여를 증대시키는 정책을 취했다. 다만 이사회의 다양성을 바라보는 관점에서는 미국과 다소 차이가 있는데, 캐나다의 정책 수립자들은 이사회의 다양성을 구성 비율의 문제로 바라보기보다는 기업의 더 좋은 의사결정을 위한 조건의 문제이자 시장의 변화와 기업의 재무성과에 관한 문제로 바라보는 관점을 취하고 있다.[6]

이러한 관점은 세 가지의 주장에 기반하고 있다.[7] 하나는 젠더 다양성을 증대시키는 것이 기업의 재무성과에 긍정적인 영향을 주고 이는 주주의 이익 극대화를 위해 행동해야 하는 이사의 의무에 부합한다는 것이다. 그런데 이러한 주장은 사실 타당하다고 보기 어렵다. 여러

---

6 "OSC Staff Consultation Paper: 58-401-Disclosure Requirements Regarding Women on Boards and In Senior Management," Ontario Securities Commission, July 30, 2013.

7 D. C. N. Mutter, "Crashing The Boards: A Comparative Analysis of the Boxing Out of Women on Boards in the United States and Canada", *Journal of Business, Entrepreneurship & the Law* 12, no. 2 (2019), p. 1.

명의 이사 중 오직 1인의 여성만 있는 경우 실질적인 다양성을 기대하기 어렵기 때문이다. 이러한 경우는 단지 여성이라는 자격으로 참여한, 여성을 상징하는 역할에 그치는 것일 수 있다.

이와는 달리 재무성과 측면에서 접근하는 또 다른 견해는 이사회에 여성이 참여하는 기업은 지배구조에 긍정적인 효과가 있고 이는 기업의 재무성과에 긍정적인 영향을 준다고 본다. 이는 이사회에 여성이 참여하는 것이 비록 주주의 권리나 기업 성과에 직접적으로 관계되지는 않아도 여러 측면에서 기업의 가치 증대에 기여할 수 있다고 보는 입장이다. 가령 지배구조에 기여하는 예로, 여성이사는 남성에 비해 이사회에서 건설적인 반대를 하고 남성만으로 구성될 경우 나타나는 집단적 사고를 감소시킨다는 것을 들 수 있다. 즉, 여성이사는 동성이 아닌 다른 관점에서 질문하고 남성경영자에게 도전적인 질문을 할 수 있다고 본 것이다. 또한 남성이사들보다 출석률이 높다는 연구결과도 있다. 이처럼 건설적인 반대와 더 높은 출석률은 최소한 경영자를 감시·감독하는 이사회의 감독기능이 발휘되는 것과 관련이 있으며 기업의 성과에도 기여한다고 보고 있다. 또한 독립성 측면에서도 새로 이사회에 참여하는 여성이사들은 남성이사들에 비해 새로운 시각에서 행동하기 때문에 어느 정도의 기간 동안은 지배구조에 긍정적으로 기여한다고 보고 있다. 또한 이사회에 여성이 참여할 경우 기업의 명성에도 긍정적인 영향을 미친다고 보고 있다. 주지된 바와 같이, 유명한 기관투자자인 블랙락(BlackRock)의 CEO인 래리 핑크(Rarry Fink)는 투자대상 기업들에게 다양성은 기업의 장기 성장 및 주주의 이익에 중요하다고 강조한 바 있다. 여성의 이사회 참여는 다양성을 보여 주는 하나의 징표로 볼 수 있으며, 이사회의 다양성이 미흡한 경우 주주행동주의

펀드의 타겟이 될 수도 있다. 이 외에 기업의 명성이 높을수록 사업적인 측면에서 기회가 많아지는 효과도 기대된다.

마지막으로는 인재 확보 측면에서 접근하는 입장도 있다. 이는 이사회에 여성을 이사로 참여시킬 경우 다양성과 포용성 측면에서 더 넓은 이사 후보군을 확보할 수 있다고 보는 입장이다. 다양성과 포용성이 발휘되면 인재 확보 차원에서 더 유리할 것이다. 이사회에 여성이 이사로 참여하고 있다는 것은 기업의 문화가 여성에 호의적이고 여성이 경영진 수준으로 진입할 가능성이 크다는 것을 보여 주므로 관리직 여성의 동기와 사명감을 높이는 데 기여한다는 연구도 있다. 또한 여성이사가 많을수록 여성임원과 여성경영자의 선임이 늘어난다는 연구결과도 있다.[8] 이러한 점에서 여성임원의 존재 여부는 그 기업 문화가 젠더 평등을 추구하는지 보여 주는 대리지표가 될 수 있고, 이는 좋은 인재를 유치하는 데 유리하게 작용한다.

이사회에 여성을 이사로 참여시키는 것이 법제도적으로 뒷받침되어야 한다고 보는 데에는 재무적 접근방법 외에 또 다른 관점도 제시되고 있다. 즉, 규범적 측면에서 여성의 이사회 참여가 증대되어야 한다고 보는 견해다. 이러한 견해의 논거는 두 가지로 요약된다. 하나는 그러한 방향이 옳다고 보는 것이고, 다른 하나는 여성이 차별받은 약자이기 때문에 사회정의 차원에서 불평등 구조가 개선되어야 한다고 보는 것이다. 이러한 입장은 규제를 통해 의무적으로 적정한 수(최소 몇

8 D. A. Matsa and A. R. Miller, "Chipping Away at the Glass Ceiling, Gender Spillovers in Corporate Leadership," *American Economic* 101, no. 3 (2011), pp. 635-639.

명 이상)의 여성을 이사회 구성원으로 선임하도록 법률에 명확히 하는 방식을 선호한다는 점에서 재무적 관점의 견해들과 차이가 있다.

흥미로운 것은 최근 많은 국가에서 여성이사를 일정 비율 내지 일정 수 이상 두도록 하고 있는 경향이 강하고, 그러한 제도적 토대에 대한 논거를 규범적 견해에서 끌어오면서도 표면적으로는 여성의 이사회 참여 확대가 기업 가치에 기여한다는 재무적 견해의 논거를 드는 경향이 강하다는 점이다. 그리고 기업 관련 법제에 여성이사 증원에 관한 규정을 마련하거나 자본시장 관련 법제에 근거규정을 마련할 때도 유사한 논거가 활용되고 있다.

그런데 이러한 접근방법과 논거를 좀 더 비판적으로 살펴봐야 한다. 예컨대, 여성의 이사회 참여가 실질적으로 기업의 성과에 기여한다는 논거에 대해서는 여성이사 1인의 참여만으로도 기업의 성과에 직접적으로 긍정적인 영향을 줄 수 있는지에 주의를 기울일 필요가 있다. 그리고 여성이사 1인의 참여만으로 이러한 긍정적 영향력을 기대하기 어렵다면 어떠한 사항이 보완되어야 실질적으로 기업의 성과에 기여할 수 있는지 탐구해야 한다. 최근 이러한 맥락에서 미국의 각 주에서는 여성이사의 적정 수를 제시해 이사회 참여를 뒷받침하는 제도적 방안이 모색되고 있다.

여성이사 선임 의무와 회사법적 과제

회사의 경영정책을 수립하고 경영진의 집행을 감독하는 이사회에 여성이 이사로 참여할 경우 지배구조 차원에서 긍정적인 영향을 미친다는 것에는 의문이 없을 것으로 보인다. 그리고 이러한 효과는 기업의 가치에도 다양한 측면에서 긍정적인 역할을 미칠 것으로 기대된다. 아래에서는 이러한 기대효과가 법적으로도 담보되는지를 살펴보기로 한다.

회사의 경영정책을 수립하고 경영진의 집행을 감독하는 이사회에 여성이 이사로 참여하는 것이 기업의 가치에 기여한다고 보는 접근방법을 근거로 기업법과 자본시장 관련 법률에 여성의 이사회 참여를 보장하는 규정을 마련할 수도 있다. 그런데 비즈니스적 논거와 달리 여성이 사회와 조직에서 차별받는 약자이기 때문에 젠더 평등 및 사회적 정의 차원에서 기업의 이사회에 여성이 참여해야 한다는 입장은, 여성의 이사회 참여 확대를 위한 법제도 마련이 회사법과 정합성을 갖는지에 대한 과제에 직면하게 된다. 물론 젠더 평등이라는 기업 문화도 기업의 성과에 영향을 미칠 수 있다. 조직 내 불평등 구조는 개선되어야 할 중요 사안이며, 이에는 남녀 간 처우 차이도 포함된다. 그렇지만 주주총회에서 선임되는 이사들로 구성되는 이사회는 사회적 정의에 봉사하기보다는 우선적으로 회사와 주주의 이익을 위해 행동해야 한다. 이러한 점을 고려할 때 미국이 젠더 평등이 아닌 비즈니스 차원의 논거를 이유로 이사회에 여성이 참여하는 정책을 채택하고, 미국 증권감독기관인 SEC가 동일한 논거로 2004년부터 기업이 여성이사의 참여 여부를 공시하도록 하는 정책을 채택한 것은 충분히 이해할 수 있다. 그리고 이러한 접근은 회사법상 이사회의 역할·책임과 정합성을 갖는 논리라고 할 수 있다.

그러나 미국 금융감독기관의 접근방법에 대한 비판도 있다. 2018년 기준 미국 Russell 3000 기업의 이사회에서 여성 참여율은 17.7%로 나타났는데, SEC의 정책이 공시 제도로 접근하고 있고 다양성의 정의도 기업에 맡겨져 있어 그 성과가 미흡하다는 것이다. 그 결과 지금의 여성의 이사회 참여 비율은 적정하지 않다는 비판이 많이 제기되었다. 최근 미국 기업의 주주들이 이사회의 다양성 부족을 이유로 충실의무 위반을 주장하면서 주주대표소송을 제기하거나 이사 선임 관련 주주제안 제도를 활용해 주주행동(shareholder activism)을 하는 경향은 SEC의 접근법이 가지고 있는 문제점을 잘 보여 주고 있다.

그러나 충실의무 위반을 이유로 한 주주대표소송의 경우 여성이사를 두지 않은 기업들은 경영판단 원칙에 따른 면책이 가능하기 때문에 실제 효과가 크지 않다. 즉, 남성이사를 선임하고 여성이사를 선임하지 않은 과정에 문제가 없고 그러한 결정이 주주의 이익을 위한 것이라고 주장할 경우 법원은 그 회사의 결정을 우호적으로 판단할 가능성이 크다. 따라서 캘리포니아주와 워싱턴주 등에서는 일정 수의 여성을 이사로 선임하도록 하는 규정을 법제화하는 경향이 두드러지게 나타나고 있다.[9]

이러한 미국의 현상은 이웃 국가인 캐나다와 대조되는데, 이사회의 역할을 주주의 이익 도모뿐만 아니라 이해관계자의 이익에 대한 고려로까지 확대하고 있는 캐나다의 경우 오히려 상장회사의 이사회 구성과 관련해서는 여성이사 참여를 의무로 하지 않고 있기 때문이다. 그리고 캐나다의 경우 현재 상장회사의 여성이사 참여 비율은 14% 정도로 나타나고 있다.

---

9 2019년 12월 31일부터 캘리포니아주에 주된 사무소를 둔 상장회사의 경우 이사회에 최소한 1인 이상의 여성이사를 두어야 하며 2021년 12월 31일부터는 규모에 따라 2인 이상의 여성이사를 두어야 한다.

이러한 각국의 현상은 공통점과 차이점이 있다. 공통점은 이사회라는 최상층 경영의사결정기관에 여성의 참여를 증대시키는 것이 기업의 성과에 긍정적인 기여를 한다고 보는 것이다. 차이점은 이사회의 의무가 주주의 이익 극대화라고 보는 법제를 둔 국가의 경우 일정 수나 비율의 이사를 여성으로 두도록 법적으로 강제하지는 않지만 주주들이 적극적인 주주행동으로 이사회 다양성 강화 차원에서 여성이사의 참여를 증대시키는, 즉 연성규범이 활발히 이용되고 있다는 점이다.

이러한 움직임은 우리에게 시사점을 제공한다. 이사회의 다양성이 미흡할 경우 주주들은 주주의 권리를 이유로 주주행동을 통해 적극적으로 이사회 다양성 제고에 개입할 수 있다. 다시 말해, 주주와 투자자들은 단순히 여성을 이사로 두었는지에만 관심을 가지는 것이 아니라 기업의 다양성 정책이 기업의 성과에 실질적으로 기여할 수 있도록 이사회에서부터 정책을 마련하고 실천하고 있는지를 진지하게 살핀다는 것이다. 이러한 점에서 기업은 무엇보다 이사회 차원에서 이에 관심을 갖고 유의해 대응할 필요가 있다. 즉, 이사회는 이사회 구성이 다양성을 확보하고 기업의 가치와 성과에 긍정적인 효과가 있도록 다양성 정책을 수립하고, 이에 부합되도록 이사회를 구성할 필요가 있다. 더구나 여성의 이사회 참여가 기업의 다양성은 물론 기업의 성과에 기여한다는 경험적 연구 결과와 이사회가 특정 성으로만 이사를 구성하면 안 된다는 자본시장법의 요청을 함께 고려할 때 여성이사 선임은 이사회의 기본적인 의무라고 할 수 있다.

문제는 1인의 여성이사를 두기만 하면 이사회의 의무를 진정으로 다했다고 볼 수 있는지다. 자본시장법상 특정 성으로만 이사회를 구성하지 않도록 하고 있으므로 1인의 여성이사를 두면 자본시장법을 형식적으로는 준수한 것이 되나, 실질적으로 다양성 확보를 통해 기업의 가치를 높이도록 이사회를 구성했는지에 대해서는 의문이 제기될 수 있다. 아울러 1인의 여성이사가 여성이사에게 기대되는 역할을 제대로 발휘할 수 있는 환경을 이사회가 마련하지 못할 수도 있다.

이러한 점을 감안할 때, 다양성만으로는 건전한 지배구조가 확보된다고 보기 어렵다. 건전한 지배구조의 전제로서 모두가 참여와 존경 그리고 가치를 인정받고 있음을 느끼게 하는 포용성이 고려될 필요가 있다. 이러한 포용이 조직 내 문화로 내재되어 있어야만 다양성의 이점이 회사에 확산될 수 있으며, 이러한 기업문화를 만드는 것 역시 이사회의 역할이라고 할 수 있다. 따라서 이사회의 다양성 확보를 위한 노력을 1인 여성이사의 참여라는 형식적 기준 준수에 국한시키기보다는 실질적으로 이사회의 다양성이 기업의 성과와 연계되도록 효과적인 다양성 정책을 수립하고 철저하게 이행하는 전 과정으로 이해해야 한다. 아울러 이러한 정책이 사업보고서 등 기업공시정책을 통해 외부에 공시됨으로써 투자자가 기업의 성과와 다양성의 연계 여부를 알 수 있게 하는 제도적 장치가 마련되어야 할 것이다. 현재 우리 자본시장법상 상장회사의 경우 이사 구성원의 성별과 자격 그리고 전문성에 대한 정보만 사업보고서에 기재되어 공시되고 있다. 그러나 향후에는 이사회의 정책으로서 다양성·포용성 정책이 공시되고 그 이행을 위한 관리 및 결과 역시 사업보고서와 연차보고서 등에 공시될 필요가 있다.

이러한 점에서 영국 금융감독기관의 최근 동향을 주목할 만하다. 2021년 7월 7일 영국 금융감독청(FCA)은 금융산업 내 다양성·포용성을 강화하기 위한 정책 초안을 발표했는데, 일반회사를 대상으로 하지는 않지만 향후 일반회사의 지배구조·운영에도 적지 않은 영향을 줄 것으로 예상된다. 영국이 금융회사에 특히 다양성·포용성을 요구하는 것은 금융회사에 다양성·포용성이 기업 문화로 자리 잡지 않은 경우 집단적 사고가 금융시스템 안정을 위협할 수 있다고 보기 때문이다. 영국 금융회사에 요구되는 다양성은 성별뿐만 아니라 인식, 관점, 능력, 취향, 문제해결 방법 등 외부에서 쉽게 확인할 수 없는 부분까지도 포함하고 있다. 그리고 다양성만으로는 건전한 금융시스템 확립과 금융안정 확보에 충분하지 않고 그 전제로서 포용성이 기업 문화로 자리 잡을 것이 강조된다. 또한 영국 금융감독청은 포용이 조직 내 문화로 자리 잡고 있어야만 다양성의 이점이 회사에 확산할 수 있으며, 임직원의 심리적 안전이 포용을 촉진한다고 보고 있다. 즉, 포용성 없는 다양성은 혁신과 금융생태계의 건전성 및 금융안정에 기여하지 못한다는 것이다.

이러한 인식하에 영국 금융감독청은 금융회사의 다양성·포용성 정책을 촉진하기 위한 규제감독 방침을 밝혔는데, 신규 임원의 적격성 심사 시 다양성 관련 정보를 제출하도록 하고 임원지명위원회·보수위원회 설치회사의 경우 경영자 승계계획 시 다양성·포용성을 고려했는지와 다양성·포용성 장애요인에 대한 관리를 보수설계 시 반영했는지를 살펴보겠다는 것이 그 핵심 내용이다. 시범적으로 2021년 하반기부터 다양성·포용성 관련 정보를 금융회사가 자발적으로 공개하게 하되 내년부터는 정기보고 대상으로 하고 금융회사가 정한 다양성·포용성 목표의 이행 여부 점검 결과와 포용성 평가방법도 의무적으로 공개하게 할 예정이다.

이사회의 다양성 확대와 주주제안 제도

이사회 구성원 다양성 정책에 주주들의 적극적인 목소리가 반영될 수 있도록 지배구조를 개선하기 위해 주주권 및 주주행동의 효과적인 행사를 지원하는 법제가 마련될 필요가 있다. 대표적으로 주주제안 제도를 들 수 있는데, 이것이 소수주주가 권리를 행사하는 데 활발하게 이용될 수 있어야 할 것이다. 현행법상 회사의 이사회는 주주제안의 내용이 거부사유에만 해당하지 않으면 반드시 주주총회에 안건으로 상정해야 한다(상법 제363조의 2 제3항, 동 시행령 제12조). 이를 이용해 소수주주는 여성이사 수를 늘리거나 이사회 다양성을 확보해 기업의 성과를 실질적으로 제고할 수 있는 방안을 수립하는 것 등과 관련된 규정을 회사 정관에 두도록 정관 변경안을 제안할 수 있다.

회사가 적법한 주주제안을 무시한 경우, 즉 주주가 제안한 목적 사항을 소집통지에 기재하지 않고 의제로 상정하지 않았을 때에는 다른 결의는 유효하고 주주는 이사에 대해 손해배상을 청구할 수 있다. 또한 주주가 청구한 의안의 요령을 소집통지나 공고에 기재하지 않고 이에 대응하는 회사의 의안의 요령에 관해 결의가 이루어지거나 주주에게 의안에 관한 설명의 기회를 주지 않았을 때에는 소집절차 또는 결의방법에 하자가 있는 것으로 주주가 결의취소의 소를 제기할 수 있다. 향후 주주제안 제도를 활용해 이사회의 다양성을 확대함으로써 기업 가치를 높이려는 기관투자자들의 관심이 기대된다.

나오는 글

저자들은 박은정이 사유했던 법적 주제들을 자신의 학문적 주제들에 매핑하면서 작게나마 학문적 계승작업을 수행해 보았다. 이를 통해 자연법론과 법의 지배, 생명공학과 생명윤리, 인공지능과 여성주의 법이론까지 박은정이 추구했던 정의를 향한 학문의 여정 가운데 정법의 보장책과 법의 실천적 과제들을 제시하는 "법 안의 삶"을 경험하는 시간들을 가졌다. 그녀의 자연법적 사유에는 언제나 비판과 긴장을 온몸으로 포용해야 하는 공존의 질서가 등장한다. 그녀의 온건한 법적 사유의 배경에는 이미 '있는 법'으로서의 실정법은 언제나 '있어야 할 법'이라는 자연법의 비판을 받아야 한다는 긴장감이 잘 제시되어 있다. 우리에게 요구되는 정의의 법적 덕목은 '빈 의자' 혹은 '빈 형상'이 아니다. 그것은 '인간-되기'의 법감정으로부터 지지를 받지 않으면 안 된다. 법률가의 법적 사유는 언제나 '시대정신'이라는 자연법적 비판을 감당할 때 공존의 트랙으로서 법의 도상에 안정적으로 들어온다.

'인간의 지배'가 아닌 '법의 지배'라는 인간법학의 기획은 형식에 머물지 않고 그 내용을 가질 때에 한해 법치주의의 이름을 지닌다. 박은정은 그 실질을 위해 법관을 위한 법철학에 집중했다. 사법적 법실천을 위한 법관의 코기토가 무엇보다 중요하다는 인식은 법관의 덕목에 대한 실증적 연구로 이어졌다. '사법부의 총론'으로서 법철학의 과제를 짊어진 법관은 이제 '정치의 사법화'라는 현상이 말해 주듯이 그 사법적 위상이 날로 중요해지고 있다.

언젠가 법철학에 문외한인 한 이웃이 '철학관'을 연상하면서 법철학자들은 소송에서 누가 승소할 것인지 미리 예측할 수 있는지 물어온 바 있다. 그러나 이제 이러한 우스갯소리는 인공지능 알고리즘에 의해 가능해졌다. 물론 법적 판단의 예측 가능성을 현대 과학기술이 완전히 대체할 수 있는지는 의문이다. 알고리즘의 편향성으로 인해 사이버공간에서의 문제까지로 젠더법학 등의 과제가 늘어나고 있기 때문이다. 2019년 형법상 낙태죄에 대한 헌법재판소의 불합치결정 역시 저출산과 한국사회의 인구감소라는 긴급한 사회적 문제와 팽팽한 법적 긴장과 공존을 이루며, 아직 적절한 해결책이 나오지 않고 있다. 젠더법학의 과제가 축소되는 것이 아니라 확장되는 것이 오히려 성에 대한 법적 시대정신이 아닐까?

그렇다면 작금의 시대에 필요한 법의 정신은 무엇일까? 자연법 정신은 법질서가 존재하는 한, 살아 움직이는 법적 서사를 써내려 갈 것이다. 이러한 측면에서 박은정의 법철학적 연구는 이 시대 법적 서사의 주제들을 다룬 한국법학의 귀중한 업적이다. 물론 그녀의 연구는 아직 끝나지 않았으며 다만 제자들이 부족하게나마 중간 결산보고서를 작성했을 뿐이다. 우리는 박은정이 미래의 실천적 법철학의 과제들을 좀 더 제시해 주기를 기대한다. 이 책은 사랑하는 스승과의 작은 만남을 주선해 본 결과물이다. 저자들은 박은정 교수의 학문적 사유가 계속되어, 미래법 연구가 다시 한번 박은정과의 큰 만남을 가지기를 기대한다.

찾아보기

ㅁ

ㅂ

ㅅ

ㅇ

저자 소개(가나다순)

강태경(한국형사·법무정책연구원 연구위원, 서울대학교 철학과 강사)

서울대학교에서 심리학과 법학을 공부했고, 같은 대학원에서 심리학과 법학 석사과정을 거쳐 법철학으로 박사학위를 받았다. 현재 한국형사·법무정책연구원(KICJ) 연구위원과 서울대학교 철학과 강사로 재직 중이다. 법적 사고의 개념적 은유 구조를 분석해 왔고, 최근 법이론과 경험과학의 통합 시도인 실험법학의 가능성을 탐색하고 있다. 저서로 『몸과 인지』(2015, 공저), 『법의 딜레마』(2020, 공저)가 있다.

공두현(서울대학교 법학전문대학원 교수)

2011년 법관으로 임용되어 민사·형사·행정·파산 등 다양한 재판업무를 맡았다. 2020년부터 서울대학교 법학전문대학원에서 법철학을 연구하고 가르치고 있다. 최근 법해석론과 사법제도론을 중심으로 연구하고 있으며, 미래의 법률가들에게 철학적 영감을 불어넣는 일을 사명으로 생각하고 있다. 주요 논문으로 「우리 대법원 법해석론의 흐름: 법실증주의, 법현실주의, 법원리론」(2019), 「대법원의 조직과 상고제도의 변화: 역사적 제도주의의 관점에서」(2021) 등이 있다.

김도균(서울대학교 법학전문대학원 교수)

서울대학교 법과대학에서 학사, 같은 대학원 법학과에서 석사학위, 독일 킬 대학교에서 법학박사학위를 받았다. 현재 서울대학교 법학전문대학원에서 법철학을 연구하고 가르치고 있다. 권리와 의무, 공익, 자유, 정의 같은 법적 논증의 근본개념들을 분석해 왔고, 최근에는 공적 이성 비실증주의의 가능성을 모색하는 중이다. 주요 저서로 『법치주의의 기초』(2006, 공저), 『권리의 문법』(2008), 『한국 사회에서 정의란 무엇인가』(2020) 등이 있다.

김연미(전남대학교 법학전문대학원 교수)

이화여자대학교 법학과에서 학사, 같은 대학원에서 석사학위와 박사학위를 받았다. 현재 전남대학교 법학전문대학원에서 법철학을 연구하고 가르치고 있다. 호펠드의 권리론, 법감정론, 법시학 등 법적 정의를 지지하는 M. 누스바움의 사랑과 공감의 법학을 연구해 오고 있다. 문학적 법철학연구로서 '법시학'이라는 새로운 학문의 영역을 개척하고 있다. 저서로 『법적 상상력을 위한 법시학』(2021)이 있고, 주요 논문으로 「누스바움의 역량접근과 정의」(2019), 「문학적 법철학연구: 법의 내용으로서 비극성」(2020), 「팬데믹시대의 법윤리적 위기-생물학적 권리논변을 중심으로」(2020) 등이 있다.

김은애(이화여자대학교 연구윤리센터 특임교수)

이화여자대학교에서 법학, 여성학, 경영학을 공부했고, 같은 대학원에서 법학 석사과정을 거쳐 기초법학으로 박사학위를 받았다. 현재 이화여자대학교 연구윤리센터 특임교수로 재직 중이다. 보조생식술을 비롯한 인간의 재생산권리 보장과 관련된 법정책, 임상시험을 비롯한 인간대상연구에서의 생명윤리와 연구윤리를 다루는 법정책에 대해 연구해 오고 있다. 『건강 관련 인간대상연구에 대한 국제윤리가이드라인의 이해』(2022)를 옮겼다.

김재원(성균관대학교 법학전문대학원 교수)

미국 코넬대학교에서 법사회학을 전공해 법학박사학위를 받았다. 미국 워싱턴 D.C.와 펜실베이니아주 변호사 자격을 가지고 있으며, 유튜브 채널 〈미국사회와 법〉을 운영하고 있다. 법조윤리, 법사회학, 비교법, 장애인법 등을 강의하며, 저서로 『미국의 법학교육과 변호사윤리』(2007)가 있고 『국제분쟁의 해결방법』(1998) 등을 옮겼다.

김현철(이화여자대학교 법학전문대학원 교수)

서울대학교 법학과를 졸업했고, 같은 대학원에서 법철학 전공으로 석사학위와 박사학위를 받았다. 현재 이화여자대학교 법학전문대학원 교수로 재직 중이다. 법, 권리 등의 개념론, 권력비판, 미래법, 생명윤리법 등에 대한 연구를 진행 중이다. 주요 저서로 『법철학: 이론과 쟁점』(제3판, 2022, 공저), 『생명윤리와 법』(제4판, 2020, 공저) 등이 있고, 주요 논문으로 「형식적 정의론」(2002), 「자연주의적 자연법 이론의 가능성」(2017), 「이소노미아」(2018) 등이 있다.

박지윤(이화여자대학교 법학연구소 연구교수)

이화여자대학교에서 기초법학으로 박사학위를 받은 후 예술과 법의 관계에 대한 법철학적 연구를 중점적으로 수행하고 있다. 한국법교육센터 연구원, 서울대학교 법학연구소 선임연구원을 거쳐, 현재는 이화여자대학교 법학연구소 연구교수 및 연세대학교 문과대학 객원교수로 재직 중이다. 주요 논문으로 「아르스로서의 법」(2017), 「법교육지원법 10년의 회고와 전망」(2018, 공저), 「문화예술과 법」(2021), 「함병춘 법문화론에서 원초적 샤머니즘의 정의」(2022) 등이 있다.

손제연(서울대학교 기초교육원 강의조교수)

서울대학교 법과대학을 졸업하고 같은 대학원에서 서양철학과 법철학으로 각각 석사학위와 박사학위를 받았다. 현재 서울대학교 기초교육원에서 강의조교수로 재직 중이다. 주로 법의 철학적 기초와 규범 윤리의 제반 주제에 대해 연구하고 있으며, 팬데믹으로 인한 규제 강화의 문제, AI 윤리 및 규제 논의에서 윤리 세탁(ethics washing)의 문제 등 긴급한 사회적 쟁점도 다루고 있다. 저서로 『코로나 위기와 법치주의』(2021, 공저)가 있다.

손지선(이화여자대학교 법학박사)

이화여자대학교에서 법학을 공부했고, 같은 대학원에서 법학석사학위와 박사학위를 받았다. 범죄행위를 향하는 인간의 자유의지와 책임의 이론적 근거를 연구해 왔고, 법여성학을 법인간학으로 발전시키는 이론적 구조를 규명하는 데 관심을 가지고 있다. 주요 논문으로 「중지미수의 자의성 규명과정 정립을 위한 고찰」(2016), 「위험운전치사상죄의 형법입법을 위한 제안」(2017), 「목적범에 관한 고찰」(2018), 「임신중단 규제에 대한 국민적 합의의 필요」(2019) 등이 있다.

송윤진(서울대학교 법학연구소 선임연구원)

이화여자대학교에서 법학을 공부했고, 같은 대학원에서 법학석사학위를, 서울대학교 법과대학에서 박사학위를 받았다. 현재 서울대학교 법학연구소 선임연구원으로 재직 중이다. 법철학, 여성주의 법이론, 생명윤리 분야를 종합적으로 연구해 오고 있으며, 최근 법과 감정에 관한 연구를 수행하고 있다. 저서로 『여성과 몸』(2015, 공저), 『코로나시대의 법과 철학』(2021, 공저)이 있다.

안수현(한국외국어대학교 법학전문대학원 교수)

이화여자대학교에서 법학학사, 법학석사학위를 받았고 서울대학교에서 상사법으로 법학박사학위를 받았다. 현재 한국외국어대학교 법학전문대학원 교수로 재직 중이다. 회사법과 금융법을 주전공으로 연구하고 있으며 최근 디지털·데이터 시대에 부응해 다양성·형평성·포용성을 기업문화로 정착시킬 수 있는 기업·금융법제 마련을 위해 연구하고 있다. 주요 저서로 『신세계회사법』(2021, 공저), 『금융소비자보호』(2022, 공저) 등이 있다.

엄순영(경상국립대학교 법학과 교수)

이화여자대학교 법학과에서 법학을 공부했고, 같은 대학원에서 법학석사학위를 거쳐 법철학으로 박사학위를 받았다. 현재 경상국립대학교 법학과 교수로 재직 중이다. 법의 지배와 민주주의의 연관성을 연구해 왔으며, 주권 개념을 분석하고 주권의 행위규범성을 법이론에 실현하는 방안을 모색하고 있다. 저서로 『한국의 중년여성과 남성』(2015, 공저), 『법학입문』(2020)이 있고, 주요 논문으로 「주권의 행위규범성 연구」(2014), 「사법적 폭력과 법치주의」(2016) 등이 있다.

윤진숙(숭실대학교 법학과 교수)

연세대학교 법과대학 법학과에서 학사학위, 석사학위, 박사학위를 받았고, 미국 American University College of Law와 Washington University Law School을 졸업했다. 현재 숭실대학교 법학과 교수로 재직 중이다. 법여성학, 법철학, 법사회학, 가족법 분야에 관심을 가지고 법이론 연구를 수행하고 있다. 저서로 『여성주의 정의론』(2016), 『소수자를 위한 법과 논리』(2018), 『페미니스트 법이론의 전개』(2018, 공저)가 있고, 『주홍 코드: 성경 속 여인들과 나눈 대화』(2014), 『여성 인권의 역사: 서양 페미니즘을 중심으로』(2019)를 옮겼다.

장원경(이화여자대학교 스크랜튼학부 교수)

이화여자대학교에서 법학을 공부했고, 미국 인디애나대학교 법학전문대학원에서 석사학위를 받은 후 같은 학교 법학전문대학원 및 행정환경대학에서 박사학위를 받았다. 미국 뉴욕주 변호사 자격을 지니고 있으며, 대법원 전문직 재판연구관을 거쳐 현재 이화여자대학교 스크랜튼학부 교수로 재직 중이다. 분쟁의 발생 및 다양한 해결 방법, 그리고 이러한 과정에 대한 사람들의 인식을 주로 연구하고 있으며, 분쟁해결방법, 집단소송, 공공갈등관리, 학교폭력, 생명윤리, 사법통역 등의 주제로 30편 이상의 논문을 발표했다.

정태욱(인하대학교 법학전문대학원 교수)

서울대학교에서 법철학으로 법학박사학위를 받았고, 박사과정 중 독일 자르브뤼켄대학 법철학 및 사회철학 연구소에서 연수했다. 한국법철학회 회장과 동아시아 법철학대회 편집위원을 역임했다. 사상가들의 생애와 그 시대적 맥락 속에서 법사상을 포착하고자 노력하고 있다. 저서로 『자유주의 법철학』(2007)이 있으며, 주요 논문으로 「플라톤 헌정철학의 역사적 맥락」(2017) 등이 있다.

최유경(한국법제연구원 연구위원)

미국 버클리대학교 법대에서 헌법과 법사회학을 공부했고, 서울대학교, 이화여자대학교에서 각각 국제법 석사학위와 법학사를 받았다. 2014년 대법원 사법정책연구원 1기 연구위원을 역임하고 현재 한국법제연구원(KLRI) 사회적가치법제 팀장으로 재직 중이다. 사법개혁 이론과 법조사회학을 포함하는 광범위한 사법정책학 연구를 수행했으며, 최근 5년 동안 전환사회에서의 사회적 가치와 ESG, 유통산업발전법상 영업행위 규제, 로봇 안전 규제, 디지털전환 시대와 법제 연구 분야에서 다각적인 학제 간 연구 방법론을 적극적으로 동원하는 연구를 수행하고 있다. 주요 저서로 『대한민국의 법률가』(2016, 공저), 『한국의 민주주의와 법의 지배』(2022, 공저) 등이 있다.